やわらかアカデミズム
〈わかる〉シリーズ

よくわかる
フランス近現代史

剣持久木
[編著]

ミネルヴァ書房

はしがき

「よくわかる」から
「もっと知りたい」へ

■よくわかるフランス近現代史

　本書はフランス近現代史のテキストである。たまたま本書を手にとった人は，なぜ「フランス近現代史」なのか，と不思議に思うかもしれない。フランス近現代史は面白いのである。騙されたと思って目次を見てみよう。この本は，各章を構成する節が独立したテーマとしても読めるようになっている。必ずしも最初から通して読む必要はない。興味をもったテーマを拾い読みしてもいい。いずれのテーマでも，中学の歴史や高校の世界史で学んだこととは違う角度で歴史を知ることができるはずである。

　日本では歴史，というと日本史と世界史，世界史がさらに東洋史と西洋史にわかれている。西洋史はヨーロッパ史とも呼ばれ，そのヨーロッパ史がさらに，イギリス史やドイツ史という国別に細分化されている。そのなかでなぜフランス史，とりわけフランス近現代史なのか。もちろん，フランスの歴史を中世や古代にさかのぼることもできる。ただし，現在のフランスを構成する地理上のエリアがほぼ確定されたのは15世紀末のことであり，それ以前はイギリスやドイツ（神聖ローマ帝国）との境界が錯綜しており，フランスという領域はあっても（排他的な領域が確保されているという意味での）主権を備えた国家ではない，というのが一般的な理解である。16世紀以降のヨーロッパが主権国家体制と呼ばれる所以でもある。つまり，フランス近現代史というのは，現在のフランスに直接つらなる国の歴史ということになる。

　そしてフランス近世史と近代史の境目にあるのがフランス革命である。ヨーロッパ史，西洋史あるいは世界史と枠を広げていっても，最重要事項の1つにフランス革命が位置しているというのは，高校の世界史の教科書のなかでフランス革命（とナポレオン）にあてられているページ数の多さでも想像できるのではないだろうか。もちろん，現在ではフランス革命に対する評価は様々であり，なかには20世紀の全体主義の悲劇の根元にはフランス革命がある，とまで否定的な評価をする人もいる。しかし，現在のフランス共和国が，フランス革命によってうまれた自由，平等，博愛を国是とし，多くの人がそれを誇りにしているのも事実である。この本では，フランス革命に先立つ時代から，革命とナポレオン，19世紀の様々な革命，20世紀の2つの戦争，そして現代のフランスに至るまで，波瀾万丈ながらも，現在のフランス（第5）共和国を形成する過程を，それぞれの時代の専門家が生き生きと描いている。それぞれの執筆者には専門家としてのこだわりがあり，最新の研究成果を反映させたり，とって

おきの情報を披露したりと一人一人の個性が存分に反映されている。したがって，いわゆる概説書や研究入門書の体裁を本書はとっていない。たとえば研究入門という性格のためには，詳しい参考文献を添えるところであるが，本書は，参考文献はあえて最小限にしてある。そもそも，執筆者が参考にした資料の大半は，日本語の文献ではなくフランス語の文献である場合が多いので，厳密な意味での「参考文献」のリストをつけてしまうと，読者にとっては不要な情報になりかねない。本書がおもに対象にしているのは，たまたまフランス近現代史に出会ってしまった人たちである。この本を読んで，もし興味を持ってもらえたら，お勧めしたいのは，さらなる読書だけではない。本書の各章の最後に掲げてあるコラムが扱っている歴史博物館や「記憶の場」つまり，歴史の現場を訪れることである。さらには，巻末に掲げている映画は，いずれもDVDで入手できるので，機会があればぜひ見てほしい。専門書を手に取るのは，その後でも遅くはない。なんだか観光案内のようであるが，そう，フランスこそ，世界最大の歴史観光地なのである。卒業旅行でフランスに行くことを考えている人で，ツアーではなく自分で行き先を決めたいと考えている人には，本書はワンランク上の経験を提案できるかもしれない。

　さらに硬いことも一言。本書を読んでフランス近現代史がよくわかる，と読者に感じてもらったとしたら，私たち執筆者はそれだけでは物足りない。むしろ，フランス近現代史をもっと知りたい，という感想を抱いていただくのが一番嬉しい。ちまたには，これ1冊ですべてがわかるという本が溢れている。書店の歴史コーナーに平積みされている本は，「まちがいだらけの～」「本当は～」「嘘だらけの～」「真実の～」などなど，これ1冊読めば目から鱗が落ちるように謎が解けると錯覚させるようなタイトルの本は，すべて信用できない，といったら言い過ぎだろうか。たしかに，本書も「よくわかる」シリーズである以上，同類と思われてしまうかもしれない。あえて言えば，あるテーマについて読んだ本が，「これでよくわかった」と納得してしまう本よりは，「まだまだわからない，もっと知りたい」と感じる本の方が信用できると思ってほしい。

　最後に，月並みだが，「歴史とは何か」という問いへの著名な歴史家E・H・カーの答えを紹介しよう。「歴史とは現在と過去の絶え間ない対話である。」わたしたちが問いを発して，はじめて歴史は答えてくれるのである。本書が読者のみなさんの数多くの問いの契機になることを願っている。

　　　2018年3月

　　　　　　　　　　　　　　　　　　　　　　　　剣持久木

もくじ

■よくわかるフランス近現代史

はしがき
　「よくわかる」から「もっと知りたい」へ

Ⅰ　フランス近世── ～18世紀後半

1　フランソワ1世とルネサンス……2

2　宗教戦争とナントの王令…………4

3　リシュリューと30年戦争…………8

4　ルイ14世の戦争………………10

5　人口の増加と近代への胎動………14

6　「絶対王政」の動揺………………16

7　ヴォルテールと寛容………………18

コラム（歴史博物館①）　アンヴァリッド軍事博物館………………………20

コラム（記憶の場①）　ルーヴルとヴェルサイユ………………………22

Ⅱ　フランス革命とナポレオン
── 1770年代～1815年

1　7年戦争とアメリカ独立戦争……24

2　人権宣言…………………………26

3　反革命の覚醒……………………28

4　革命戦争第1共和国の創造………30

5　恐怖政治…………………………34

6　植民地問題と奴隷制の廃止………36

7　世界革命の試み…………………38

8　ナポレオン・ボナパルトの登場…40

9　宗教問題の解決…………………42

10　海の帝国 vs 陸の帝国……………44

11　ナポレオンの伝説………………48

コラム（歴史博物館②）　フランス革命と博物館………………………50

コラム（記憶の場②）　シャン・ド・マルス，ヴァルミー………………………52

Ⅲ　王政復古と第2帝政
── 1815年～1870年

1　ユルトラの議会…………………54

2　ランスでの戴冠と再キリスト教化
………………………56

3　アルジェリアの征服……………58

4　7月革命とルイ＝フィリップ……60

5　7月王政とギゾー…………………62

6　2月革命と第2共和政……………64

7　「馬上のサン＝シモン」の登場…68

iii

8 ナポレオン3世と産業革命 ……… 70

9 オスマンとパリ改造 ………… 72

10 メキシコ革命の屈辱 ………… 76

11 ビスマルクの罠から普仏戦争へ
…………………………… 78

コラム（歴史博物館③）　アルザス・ロレーヌの博物館 ………………… 80

コラム（記憶の場③）　下水道，カタコンブ
…………………………… 82

IV　第3共和国成立から「ベルエポック」へ──1870年〜1914年

1 パリ・コミューン ………… 84

2 3人のジュール ………… 86

3 王党派の終焉 ………… 88

4 ドレフュス事件 ………… 90

5 コンコルダートから政教分離法へ
…………………………… 92

6 植民地獲得競争から英仏協商へ
…………………………… 96

7 工業化と労働者 ………… 98

8 世紀転換期の社会改革 ……… 100

9 百貨店と消費社会 ………… 102

10 公共交通としてのメトロ ……… 104

11 「パストゥール革命」と公衆衛生
…………………………… 106

コラム（歴史博物館④）　ケ・ブランリー美術館 ………………… 108

コラム（記憶の場④）　ペール・ラシェーズ墓地，サクレ・クール寺院，エッフェル塔 ………………… 110

V　2つの世界大戦──1914年〜1945年

1 ジョレスとユニオン・サクレ …… 112

2 ヴェルダンとシュマン・デ・ダム
…………………………… 114

3 子どもたちの戦争 ………… 116

4 記憶のなかの第一次世界大戦 …… 118

5 恐慌とフランス社会 ………… 120

6 「ファシズムの脅威」と人民戦線
…………………………… 122

7 マジノ線と奇妙な戦争 ……… 124

8 国民革命と対独協力 ………… 126

9 レジスタンスと解放 ………… 130

10 占領下のフランス社会 ……… 132

コラム（歴史博物館⑤）　2つの大戦の博物館 ………………… 134

コラム（記憶の場⑤）　ドランシーとヴェルディブ ………………… 136

VI　第4共和国──1945年〜1958年

1 戦後政治の出発 ………… 138

2 占領期をめぐる裁判 ………… 140

3 国有化と計画化 ………… 142

4 不安定な中道政権の復活 ……… 144

5 インドシナ戦争 ‥‥‥‥‥‥‥‥146

6 シューマン宣言と欧州統合の始まり
‥‥‥‥‥‥‥‥‥‥‥‥‥‥‥150

7 小商人・職人たちの反乱 ‥‥‥‥152

8 ドゴールの権力復帰 ‥‥‥‥‥‥154

9 アルジェリア戦争 ‥‥‥‥‥‥‥156

コラム（歴史博物館⑥） 国立移民歴史博物
館，オラドゥール記憶センター ‥‥160

コラム（記憶の場⑥） 植民地に生きた人々
の記憶 ‥‥‥‥‥‥‥‥‥‥‥‥162

Ⅶ 第5共和国と現在──1958年～現在

1 第5共和政の始まり ‥‥‥‥‥‥164

2 ドゴール外交 ‥‥‥‥‥‥‥‥‥166

3 レジスタンス神話の盛衰 ‥‥‥‥170

4 68年革命 ‥‥‥‥‥‥‥‥‥‥172

5 ポンピドゥーとジスカール・デスタ
ン ‥‥‥‥‥‥‥‥‥‥‥‥‥‥174

6 ミッテラン政権と冷戦終結 ‥‥‥176

7 シラク政権下のフランス ‥‥‥‥178

8 欧州統合とフランス ‥‥‥‥‥‥180

9 サルコジとオランド ‥‥‥‥‥‥182

10 ヴェール禁止法とブルキニ論争
‥‥‥‥‥‥‥‥‥‥‥‥‥‥‥184

11 現代のフランス ‥‥‥‥‥‥‥‥186

コラム（歴史博物館⑦） 歴史的建造物公開
デーとグラン・プロジェ ‥‥‥‥188

コラム（記憶の場⑦） コロンベイ・レ・ド
ゥ・ゼグリーズ ‥‥‥‥‥‥‥‥190

フランス史年表 ‥‥‥‥‥‥‥‥‥‥192

おすすめ映画 ‥‥‥‥‥‥‥‥‥‥‥194

人名・事項索引 ‥‥‥‥‥‥‥‥‥‥199

やわらかアカデミズム・〈わかる〉シリーズ

よくわかる
フランス近現代史

I フランス近世

1 フランソワ1世とルネサンス

1 イタリア戦争と皇帝選挙

　フランスが近代国家へと歩む過程で，16世紀は重要な**転換点**であった。だが，それは皮肉にも2つの敗北によってもたらされた。

　1483年に即位したシャルル8世は，シャルルマーニュを崇拝し，オスマン帝国征服下のヨーロッパを回復する十字軍を夢想した。1494年，王はその前段階として，ナポリ王位の継承を口実にイタリアに侵攻，イタリア戦争が始まった。翌年2月にフランス軍はナポリを占領したが，ローマ教皇や諸列強との対立で，戦争は泥沼化していった。戦争は半世紀以上続き，イタリアを支配してヨーロッパの盟主となるというシャルル8世の夢は，3代の王を魅了し続けた。

　とりわけ，1515年1月に21歳で即位した若き王，フランソワ1世は，即位早々にイタリア遠征を再開，9月のマリニャーノの戦いでミラノ公の率いる軍に勝利してミラノを占領，翌年に教皇レオ10世との**ボローニャの政教協約**を締結して，イタリアへの足がかりを得た。大柄で陽気な性格の国王は，積極的な対外政策を推進し，1519年に神聖ローマ皇帝マクシミリアン1世が死去すると，同年に行われた皇帝選挙に出馬した。だが，選挙では対抗馬のスペイン王カルロス1世に完敗し，皇帝への夢は挫折した。この結果，カルロス1世が皇帝カール5世を兼ね，マドリードとウィーンのハプスブルク家が合体して，強大な帝国が出現した。フランスがこれに対抗したため，以降200年以上にわたり，フランスとハプスブルク家との対抗関係がヨーロッパの国際関係の基軸の1つとなった。

　だが，この選挙を境にフランスの拡大は陰りを見せた。1520年にはヘンリ8世と**金襴陣営の会見**を行うが，ほとんど成果を得られなかった。1521年にはヨーロッパ各地で軍事衝突が始まり，フランソワ1世は1524年に大軍を率いてイタリアに攻め込むが，翌年のパヴィアの戦いで大敗を喫し，王自身が捕虜となり，マドリードに幽閉されてしまった。その後，2人の王子を身代わりとして自由の身となった王は，1527年に再びイタリアに侵攻し，ミラノの皇帝軍を一蹴してナポリに迫った。だが，決定的な勝者が決まらない状態で，休戦期間を挟んで戦争は続いた。そうしたなか，皇帝とは1544年にクレピーの和議を，ヘンリ8世とは1546年にアルトワの和議を結び，平和が訪れたかに見えた。だがその翌年，体調を崩したフランソワ1世は53歳で世を去った。

▷1　転換点
この転換の出発点として，1453年に百年戦争が終結し，フランス王とイングランド王との封建的関係が清算され，カレーを除き大陸からイングランド王の封土が消滅したことも指摘する必要があろう。

▷2　ボローニャの政教協約
政教協約とは，ローマ教皇と国家とのあいだで結ばれる条約のことで，ここではフランス国内の高位聖職者（大司教，司教，修道院長）は国王が候補者を指名し，教皇が叙階することが定められた。これにより，王が教会に優先するという考え（ガリカニスム）が確立した。

▷3　金襴陣営の会見
1520年6月7日にフランソワ1世がイングランドとの同盟をめざしてヘンリ8世とカレー近郊で行った会見のこと。若い君主たちがお互いに豪奢を競い合ったため，金襴陣営の名が付いたとされる。

続いて即位したアンリ2世もカール5世との戦争を継続したが，決定的な勝利を得ることができず，1559年にカトー・カンブレジ条約が締結され，イタリア戦争は終結した。この条約により，フランスはコルシカ，サヴォワ，ピエモンテを放棄し，イタリアへの足がかりを失った。

❷ ルネサンス文化の到来

イタリア戦争の時期に，芸術面では圧倒的な後進国であったフランスにルネサンス文化がもたらされた。シャルル8世はイタリアに遠征した際に大量の美術品をナポリから持ち帰った。フランソワ1世は侵攻先のイタリアでルネサンス文化に触れ，レオナルド・ダ・ヴィンチを招聘するなど，多くの芸術家を招いた。彼はアンボワーズやブロワ，シュノンソー，シャンボールなどのロワール渓谷の城を改築・建設し，パリ郊外のフォンテーヌブロー宮の改築に際して，ロッソ・フィオレンティーノやプリマティッチョ，ニコロ・デッラバーテなど新進気鋭のイタリア人芸術家を招き，宮殿をイタリア様式で満たそうとした。宮殿の改築作業に参加したイタリア人やフランス人の芸術家たちは，フォンテーヌブロー派と呼ばれ，この派の活躍を通じてフランス国内にルネサンス芸術が浸透していった。

ルネサンスのもう1つの特色である人文主義もこの時期にフランスに導入された。フランソワ1世は芸術家や作家を保護し，1530年に今日のコレージュ・ド・フランスの起源となる「王立教授団」を創設して古典語の研究を推進し，**古典作品の翻訳**も奨励した。人文主義者としては，ルフェーヴル・デターブルや「フランスのエラスムス」と呼ばれるギヨーム・ビュデらが，文学者としては『ガルガンチュアとパンタグリュエル物語』のラブレー，文芸家のパトロンヌで自らも『エタプメロン』を書いたナヴァル王妃マルグリット，ロンサールを代表とするプレイヤード派の詩人などが活躍した。

中世においては，国王の対外政策のゴールは，ローマ皇帝位を継承してキリスト教世界の盟主となり，普遍国家（帝国）を打ち立てることであった。だが，1519年の皇帝選挙とイタリア戦争という2つの敗北により，ヨーロッパの覇者になる夢は打ち砕かれた。しかし，このことが逆に，フランスを国内経営の注力へと導くこととなり，以降フランスは，一定の領域を一元的に支配する主権国家，つまり近代国家への道を歩み出していった。

（佐々木 真）

図Ⅰ-1 ロッソ・フィオレンティーノ「難破」
（フォンテーヌブロー宮フランソワ1世の回廊）

出所：Jean-Marie Pérouse de Montclos, *Fontainebleau*, Paris, Éd. Scala, 1998, p. 67.

▷4 古典作品の翻訳
王はジャック・アミヨに命じてプルタルコス『英雄伝』を翻訳させた（1524年）。この時期に，ソフォクレスやキケロなど，ギリシャ・ローマ古典の大部分の翻訳がなされた。

参考文献
ルネ・ゲルダン／辻谷泰志（訳）『フランソワ一世　フランス・ルネサンスの王』国書刊行会，2014年。
渡辺一夫『フランス・ルネサンスの人々』岩波文庫，1992年。

I　フランス近世

2 宗教戦争とナントの王令

1 宗教戦争の始まり

　16世紀の諸国家が直面した大問題が宗教改革であり，フランスも例外ではなかった。ルター派が中心のドイツに対し，フランスでは1540年代より**カルヴァン**の教えが広まった。予定説に基づく彼の禁欲的職業倫理は，知識人だけでなく手工業者や小商人層へも広がった。1550年代には改革派教会が組織され，やがてその数は全国で2000を超え，1559年には最初の全国教会会議がパリで開催された。プロテスタントの人口は，1560年代の最盛期で200万人に及んだ。

　人文主義思想に好意を抱き，皇帝と対立するプロテスタントのドイツ諸侯との関係を考慮したフランソワ1世は，当初は宗教改革思想に寛容であった。だが，1534年に**檄文事件**が起きると，王は態度を一変させ，全国的に迫害を行い，それは次の王アンリ2世に引き継がれた。こうした王権の危惧の背景には貴族層へのカルヴァン主義の拡大があった。アントワーヌ・ド・ブルボンとその妻ジャンヌ・ダルブレ（アンリ4世の両親），コンデ公やコリニー提督など，王族や高位貴族のなかにも改革派支持者が現れた。その対極にはカトリック支持派のギーズ公やモンモランシー公などがおり，これに王権を加えた3極構造のなかで，事態が推移していく。

　1559年にアンリ2世が崩御した後，国家の舵取りを任されたのは，母后でシャルル9世の摂政となった**カトリーヌ・ド・メディシス**だった。王権の求心力が薄れるなか，宗派対立は両派の貴族の争いという政治対立の様相を見せ，両派は一触即発の状態にあった。カトリーヌは中立を保ち，全国3部会の開催などを通じて新旧両派の融和と王権の維持を図るが，小競り合いが続いた。そして，1562年3月にギーズ公の一派がヴァシーで日曜礼拝に集まっていたプロテスタントを襲撃，虐殺する事件が起き，これをきっかけに宗教戦争が始まった。

　カトリーヌは当初，大法官ミッシェル・ドピタルを起用して，新旧両派のバランスのうえで王権を維持しようと努めたが，それがかえって政策の揺れを引き起こし，王権の権威は失墜していった。

2 サン・バルテルミーの虐殺

　1570年にかけて3回の内乱が発生し，王国は分裂を深めていった。そのため，両派の融和を目的として新たにプロテスタント派の指導者となった筆頭王族ブ

▷1　カルヴァン
1509〜64年。1509年に北フランスのノワイヨンで生まれたカルヴァンは，人文主義者への道を歩んでいたが，1530年代初期に「突然の回心」をし，宗教改革思想を持つに至った。1534年に王権による迫害が起こると，スイスに逃れ，1536年に『キリスト教綱要』を出版して一躍ヨーロッパ中の注目を浴びた。

▷2　檄文事件
リヨン出身の牧師アントワーヌ・マルクールが執筆したカトリックのミサを激しく攻撃するビラ（檄文）が多くの都市に一斉に張り出された事件のこと。ビラは国王の寝室の扉にも貼られ，これがフランソワ1世を激怒させた。

▷3　カトリーヌ・ド・メディシス
1519〜89年。イタリアのメディチ家出身のカトリーヌは，夫のアンリ2世の死後，3人の息子王の保護者として，激動の時代を生きた。食文化や宮廷儀礼などのイタリアの先進文化をフランスに持ち込んだことや芸術のパトロンヌとしても有名である。

4

ルボン家のナヴァル王アンリと国王シャルル9世の妹マルグリットとの結婚が決められた。2人の婚礼は1572年8月18日に執り行われ、両派の和解が成立するかにみえた。だが、同月24日未明のコリニー提督らプロテスタント貴族の暗殺をきっかけに、パリから全国へとプロテスタントへの殺戮が広がった（**サン・バルテルミーの虐殺**）。これにより、プロテスタントの改宗や亡命が相次いだが、国内に残ったプロテスタントたちは、カトリック勢力との和解は不可能であり、それに与する国王も排除しうるとの暴君放伐論を主張して徹底抗戦をめざし、分裂は決定的となった。

図Ⅰ-2　アンリ3世の暗殺を描いた銅版画

出所：Claude Gauvard, Joël Cornette et Emmanuel Fureix, *Souverains et rois de France*, Paris, Édition de Chêne, 2005, p. 174.

▷4　ブルボン家
カペー朝のルイ9世（聖ルイ）の末子、クレルモン伯ロベールの子ルイ1世が、1327年にブルボン公に叙せられたことから始まる。家名の由来となった、ムーランを中心とするブルボネ地方が所領で、広大な領地を背景として独立性を保っていた。

▷5　サン・バルテルミーの虐殺
8月24日未明に、ギーズ公の配下の者がコリニー提督の屋敷を襲撃したことをきっかけに、パリの民兵と民衆がプロテスタントの無差別殺害を開始し、殺戮は全国に広がった。パリで3000人、フランス全土では約1万人が犠牲となったとされる。

　1574年にはシャルル9世が24歳で崩御し、弟のアンリ3世が即位したが指導性を発揮するには至らず、両派による戦争が散発的に繰り広げられていった。こうしたなか、1584年6月に王弟アンジュー公フランソワが死亡する。この時点でアンリ3世には男子がおらず、ヴァロワ家は断絶の危機を迎えた。しかも、王位継承を定めたサリカ法典によると、アンジュー公にかわって第1王位継承者となるのは、筆頭王族のナヴァル王アンリであった。これにショックを受けたカトリック勢力は、ギーズ公アンリを中心にカトリック同盟（リーグ）を結成し、異端の王の出現を阻止しようとした。運動は大きな広がりをみせ、1585年にアンリ3世はプロテスタント礼拝の禁止やナヴァル王アンリの王位継承権喪失宣言を発するが、これがまた戦争を引き起こした（3アンリの戦い）。

　カトリック同盟の拡大を恐れたアンリ3世は、1588年にギーズ公を暗殺し、翌89年にはナヴァル王アンリを王位継承者と認めた。アンリ3世はカトリックへの攻勢を強め、ナヴァル王アンリと合同でパリに進撃、7月末にはこれを包囲した。だが、パリ攻撃がなされる直前の8月1日、国王への謁見に成功したドミニコ会の修道士ジャック・クレマンが王を暗殺した。これにより、ナヴァル王アンリがアンリ4世として即位し、ブルボン朝が始まった。

3　ブルボン朝の始まりとナント王令

　「フランスかつナヴァル国王」となったアンリ4世であったが、カトリック同盟との戦いは続いていた。1590年から92年にかけてカトリック同盟の中心地であるパリに対して、アンリは再三包囲を試みるが、頑強な抵抗に遭い失敗し

I フランス近世

図 I-3 ルーベンス「アンリ 4 世のパリ凱旋」
出所：https://upload.wikimedia.org/wikipedia/commons/9/9b/Pieter_Paul_
Rubens_-_Ingresso_trionfale_di_Enrico_IV_a_Parigi_-_Google_Art_Project.jpg

た。だが，1590年にはイヴリーの戦いでカトリック同盟の指導者マイエンヌ公を破るなど，状況は徐々に改善し，最終的には1593年に王がサン・ドニ聖堂でカトリックに改宗することで，カトリック勢力との戦いは終結した。

これで情勢は決定的となったが，対外問題とプロテスタントの問題が残った。宗教戦争のあいだ，スペインはカトリック派を支援し続けたが，1598年5月のヴェルダン条約で最後の戦争が終結した。プロテスタントについては，教皇やカトリック派との関係で，その扱いに苦慮したが，1598年4月に部分的にプロテスタント信仰の自由を認めたナント王令を発布し，一応の和解が成立した。だが，この王令はまさに妥協の産物であった。王令でプロテスタント信仰が認められたのは，すでにそれが確立していた約100の都市に限定され，個々人の信仰の自由は保障されなかった。プロテスタントは信仰の自由を認められる一方で，地域的・身分的制約が課され，カトリックの祝日の遵守や教会10分の1税の支払いも定められていた。これは宗教と政治の未分化という当時の国制に起因するもので，完全な個人の信仰の自由は実現不可能であった。ナント王令は，両派の併存状況を作り出したが，王権の伸長に伴い，その維持が困難となっていく。

その後の歴史の展開はともあれ，通算で36年に及んだ宗教戦争は，ナント王令をもって終結した。宗教問題を乗り切ったフランスは，ブルボン朝という新たな王朝のもとで，カトリック国家として集権化へと向かうこととなった。

④ アンリ 4 世の治世

即位したアンリ 4 世はまず，荒廃した国土の復興と弛緩した統治秩序の修復をめざした。相次ぐ戦争で疲弊した農民たちには，**直接税**（タイユ）の減免や，役畜・農具の差し押さえ禁止，金利の引き下げなどの保護政策がとられた。戦争中に抵抗をした大貴族には懐柔策をとらざるを得なかったが，都市に対しては，市壁

▷6 **直接税**（タイユ）
この時期，直接税の課税は，中央から税額を割り付け，最終的にその額が村落共同体から各戸へと割り振られる形をとっていた。これは，当時課税に必要な住民登録が存在していないために行われた措置である。

撤去費用や駐屯軍，イエズス会コレージュの維持費用の負担など，様々な財政負担を課すとともに，都市役人選挙に介入して市長や市参事会員に国王役人を就任させ，都市を王権の支配に組み入れる努力をした。

喫緊の課題であった財政問題については，シュリを財務卿に任命して国家財政の建て直しにあたらせた。シュリは平時財政への転換を目的とし，財政規模の縮小と収支の均衡につとめた。優先課題であった税制改革では，タイユの適正な配分と徴収が図られ，1598年には親任官僚（コミセール）が各徴税管区に派遣され，腐敗の追及や割り当ての見直しが行われた。税収における間接税の比率を上げる措置もとられた。これはタイユが免税されていた聖職者と貴族の税負担を増加させて第3身分のそれを相対的に減少させる効果を持っていた。

その即位の経緯から，アンリ4世は統治の正統化に心を配った。1601年には王太子が誕生するが，この子にルイという名前を付けて聖ルイ王とのつながりを強調し，ブルボン家の王位継承の正統性をアピールした。また，パリではポン・ヌフ橋，国王広場（現ヴォージュ広場），王太子広場の建設など，新たなモニュメントを建設し，統治の場面を銅版画として流布させることで，自身の威光を高めようとした。これらの戦略により，「君主制の復興者」，「善王」，「人民の父」といった，後のアンリ4世のイメージが形成されていくことになる。

⑤ 官職売買とポーレット法

1604年には官職の世襲保有を認めたポーレット法が制定され，その後のフランスの国制に大きな影響を与えた。フランスでは財源の確保を目的として15世紀末に財務官職の創設と売却が始まった。16世紀には，これがあらゆる領域に拡大し，官職を購入した者たちはそれを世襲したり私的に売却したりするようになっていった。この状況を前提とし，ポーレット法では官職価格の60分の1の年税の支払いを条件に，官職の世襲保有を認めた。これは，官職保有者に課税をし，国庫収入の増大をめざすものであった。16世紀以降，商業活動により蓄財したブルジョワ層が官職の主たる購入者であり，この法律によりこの層がさらに官僚機構に参入し，官職保有者という知的なエリート階級を生み出すという効果があった。新たな社会層の官僚への進出は，大貴族の影響から官僚を引き離す効果があったが，他方でこの法律により官職の家産化が進展し，売買の対象ともなって市中に広く出回った官職を不適格なものが購入したことや，王権が自由に官職保有者を罷免できないなどの問題も生じた。

ブルボン朝の基礎をつくったアンリ4世であったが，1610年5月14日に，狂信的なカトリック教徒ラヴァイヤックの凶刃に倒れ，改革は志半ばで中断した。

（佐々木　真）

参考文献

ジョルジュ・リヴェ／二宮宏之・関根素子（訳）『宗教戦争』白水社，1967年。フランソワ・バイルー／幸田礼雅（訳）『アンリ四世——自由を求めた王』新評論，2000年。

I フランス近世

リシュリューと30年戦争

1 摂政マリ・ド・メディシス

　王位を継承した長男ルイ13世は弱冠8歳で，母后の**マリ・ド・メディシス**が摂政となった。マリは当初，アンリ4世の寵臣グループの補佐を受けて内外の問題に対処した。対外的には宿敵スペインとの和平が維持され，1612年にはルイ13世とスペイン王女アンヌ・ドートリッシュの結婚と，ルイ13世の妹エリザベートとスペイン王太子フェリペ（後のフェリペ4世）の結婚が合意された。国内的には，宗教戦争の対立を引きずり，アンリ4世の中央集権化策に不満を持つ大貴族を懐柔する必要があったが，これは困難を極めた。1614年には，マリは王国改革により弱体な摂政体制を補強して状況を打開するために全国3部会を開催したが，有効な解決策が決議されることなく翌年に散会した。不満を持つコンデ親王がいくたびか武装蜂起をするなど，不安定な情勢が続いた。

　この時期，ルイ13世はすでに成人年齢に達していたが，母マリはなかなか政治の実権を王に渡そうとはせず，両者のあいだに対立が生まれていった。ルイ13世は母の背後に，宮廷で権勢をふるうマリの寵臣コンチーニがいると考え，腹心リュイヌの助言を受けいれてルーヴル宮で配下の者にコンチーニを暗殺させた。これにより，ルイ13世とマリとのあいだで激しい権力闘争起きたが，これを調停したのがリシュリューだった。

2 リシュリューの政策

　1614年の全国3部会に出席した時の行動がマリの目にとまり，**リシュリュー**はまず，マリと側近のコンチーニに重用されるようになった。2人の引き立てで，1616年に国務卿に抜擢，翌年のコンチーニ暗殺により，リシュリューは国務卿を解任されてアヴィニョンに蟄居していたが，マリへの影響力を買われて調停役として活躍し，その政治的影響力を決定的なものとした。この後，リシュリューは栄達への道を上り，1624年4月には国務会議のメンバーとなり，8月にその長，つまり事実上の宰相となった。

　リシュリューは，彼を通じて自らの影響力を行使しようとするマリによって引き立てられて出世していったわけだが，しだいにルイ13世へ接近し，国王との協調路線に転じていった。これに不満を持ったマリは，リシュリューの権力の拡大に反発する貴族たちを糾合して彼の追い落としを図ったが，1630年の**欺**

▷1　マリ・ド・メディシス
1575～1642年。アンリ4世は1699年にマルグリットとの結婚を無効とし，翌年にトスカナ大公の姪マリ・ド・メディシスと結婚した。マリは1701年には長男ルイを出産，成長した3人の女子はスペイン，イングランドおよびサヴォイア家に嫁いだ。

▷2　リシュリュー
1585～1642年。ポワトゥー地方の中流貴族出身のリシュリューは，1606年にリュソン司教に就任，1614年の全国3部会には聖職者身分代表として出席した。1622年には枢機卿に就任，聖職者としても栄達を極めた。

8

かれた者たちの事件によりこの試みは失敗し、リシュリューとルイ13世による2人3脚の統治が開始された。

国内問題では、リシュリューは大貴族を服従させる目的で、決闘禁止や不要城塞の破却、不要な武器収集の禁止を命じた。これは、公権力を国家が独占するという、後の近代国家の思想の端緒であった。

図I-4 ジャック・カロ「戦争の悲惨」(30年戦争の光景)

出所：中田明日佳・渡辺晋輔編『ジャック・カロ――リアリズムと奇想の劇場』国立西洋美術館、2014年、160頁。

ナント王令でその存在が部分的に認められたプロテスタントであったが、同一国内に2宗派が併存する体制には無理があった。そのため、リシュリューはプロテスタントの弾圧に乗りだし、1628年にはその拠点ラ・ロッシェルを陥落させた。その後、王権の強化に伴い、「1人の国王、1つの法、1つの信仰」という絶対主義国家の理念が強調され、ナントの王令の寛容規定はしだいに形骸化していった。

国内統治に関しては、**法服貴族**につらなる官僚層を重用し、国務会議に有能な実務型の大臣を起用し、官僚機構の合理化・効率化を推進した。地方の統治では、戦費調達や地方の治安維持などを目的として、従来から地方に派遣されていた「監察官」の制度を拡充した、地方長官制度（アンタンダン）が導入された。

リシュリューは**国家理性**（レゾン・デタ）を旗頭に、あらゆる軍事、外交の手段を尽くして、フランスの栄光や国益を最優先させる対外政策を展開し、スペインの強大化を阻止することを第1の目的とした。この政策が最も顕著に現れたのが宗教戦争である30年戦争への対応であった。フランス国内では皇帝と同盟してカトリック勢力に加わり、プロテスタントへの聖戦を実施すべしとの意見が強かったが、リシュリューはハプスブルク家に対抗するために、プロテスタント勢力と提携し、1635年にはスペインと皇帝に宣戦布告をして参戦した。

30年戦争への参戦は軍事支出の拡大をもたらし、そのために課税が強化されたが、これは民衆蜂起の頻発という結果を引き起こした。現状に不満を持つ貴族が民衆蜂起に合流することを恐れたリシュリューは、軍隊の力を借りてこれらを徹底的に弾圧した。

内外で多難な状況が続くなか、1642年12月にリシュリューが死亡し、その後を追うように翌年5月にはルイ13世が41年間の生涯を閉じた。

（佐々木 真）

▷3 欺かれた者たちの事件
マリは1630年11月10日にリュクサンブール宮でリシュリュー解任を宣言したが、翌日に国王がリシュリュー支持を表明。勝利に酔っていたマリの一派は、国王の決心を知らされて四分五裂状態となり、リシュリューは権力を完全掌握した。

▷4 法服貴族
富裕層が官職の購入を通じて身分的上昇を遂げた貴族のこと。これに対して古い貴族を帯剣貴族と呼ぶ。旧来の貴族を牽制するためや、その法律的知識を評価され、次第に国制の中心を占めるようになった。

▷5 国家理性（レゾン・デタ）
国家やその国制の維持を最高の目的とし、その実現のためには宗教や倫理といった価値をある程度犠牲にするのはやむを得ないという考えかた。国家的エゴイズムを肯定する考えとしてウエストファリア条約（1648年）締結時の支配的理念となった。

(参考文献)
長谷川輝夫『聖なる王権ブルボン家』講談社、2002年。

I　フランス近世

4　ルイ14世の戦争

1　フロンドの乱

　ルイ13世崩御の後、王位を継いだルイ14世は4歳8カ月であった。このため、母親のアンヌ・ドートリッシュが摂政となったが、リシュリューが後継者に指名した**マザラン**が宰相として実際に国政を担った。マザランはリシュリューの政策を継承したが、ほどなくしてリシュリューによる中央集権化政策により抑圧されていた者たちの不満が爆発した。フロンドの乱である。

　フロンドの乱の第1幕は「高等法院のフロンド」と呼ばれ、1648年4月の財政改革案に不満を持つパリ高等法院を中心とした官職保有者らが、**地方長官**制や徴税請負制の廃止などを含む王国改革案を突きつけ、種々の新税に不満を持つパリ民衆がこれに合流して始まった。政府は地方長官制の廃止など一定の譲歩をするが、30年戦争の英雄**コンデ親王**にパリを包囲させてこれを鎮圧し、翌年3月のリュエイユの和約で第1幕は終了した。だが今度は、自身の処遇に不満を持ったコンデ親王らが政権を狙う動きをみせ、機先を制してマザランが1650年1月にコンデらを逮捕すると、各地の貴族が反マザラン運動を展開。第2幕の「貴族のフロンド」が始まった。だが、貴族と官職保有者たちの利害が一致しないように、各勢力は団結せずに離散集合を繰り返し、そのなかで政府に鎮圧され、乱は1653年に終了した。この結果、反対勢力の勢いは衰え、貴族による大規模な反乱はこれで終結し、王権による中央集権化がさらに進展した。

2　ルイ14世の親政

　フロンドの乱の後、マザランは従来の中央集権化策を推進し、廃止されていた地方長官制も復活した。1661年5月にマザランが没すると、ルイ14世は、今後は宰相をおかず、自らが統治を行うことを宣言した。ルイ14世の親政体制を支えたのは主に法服貴族から構成される**最高国務会議**のメンバーであった。その中心が財務総監となった**コルベール**で、彼のもとで財政改革（不正の追及や徴税システムの合理化など）や司法改革（各種法典の制定、高等法院の**建白権**の剝奪）、治安維持改革（パリとリヨンへの治安総代官職の設置）、軍制改革（軍隊組織の再編、規律化）、地方行政改革（地方長官制の全国展開とこれに伴う都市自治権や地方特権の蚕食）、特権貿易会社の再編成などが推進された。

▷1　マザラン
1602〜61年。もとはローマ教皇の家臣で、教皇特使としてフランスに滞在していた時リシュリューの目にとまった。1639年にフランスに帰化し、41年には枢機卿に就任。リシュリューは死に際して、自分の後継者としてマザランを指名した

▷2　地方長官
官職保有者と異なり、自由に任免が可能な親任官僚（コミセール）であった地方長官には、国王留保裁判権という強力な権限が与えられた。1640年代からは「司法・財務・治安監察官」として各徴税管区に派遣され、司法・行政・治安の全てを統轄するようになっていった。

▷3　コンデ親王
1621〜86年。ルイ2世。アンリ4世の祖父であるヴァンドーム公シャルル4世の息子ルイ1世が開いた親王家の4代目。30年戦争のロクロワの戦いで勝利するなど、その軍事的才能で有名であった。

▷4　最高国務会議
国王と財務総監および宮内、陸軍、海軍、外務の4人の国務卿を中心として開催された会議で、週に2回または3回開催された。この少数者による政策決定がルイ14世の治世を絶対王政と規定する根拠の1つとなっていた。

10

③ 初期の戦争

ルイ14世の治世は戦争に彩られていた。1638年に王が生まれた時は、30年戦争のただなかであり、1648年のウエストファリア条約締結後もスペインとの戦争は続いた。この戦争を終了させたのが1659年のピレネー条約であったが、ここでルイ14世とスペイン王フェリペ4世の長女マリ・テレーズとの婚姻が定められ、翌1660年に国境近くの町サン・ジャン・ド・リュズで結婚式が行われた。ピレネー条約では、スペインが50万エキュの持参金を支払うことを条件として、フランスはマリの継承権を放棄することとなっていた。

図Ⅰ-5 20代前半のルイ14世（シャルル・ル・ブラン画）

出所：Thierry Bajou, *La peinture à Versailles XVIIe siècle*, Paris, Éditions de la Réunion des musées nationaux, 1998, p. 83.

しかし、財政難のスペインは持参金を支払えず、1665年にフェリペ4世が崩御した。スペイン王位そのものは1661年に生まれた男児が継承したが（カルロス2世）、ルイは「王妃の権利」としてスペイン領南ネーデルラントの相続権を主張し、1667年にこの地に侵攻した。スペインが戦争の準備をしていなかったために、フランス軍はリールなどフランドル地方の主要都市を占領し、翌年にはフランシュ・コンテを占領した。だが、フランスの強大化を恐れたイギリス、オランダおよびスウェーデンが和平条約に介入し、1668年のアーヘン条約では、フランスはフランシュ・コンテの返還を余儀なくされた（フランドル戦争）。

この後に、今度はオランダとの対立が激化した。国際商業の覇権を握るオランダに対抗するため、ルイ14世が高額の保護関税をかけたのが原因だった。また、カルヴァン派の共和国であるオランダが反王権文書の有力な出版地であったことも、王は容認できなかった。外交政策によりオランダの孤立を図った後、ルイ14世は1672年5月に自ら軍を率いてライン川を渡河してオランダに侵入した（オランダ戦争）。だが、オランダ軍は堤防を決壊させて頑強に抵抗、翌73年にはスペインと皇帝がオランダと同盟を結び、戦火が拡大した。フランスはスペイン領南ネーデルラントを主戦場として戦争を継続したが、しだいに孤立を強め、1678年にナイメーヘン条約を結んだ。この結果、フランスは高関税の撤廃を余儀なくされたが、フランシュ・コンテとフランドル諸都市を獲得した。

④ 統治の絶頂期

望んだもの全てが手に入ったのではなかったが、オランダ戦争はルイ14世の治世に絶頂をもたらした。王は1682年5月にヴェルサイユに宮廷と政府の中枢

▷5 コルベール
1619～83年。ランスの毛織物商の家に生まれ、マザランに認められて財務畑で頭角を現した。財務総監とともに海事卿や宮内卿、建築長官を兼任し、事実上の宰相としてルイ14世親政初期の統治やプロパガンダ政策を推進した。

▷6 建白権
王令の登記権とともに、高等法院が伝統的に王権に対抗する手段として持っていた権限のことで、王令登記の際にその内容の修正を要求することができた。ルイ15世の摂政時代にこの権限は復活した。

I　フランス近世

▷7　宮廷社会
国王を中心に，王族と，王から役職収入や年金収入を得ようとして宮廷に出仕した貴族たちによって形成された社会。宮廷での地位の向上をめざし，人間観察術や礼儀作法が極度に発達した。

機能を移転させた。他の権力機構が存在する都市内の宮殿とは異なり，郊外の地に孤高にそびえるヴェルサイユ宮殿はまさに王を中心とした小宇宙だった。ここでは**宮廷社会**[47]が形成され，王の日常生活が全て儀礼化された。かつては国王に反抗した貴族たちも，国王の恩寵を求めて参集し，儀礼に参加して国王との「近さ」を示すことが，自らの権力の源泉となっていった。

　ヴェルサイユ宮殿の「鏡の回廊」の天井には，30枚の絵画が配されて，ルイ14世の事績が表現されが，その主題はオランダ戦争であった。1670年代から80年代には，戦争の勝利に代表される「王の栄光」のイメージがつくられ，流布された。たとえば，1670年代に建設されたパリの凱旋門では，オランダ戦争での勝利の場面が描かれ，戦争の勝利を記念して建設されたヴィクトワール広場は，ルイ14世の数々の戦勝を記念するモニュメントで飾られた。この他にも，絵画やタピスリー，版画，メダルなどで国王の事績やその偉大さが喧伝され，儀礼とともに国王の権威が紡ぎ出されていった。

　ナント王令により，まがりなりにもカトリックとプロテスタントの併存体制が続いていたが，ルイ14世が国家の統一には宗教の統一が不可欠だと考え，「一国一宗派」政策を推進した。彼は親政の開始とともにプロテスタントへの迫害を再開し，1679年からは**ドラゴナード**[48]と呼ばれる改宗強制策を推進，ついに1685年にはナント王令の破棄が決定され，牧師は国外追放，学校は廃止，子どもの強制改宗といった厳しい措置がとられた。これにより20万人ともいわれるプロテスタントの大量亡命が発生し，商工業者である彼らの亡命は，フランス経済に大きな打撃を与えた。また，ガリカニスムに基づき，教皇の干渉の排除も推進し，1673年には空位司教座への国王の権利を主張して教皇と対立したが，国内の聖職者たちは国王を支持し，ガリカニスムが確立した。

▷8　ドラゴナード
プロテスタントの家に竜騎兵（銃で装備した騎兵）を強制的に宿泊させて改宗を迫る政策のこと。

5　晩年の戦争と治世のたそがれ

▷9　マントノン夫人
1635〜1719年。12歳までマルティニーク島ですごした後に帰国し，詩人のスカロンと結婚，夫の死後に宮廷に入り，王とモンテスパン夫人との子の家庭教師となった。王妃マリ・テレーズの死とともにルイ14世と結婚。教育事業に尽力したことでも有名である。

　だが，1680年代を境に，太陽王として王国に「王の栄光」を振りまくという，誇示の姿勢に変化がみられた。1685年より主要都市に王の騎馬像を設置するプロジェクトが，陸軍卿ルヴォワを中心に進められるが，王はしだいにこのプロジェクトへの関心を失っていった。この説明のひとつが，ルイ14世の再婚である。1683年に王妃が薨去したあと，ルイ14世は**マントノン夫人**[49]と秘密結婚をしたが，彼女の敬虔さの影響を受け，その統治から派手さがなくなっていった。単に王が老境に達し，以前の活発さがなくなっていったのも確かであろう。いずれにせよ，1690年代以降の統治には暗い影がつきまとった。

▷10　統合政策
ロレーヌ地方を中心にライン川左岸における支配権の拡大を図った政策のこと。1679年にアルザス地方やロレーヌ地方などに統合法廷を設置し，フランス王の主権が及ぶとされた地域の領主たちに国王への臣従礼を要求した。

　そうした状況のなかで，戦争は続行された。オランダ戦争が終結すると，ルイは**統合政策**[410]と呼ばれる領土拡大政策を主にライン川左岸で推進した。これを警戒した諸国は，1686年にアウクスブルク同盟を結成。これに対してフランスがプファルツの継承権を主張し，その地に出兵したため，1668年にアウクスブ

12

図 I-6　オランダ戦争でのラインの渡河（ファン・デル・ムーラン画）

出所：Isabelle Richefort, *Adam-François Van der Meulen（1632-1690）: peintre flamand au service de Louis XIV*, Rennes, Presses universitaires de Rennes, 2004, p. 90.

ルク同盟戦争が勃発した。同年に勃発したイングランドでの名誉革命で即位したオランダ出身の新王ウィリアム3世が，反フランスの立場を鮮明にして同盟側に加わったため，フランスはヨーロッパのほぼ全勢力を敵に回して戦った。戦局はしだいにフランスに不利となり，1697年のライスワイク条約では，ロレーヌ地方の返還などの譲歩を余儀なくされた。

　ルイ14世最後の戦争が，スペイン継承戦争である。1700年にスペインのカルロス2世が崩御し，スペイン・ハプスブルク家が断絶した。カルロス2世の遺言に従い，ルイ14世の孫がフェリペ5世として即位したが，ルイ14世がフェリペ5世のフランス王位継承権の放棄を反故にしたため，フランスの強大化を恐れる皇帝，イギリスおよびオランダがハーグ同盟を結び，1702年に戦端が開かれた。戦火は海外植民地にも拡大し，フランスは苦戦を強いられた。だが，1711年に皇帝ヨーゼフ1世が死去すると国際情勢に変化が現れ，1713年にユトレヒト条約が結ばれ，戦争は終結した。フランスはスペインのブルボン朝を承認させることには成功したが，肝心の南ネーデルラントは皇帝領となった。さらに，ニューファウンドランドやハドソン湾などの海外植民地をイギリスに割譲した。

　ルイ14世は国力の相当部分を一連の戦争に投入したが，それにより得たものはそれほど多くはなく，フランスの覇権主義は挫折した。しかし，フランドル諸都市やフランシュ・コンテなどの獲得により，今日のフランスの領域に国境が近づいたことも事実であった。

（佐々木　真）

参考文献

佐々木真『図説 ルイ14世』河出書房新社，2018年。
林田伸一『ルイ14世とリシュリュー』山川出版社，2016年。
ピーター・バーク／石井三記（訳）『ルイ14世――作られる太陽王』名古屋大学出版会，2004年。

I フランス近世

5 人口の増加と近代への胎動

1 ルイ15世の治世

1715年にルイ14世が76歳で崩御すると，曾孫のルイ15世がわずか5歳で即位した。摂政に就任した**オルレアン公フィリップ**は，ルイ14世の専制的な体制を嫌い，宮廷をパリに移した。さらに，財政・外務・軍事などの7評議会を設け，それらを統括する「摂政会議」が政治と行政を担う「ポリシノディ（多元会議制）」と呼ばれる政治体制を作り上げた。これは，法服貴族の勢力をそぎ，名門貴族の復権をめざしたものでもあったが，明確な政策を打ち出すことができず，1718年には以前の大臣制が復活した。

この時期，財政危機の克服に取り組んだのが，スコットランド出身の財政家ジョン・ローであった。彼は王立銀行を発券銀行として紙幣を発行することで貨幣不足の解消と債務の返済を図り，特権貿易会社への株式投資を促すことで市中に出回った紙幣を回収し，その資金で海外貿易の拡大を図った。これは一時的に株式投資ブームをもたらしたが，結局数カ月でバブルは崩壊し，フランス経済は大混乱に陥った。

だが，これにより国家の債務が減少し，投資を受けた植民地貿易が活性化するなどのプラス面もあった。また，前世紀のコルベールの重商主義政策が実を結び，1730年頃からフランス経済は長期的停滞を脱し，好況へと転じていった。経済の好転を背景として，1740年代より乳幼児死亡率が減少し，**フランスの人口**は停滞から増加へと向かっていった。

2 ルイ15世と戦争

1722年に宮廷がヴェルサイユに戻った翌年，ルイ15世は成人年齢に達し，親政を開始した。しかし，王は政治に関心を示さず，自らの養育係であったフルリー枢機卿を事実上の宰相とし，17年間彼に国家の舵取りを任せた。1733年に勃発した**ポーランド継承戦争**を除けば大きな戦争もなく，フルリーの時代は相対的に平和な時期であった。

▷1　オルレアン公フィリップ
1674〜1723年。ルイ14世の弟の息子。自由思想家（リベルタン）で放蕩家であったとされ，ヴェルサイユを嫌っていた。オルレアン家はその後も続き，革命期に活躍したフィリップ・エガリテや7月王政の国王ルイ・フィリップを輩出した。

▷2　フランスの人口
17世紀の停滞期には，フランスの人口は約2000万人であった。それが，革命期には2800万人にまで上昇した。

▷3　ポーランド継承戦争
国王アウグスト2世の崩御に伴い，ルイ15世が岳父のスタニスワフ・レシチンスキを国王に推挙したことを発端に起こった戦争。フランスはオーストリアとロシアなどに敗れ，スタニスワフの王位は放棄された。

図 I-7　ルイ15世の宮廷での食事風景

出所：*Versailles et les tables royales en Europe* (Catalogue d'exposition du Musée national des châteaux de Versailles et de Trianon, 3 novembre 1993-27 février 1994), Paris, Ed. de la Réunion des musées nationaux, 1993, p. 57.

14

彼は摂政時代からのイギリスとの協調関係を継続し，勢力均衡を重視した。戦争の減少は国家財政の均衡をもたらした。

しかし，1740年に始まった**オーストリア継承戦争**により，この安定は失われた。フランスはオーストリアに対抗し，オーストリアにイギリスがついたため，これまでの対英協調路線が転換された。さらに，この戦争はインドや新大陸での英仏の植民地戦争も引き起こし，この後は英仏対立がヨーロッパの国際関係の基軸となっていった。フランスは優位に戦いを進めていたが，1748年のアーヘン条約の和約では，ほとんど何も得られなかった。1743年のフルリーの死も伴い，批判の矛先はルイ15世へと向かった。

オーストリア継承戦争により，プロイセンとオーストリアの対立が先鋭化したため，オーストリアはフランスに接近し，両国の防衛同盟が成立した（外交革命）。1756年に勃発した7年戦争で，オーストリア側で戦ったフランスは，海外植民地をめぐるイギリスとの戦いに完敗し，植民地獲得競争から脱落し，国際社会におけるフランスの影響力の凋落が明らかとなった。

ルイ15世は数え切れないほどの愛妾を持ったが，特筆すべきは1744年に王の愛妾となったポンパドゥール夫人である。彼女は王とは対照的に公務にも関心があり，学問や芸術の保護を推進し，啓蒙思想家の支援や王立セーヴル窯の設立などを行った。政治にも積極的に関与し，外交革命の影の立て役者になった。

③ 改革の挫折とルイ16世の治世

戦争による財政難のなか，改革への努力は存在した。1749年には免税特権にかかわらず，全ての土地や官職に課税する20分の1税が創設されたが，特権団体による抗議のため，王権は各種の例外措置を認めざるを得ず，その効力を失った。王権の新政策に常に強硬に反対したのが高等法院であった。そのため，1771年には大法官モプーにより高等法院改革が断行されるが，これも後に撤回された。1774年には財務総監テュルゴーが**宣誓ギルド**を廃止して経済的自由主義の実現をめざした政策を行ったが，これも挫折した。

1774年にルイ15世が崩御すると，王位に就いたのは孫のルイ16世であった。即位の翌年にアメリカで独立戦争が勃発すると，イギリスへの対抗からフランスはアメリカ植民地を支持して独立戦争に参戦した。フランスは数千名からなる遠征軍を派遣し，植民地軍の勝利に貢献し，国際社会でのフランスの威信は高まった。だが，投入した莫大な戦費に比して，条約によって得た領土はあまりにも少なかった。これにより財政が窮乏したため，王権は特権身分への課税策を提案するが，その過程で1789年に全国3部会の開催が決定されたことにより，歴史は急展開していくこととなる。

（佐々木　真）

▷4　オーストリア継承戦争

マリア・テレジアの即位をめぐりオーストリアとプロイセンの対立を軸として起こった戦争。フランスはプロイセン側につき，イギリスとのあいだでは植民地をめぐる争いが繰り広げられた（ジョージ王戦争）。

▷5　宣誓ギルド

1581年以降，王令によって共通規約と特権が定められたギルドのこと。コルベールは重商主義政策のもとで全国的な産業規制を企て，非ギルド的な手工業も宣誓ギルド化しようとした。革命期のル・シャプリエ法により最終的に廃止された。

（参考文献）

G. P. グーチ／林健太郎（訳）『ルイ十五世――ブルボン王朝の衰亡』中央公論社，1994年。
ジャン゠クリスチャン・プティフィス／小倉孝誠（監修）／玉田敦子ほか（訳）『ルイ十六世』（上・下）中央公論新社，2008年。

Ⅰ フランス近世

6 「絶対王政」の動揺

1 絶対王政の実態

　近世の国制は長らく「絶対王政」と定義されてきたが，最近の研究では王権はそれほど絶対ではなかったことが常識化している。なぜなら，当時の王権の強制力は非常に弱かったからである。前近代においては，今日のような**住民登録**は存在せず，王権は臣民を個別に直接支配できたわけではなかった。そのため，王権は古くから自然発生的に形成され，国内に様々な形で存在していた社会集団との関係を取り結び，これを媒介とすることにより，間接的に臣民を支配したのである。たとえば，中世都市は自身の富や住民を守るために，周囲に城壁をめぐらせて自治組織を発展させていった。王権はこの都市の自治の伝統や様々な慣行を王が授ける恩恵すなわち特権として保証し，この代償として都市は王権に対して忠誠を誓い，必要に応じて財政的な援助などを行うという，互酬的な関係を取り結んでいった。

　このような特権を付与された団体のことを「社団」と呼んでいるが，当時のフランスには貴族，官職保有者，ギルド，村落共同体など様々な社団が存在し，王権はこれらと特権を媒介とした関係を取り結ぶことにより，社団をその統治のなかに組み込み，各社団の構成員を間接的に支配していたのである。

2 社団的編成の動揺

　それでは，このような体制がどのように解体へと向かい，革命へと至ったのだろうか。まず指摘すべきことは，社団の凝集性の低下である。絶対王政の支配が有効に機能するためには，王権と関係を取り結ぶ社団の凝集性が強いことが重要であり，それは各構成員の**共同性**によってもたらされるのである。しかし，18世紀になるとその共同性が大きく揺るぎ出す。たとえば都市では人口の増大と住民の多様化により共同性が希薄化し，都市政府の寡頭化によりその傾向に拍車がかかった。社団内の支配層の寡頭化や固定化は，ギルドや農村共同体でもみられた。また，領主と農民のあいだにも，従来は支配の代償としての**農民保護**という互酬的な関係が存在していたが，王権の裁判機構など国王の司法・行政機能が農村へと拡大するにつれて，領主は単に農民から収奪をするだけの存在となり，一体性や領主支配の正当性が失われていった。

　さらに，社団的編成の外部に位置する周縁的社会層が大量に出現したことも

▷1　住民登録
教会が信徒の洗礼（出生），婚姻および埋葬（死亡）を記録していた「小教区帳簿」はあったが，時系列的な記録のため，住民の管理には使用できなかった。今日的な住民登録は，革命期の1792年9月に成立する。

▷2　共同性
各社団では，構成員間の平等が存在しているわけではなかったが，1つの団体に所属し，その運営に関与しているという擬似的な平等性が共同性をもたらし，それが社団の凝集力の源となった。

▷3　農民保護
中世のように，公権力の展開が未発達な時期には，領主は領内の治安維持や行政を担当し，農民を保護するという役割を有し，領主と農民は「依存のきずな」によって結ばれていた。

16

挙げられる。放浪者や脱走兵などがそれであり，都市においても，非市民層や貧民層，城外区居住者などが増加した。また，エリートの世界でも，文筆家や法曹家など，従来は支配者層に列する者たちが，人口増の圧力のもとで，上昇の願いが叶えられず，閉塞状況に陥って「ストレス・ゾーン」を形成し，体制批判に転ずる現象もみられた。

❸ 新たな思想と社会的結合関係の出現

このような現象の背景には，新たな思想の形成がある。デカルトから始まる理性や懐疑といった思想は，17世紀の科学革命を経て，啓蒙思想へと展開していく。啓蒙思想は普遍的理性を信頼し，懐疑の姿勢を伴って，あらゆる権威に批判を加えることとなる。これまでの**慣習の重視**から，新たな世界の建設へと目標が大きく転換した。これに伴い，自由概念も転換していく。従来は，王権が社団に認めた特権が自由を示していたが，諸個人は等しく自由であるという考えが浸透していく。個人は社団のなかに埋没していた状況を脱し，社会の構成単位として自由に活動すべきであるという考えかたである。このことは，**重農主義**に端を発する経済的自由主義をもたらすとともに，市民を基本単位としてそれら相互の契約により政治的結合体，すなわち国家が形成されるといったルソーの考えが導き出される。

さらに，自由な個人を基礎とした新たな社会的結合関係が形成された。カフェやサロン，フリーメーソン，クラブ，文芸協会など，地縁や職縁，血縁を超えて個人が結合し，王権の統制が及びにくい「自律的な公共空間」の形成を促進した。そこでは政治的事件についての議論が交わされ，「公共意見」つまり「公論（世論）」が形成され，これが王政批判に結びつくことも多かった。

王権はこのような変化への対応を試み，開明官僚たちが自由主義的な改革を試みるが，いずれも社団的編成における特権の壁に阻まれ，成功しなかった。こうして18世紀末には，絶対王政は深刻な行きづまりをみせるのである。

（佐々木　真）

▷ 4　慣習の重視
前近代の法の正当性が「古き良き法」という言葉で示されたように，この時期は慣習として古くから続いているものほど，優れたものだと考えられていた。そのため，改革思想も復古主義の形態をとることが多かった。

▷ 5　重農主義
国家が積極的に経済活動に介入し，特定産業の保護・育成により国富の増大をめざす重商主義に対して，国家による介入を排して自由競争により経済活動を活性化させて国富の増大をめざす考え。ケネーが『経済表』（1759年）でそのモデルを示した。

図Ⅰ-8　ジョフラン夫人のサロン

出所：Claude Gauvard, Joël Cornette et Emmanuel Fureix, *Souverains et rois de France*, Paris, Édition de Chêne, 2005, p. 218.

参考文献
二宮宏之『フランス アンシアン・レジーム論——社会的結合・権力秩序・叛乱』岩波書店，2007年。

Ⅰ　フランス近世

7　ヴォルテールと寛容

カラス事件

　1761年10月13日の夕食時。トゥールーズのプロテスタント商人ジャン・カラスの家には，主人と夫人，長男と次男，1人の客と女中がいた。食事が済むと長男はすぐに席を立った。残りの者は歓談のあと，帰る客を見送ろうとして階段を下りると，長男マルク゠アントワーヌが首を吊っていた。

　父は息子の身体をおろし，医者を呼んだが，死亡が確認された。当時は自殺者を満足に葬ることができず，ジャンはこのとき自殺とは言わないよう家族に口止めしたとされる。一方，家を囲んだ群衆からは，「カトリックに改宗するつもりだった長男を，プロテスタントの家族が殺した」との声があがった。夕食時に在宅していた5人は，現場に駆けつけた町役人(カピトゥール)によって逮捕された。

　すでにカラス家の3男ルイは，カトリックに改宗して家を出ていた。父親は家族から2人目の背教者を出すまいと，共謀して息子を殺害した――これが裁判の罪状である。トゥールーズの高等法院は，決定的証拠を欠いたまま，1762年3月9日にジャン・カラスに死刑を宣告，刑は翌日に執行された。

　トゥールーズには，宗教戦争時代にプロテスタント約4000人を殺害した過去がある。1562年のこの出来事を，カトリックは毎年「解放記念日」として祝ってきた。カラス事件は，その200周年を控えていた時期に起きた。なお，カラス事件と前後して**ロシェット事件**や**シルヴァン事件**も起きていて，「プロテスタントは信仰のためなら肉親でも殺す」という評判が立っていた。

　カラス事件が起こった時期のトゥールーズの経済状況も無視できない。基幹産業だった青の染料パステルがインド藍のために打撃を受け，人々の不満のはけ口として，プロテスタントが標的となっていた面がある。

ヴォルテールの反応と行動

　カラス処刑の第1報が，トゥールーズからおよそ400キロ離れたフェルネーに住むヴォルテールのもとに届いたのは3月22日のこと。最初ヴォルテールは狂信的なプロテスタントの父親による息子殺しと受け止めたが，カラス家の4男ドナがジュネーヴに亡命しているのをフェルネーに呼び寄せ，事情を聞くに及び，ジャン・カラスの無罪を確信する。

　ヴォルテールは，裁判をやり直しカラスの名誉を回復する企てに乗り出す。

▷1　ロシェット事件
1761年9月13日，プロテスタント牧師ロシェットがトゥールーズ北郊で逮捕され，さらに2日後，武装したプロテスタント貴族グルニエ3兄弟が警戒網で捕えられた。4人は1762年2月19日に処刑された。

▷2　シルヴァン事件
1762年1月，トゥールーズ近郊でプロテスタントのエリザベート・シルヴァンが井戸から死体で発見された事件。カトリックに改宗したがっていた娘を家族が殺したと評判が立ち，家族はスイスに逃れた。

18

カラス夫人からの手紙に手を加えたもの，次男や4男の供述をまとめたものを彼らの名で出版して世論の関心を引き付ける一方，国内外の有力者たち――そこにはプロイセンのフリードリヒ2世やロシアのエカテリーナ2世も含まれる――に多くの手紙を書き，マイノリティであるプロテスタントにかけられた無実の罪

図Ⅰ-9　カラス家の支援を約束するヴォルテール

出所：Bibliothèque nationale de France (https://voltairefoundation.wordpress.com/tag/calas-affair/).

を晴らすべくはたらきかける。その結果，国務会議は再審請願を聞き入れ，トゥールーズ高等法院に裁判記録の送付を命じた。カラスの死刑判決は破棄され，国王直属の請願委員からなる法廷は1765年3月9日，カラスの無実を認めた。死刑判決の日からちょうど3年に当たる日のことだった。

3　『寛容論』

このカラス再審運動のなかで書かれたのが『寛容論』（1763年）である。この本のなかでヴォルテールは，宗教的な狂信を笑い飛ばし（「嘲笑」は「あらゆる宗派の狂信的な逸脱に対する強力な防壁」である），理性でなだめることを提案している（「狂信者たち〔……〕の数を減らすもっとも確かな方法は，この精神的な病を理性による治療にゆだねることである」）。

啓蒙主義の真骨頂ともいえる宗教批判だが，ヴォルテール自身は無神論者ではなく神を信じている。また，彼にはキリスト教徒である「我々」フランス人こそが不寛容で，時代に遅れているという意識がある。「迫害者，死刑執行人，人殺し，それは〔……〕我々キリスト教徒である」。「我々は，カトリックがロンドンで許容されているのとほぼ同じ条件で，カルヴァン派をこの国で許容できないだろうか」。

「寛容」という言葉は，もともとは否定的な意味合いで使われていた。唯一真正の宗教があるにもかかわらず，間違った宗教を見逃す，大目に見るというニュアンスを帯びていた言葉である。ヴォルテールは，**ジョン・ロック**やピ**エール・ベール**の系譜に連なりながら，「寛容」という概念を，多様性と他者を受け入れる美徳という肯定的な意味合いに転換する役割を担った。

（伊達聖伸）

▷3　ジョン・ロック
1632〜1704年。イギリス経験論の父と呼ばれる哲学者。『寛容についての書簡』（1689年）を著している。

▷4　ピエール・ベール
1647〜1706年。フランスの思想家で寛容論の先駆的存在。良心への服従を神の権利にして人間の義務であると説いた。

参考文献

ヴォルテール／斉藤悦則（訳）『寛容論』光文社古典新訳文庫，2016年。

コラム（歴史博物館①）

アンヴァリッド軍事博物館

　パリ7区に位置する軍事博物館は，フランスで最大の軍事博物館であり，ナポレオンや各種軍人の墓などが入る軍事複合施設の一部として存在している。

廃兵院

　この建築物はまず，傷病兵や老兵を受け入れる廃兵院（アンヴァリッド）としてルイ14世により建設され，1674年に最初の収容者を受け入れた。施設は数千人を収容する巨大なもので，収容者の部屋の他に，4つの大食堂や被服工場が造られた。建物には王室礼拝堂が附属し，ジュール・アルドゥアン・マンサールによる高さ107メートルの金色のドームは，廃兵院のシンボルとなった。また，王室礼拝堂の隣には，兵士のためのサン・ルイ教会が併設された。

　絶対王政期には4000人程度を収容しており，廃兵院としての機能は，革命やナポレオンの時期を経ても維持され続け，今日でも元軍人を受け入れている。

博物館の設立

　革命期に軍神マルスの神殿とされた後，王室礼拝堂はナポレオンのもとで，その軍事的功績をたたえる軍人たちのパンテオンとなった。1800年にはルイ14世期に活躍したテュレンヌ将軍の墓が設置され，1808年には同じくルイ14世の時代の築城家ヴォーバンの心臓が安置された。ナポレオン自身の墓も，1861年に完成し，一時保存されていたサン・ジェローム教会から遺体が移された。今日では，礼拝堂には，上記の3人と，ナポレオン息子と兄と弟，フランス国歌「ラ・マルセイエーズ」の作者ルージェ・ド・リール，フォッシュ元帥とルクレール将軍の9人の墓が設置され，地下のクリプトでは60人以上の遺体や心臓が安置されている。

　1905年には軍事博物館が設立されるが，これは2つの博物館を統合したものだった。1つは，革命期に設立された「大砲博物館」で，王家とコンデ家のコレク

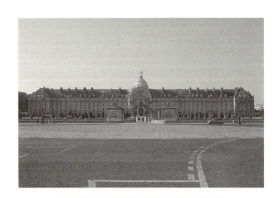

図Ⅰ-10　北側から見たアンヴァリッド

出所：筆者撮影。

図Ⅰ-11　軍事博物館，占領期の展示

出所：筆者撮影。

ションをもとにし，ルーヴルやヴァンセンヌなど各所に保管されていたものが統合された。その後，寄贈や鹵獲物によりコレクションは増え続けた。ちなみに，1864年の下関戦争の時にフランスが長州藩から奪った大砲も収蔵されている。この博物館は，1871年に廃兵院の場所に移った。

もう1つが，1891年に設立された軍事史の研究団体である。ラ・サブレタッシュ（La Sabretache）と呼ばれるこの団体は，軍事博物館の設立を目標としており，両者が合同する形で1905年に軍事史博物館が開館した。この成り立ちのため，設立当初の博物館は，武器・武具部門と歴史部門に分かれていた。その後100年以上の時を経て，博物館は変貌を遂げていった。

今日の展示

今日では，前近代（13〜17世紀），近代（ルイ14世からナポレオン3世），現代（2つの世界大戦）の3部門を主軸として展示が行われている。かつての軍事博物館の展示の王道である武器や制服の展示が多いのはその歴史性によるものだが，今日ではナショナリズムを中心とした展示は後景に退きつつある。たとえば，戦時公債を募集するポスターはフランスだけではなく，イギリスやアメリカ，ドイツのものも展示されており，戦争をヨーロッパの記憶のなかに位置付けようとする，今日的な戦争博物館のトレンドが認められる。

この新たな傾向は，企画展示によく現れている。2012年には，エヴィアン協定50周年を記念して，アルジェリアの展示が，2013年にはインドシナの展示がなされたが，ここでは植民地問題を中立的な立場で描いている。2017年には「動物と戦争」という企画展が開催され，戦争や軍隊の新たな一面を提示した。

この他にシャルル・ドゴールの展示室があり，マル

図Ⅰ-12　「動物と戦争」展のパネル（猫の解説）
出所：筆者撮影。

チメディアを駆使した展示がされている。また，2015年12月には人形と大砲の模型，および軍楽器を展示する部門が開設され，戦争を多角的に展示する試みがなされている。

館にはルイ14世時代の都市模型を展示する「立体地図博物館」と第二次世界大戦中のレジスタンスをテーマとして「解放勲章博物館」が併設されている。サン・ルイ教会は現在も教会として機能しており，1967年にフランス陸軍司教区がパリ大司教区から分離するにあたり，その司教座聖堂（大聖堂）となった。

かつての軍事博物館は，国家が誇る兵器や戦争の歴史を展示し，それによりナショナリズムを涵養する場であったが，ヨーロッパの多くの軍事博物館の展示は大きく様変わりしている。そこでは，戦争や軍事を様々な側面から考える展示がなされているのである。

（佐々木　真）

参考文献

中島智章『パリ　名建築でめぐる旅』河出書房新社，2008年。

コラム（記憶の場①）

ルーヴルとヴェルサイユ

ルーヴル

　フィリップ2世が12世紀末にパリに城壁を築いた時，ルーヴルはセーヌ川右岸西側を防備する砦だった。15世紀のシャルル5世の市壁拡大により砦が壁の内側に入ったため，ルーヴルは王宮として整備されていく。中央に主塔を持ち，周囲に塔がそびえる方形の中世風の城を，フランソワ1世はルネサンス様式の宮殿に改築しようとした。彼はまず主塔の撤去を行い，続いて建築家ピエール・レスコに，従来の基礎を利用しつつ翼棟を改築するように命じた。しかし，宗教戦争の混乱なども影響し，16世紀にはそれほど改築が進まず，旧宮殿の西面（レスコー翼）と南面がルネサンス様式に改築されただけだった。

　ブルボン朝の開祖アンリ4世は，パリに王権のモニュメントを建築しようとし，ルーヴルの大改造計画を立てた。これは，古い城の長さをそれぞれ2倍にして

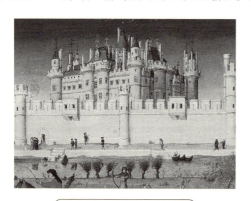

図I-13　15世紀のルーヴル宮殿

出所：Philippe Lorentz et Dany Sandron, *Atlas de Paris au Moyen Âge*, Paris, Parigramme, 2006, p. 90.

底面積を4倍にし，西側に2本の回廊を延ばしてテュイルリ宮殿と連結する壮大なものだったが，1610年に彼が暗殺された時に完成していたのは，現在はイタリア絵画が展示されているセーヌ川沿いの回廊のみだった。ルイ13世がレスコ翼を延長した後，ルイ14世はル・ヴォーに改築を命じ，中世の城の残存部を解体して，宮殿の面積を4倍にした。だが，ヴェルサイユに魅了された王はルーヴルへの興味を失い，宮殿は完成しなかった。

　17世紀よりルーヴルには各種アカデミーが入り，王室の美術コレクションの展示場所として利用されたが，革命期の1793年に正式に美術館となり，王室所蔵作品や教会から没収した作品が展示された。その後，テュイルリ宮へとつながる北側の翼棟も完成し，1874年にはほぼ現在の形となった。1983年からはミッテラン大統領が「大ルーヴル」計画を推進し，財務省が移設されて宮殿全体が美術館になった。また，地下の発掘調査が行われ，出土した中世の城の基礎部分や出土品によりルーヴルの歴史が展示されている。現在では8部門を擁する巨大美術館となったルーヴルは，膨大な作品により芸術の歴史を示すとともに，宮殿として王政や19世紀の歴史を想起させる場所ともなっている。

ヴェルサイユ

　狩りを愛したルイ13世がヴェルサイユの地を気に入り，1620年代にそこに狩猟の館を建設したのが，宮殿の起源である。1661年の親政の開始とともに，ルイ14世は宮殿の整備に着手し，1668年から大改築を開始し

図Ⅰ-14 ヴェルサイユ宮殿東側ファサード

出所：筆者撮影。

た。建築家ル・ヴォーは，ルイ13世の館を包み込むかたちで王や王妃の居殿を整備し，それを引き継いだマンサールが鏡の回廊や南北の翼棟を整備した。宮殿では，王族が暮らし，貴族たちには部屋が与えられて，王を中心とした小宇宙が形成された。造園家のル・ノートルは宮殿の西側に広大な庭園を造り出し，画家のル・ブランが内装により「王の栄光」を表現した。

最初の宮殿のテーマはアポロンで，玉座が置かれた正殿の各部屋にはアポロンと惑星を示す神々の名が付けられた。庭園の中心軸では噴水によりアポロンの成長（1日の太陽の運行）が示され，その周囲の季節を示す噴水により1年間の運行が表象された。その後，1679年より建設された鏡の回廊では，オランダ戦争での勝利が表現され，神の裁きである戦争を戦い，ヨーロッパに平和をもたらす「戦争王」としてのルイ14世の姿が示されたのである。

1710年には王室礼拝堂が完成し，ルイ14世はさらに，庭園の北西方向に大トリアノンを建設した。ルイ15世の治世下にはオペラ劇場や，小トリアノン，イギリス式庭園が整備され，マリー・アントワネットがイギリス式庭園のなかにノルマンディーの田園を再現したアモーを造った。

しかし，革命とともに国王一家はパリに連れて行かれ，ヴェルサイユは解体の危機に瀕する。建物こそは破壊を免れたが，数多くの調度品が売却された。この状況を救ったのがナポレオンで，彼は大トリアノンに居を構えたが，その支配はあまりに短かった。その後，7月革命で政権の座についたルイ・フィリップは，ヴェルサイユ宮殿をフランスの歴史博物館に改装することを決定した。

宮殿は1837年より一般に公開され，フランス国民の歴史を展示する場となった。その中心は王族の居室があった南翼棟を長大な回廊に改造した「戦史の回廊」で，クローヴィスからナポレオンに至るまでの著名な戦いの場面が描かれた絵画が飾られた。ここでは戦闘は単なる国王の戦いではなく，フランス国民創出の戦いとして位置付けられている。

かくして，ヴェルサイユは国王たちだけではなく，フランス国民の「栄光」をも表象する場所として，今日訪れる人を迎えているのである。　　（佐々木　真）

▶参考文献◀
中島智章『図説　ヴェルサイユ宮殿』河出書房新社，2008年。
ジュヌヴィエーヴ・ブレスク／高階秀爾（監修）／遠藤ゆかり（訳）『ルーヴル美術館の歴史』創元社，2004年。
リュック・ブノワ／瀧川好庸・倉田清翻（訳）『ヴェルサイユの歴史』白水社，1999年。

図Ⅰ-15 ヴェルサイユ宮殿西側ファサード

出所：筆者撮影。

Ⅱ　フランス革命とナポレオン

7年戦争とアメリカ独立戦争

1 戦争が革命を生む

　フランス革命はフランス国民国家の再編成をめざすと同時に，普遍的な価値に基づく世界革命を通じての世界の平和と幸福をめざしていた。ではなぜ世界を変革する必要があったのか。なぜなら暴力と搾取のグローバル化が世界に恐怖と悲しみを撒き散らしていたからである。

　アフリカ人はヨーロッパ人に，銃器などと交換に戦争捕虜を奴隷として売っていた。奴隷はアメリカ大陸やカリブ海の島々で，鞭で打たれ，働いた。

　一方イギリスとフランスは植民地獲得競争を続けていた。その頂点が「史上初の世界戦争」と呼ばれる7年戦争（1756～63年）である。このときヨーロッパ大陸では，イギリスに支援されたプロイセンに対抗して主にオーストリア・ロシア・フランスが同盟を結んで戦い，北米，カナダ，インド，カリブ海では，イギリスとフランスが植民地を奪い合い，死闘を繰り広げた。海戦で幾度も敗北したフランスは，北米とインドからほぼ全面的に撤退することを余儀なくされた。勝利したイギリスは，新たな植民地を奪取し，さらなる侵略戦争をインド人に対して続けた。

　しかしイギリスの財政状態は7年戦争の戦費によって悪化した。また新たに獲得した植民地の防衛費も必要だった。そこでイギリスはアメリカ大陸の植民

図Ⅱ-1　セインツの戦い（1782年）

出所：*Neptunia*, 205 (1997).

II-1 7年戦争とアメリカ独立戦争

地に次々と新しい税金をかけた。これに対して植民地人は「代表なくして課税
なし」と唱え，抵抗した。しかし本国政府は高圧的な態度を変えなかった。そ
して1775年，イギリス軍と植民地人から成る軍隊とのあいだで武力衝突が起こ
った。翌年，13の植民地の代表が独立宣言を発表した。宣言はイギリス王の歴
史を権利侵害の歴史として捉え，幸福に生きる権利という理想の実現のために
独立が必要だと唱えた。そこには1つの革命があった。まさに7年戦争がアメ
リカの独立＝革命を引き起こしたといえよう。

　1778年，フランスのルイ16世は独立軍に味方して参戦した。彼の目的はイギ
リスに対する7年戦争の復讐そしてカリブ海の植民地の確保であった。また
1780年にはロシアの提唱した武装中立同盟がイギリスに対抗した。さらに独立
宣言に共感したフランス人，ドイツ人，ポーランド人が義勇兵として独立軍に
加わった。かくして独立戦争は国際化し，1783年，イギリスはアメリカ合衆国
の独立を認めた。

❷ アメリカ独立戦争の影響

　アメリカでの出来事は，イギリスの支配に対抗して自治を求めていたアイル
ランド人を鼓舞しただけではなかった。スイスのジュネーヴでも，政治的社会
的権利を求めた人々がアメリカを模範として蜂起し，1782年，特権階級からな
る政府を転覆した。しかしフランス・ベルン・チューリヒ・ピエモンテの諸政
府が圧力をかけ，ジュネーヴの革命運動を押しつぶした。

　オランダでは，1784年と1785年，総督ウィレム5世に対し，都市の**パトリオ
ット**が蜂起した。パトリオットはアメリカに移住したオランダ人と親しく，独
立戦争の影響を受けていた。しかし1787年，イギリスの支持を得たプロイセン
が軍事介入をし，ウィレム5世の地位を保証し，革命運動を押しつぶした。出
版と信仰の自由は否定され，政治集会は禁止された。

　オーストリア領ネーデルラント（現在のベルギー）では，オーストリア政府が
主導した改革に対し，1789年，各地で抵抗運動が起こった。しかしオーストリ
アは軍事力を用い，叛徒を一掃した。

　ところで既に1772年にはプロイセン・オーストリア・ロシアが，ポーランド
分割を実行し，隣接する地域を強奪していた。これに対し，ポーランド人はア
メリカ独立戦争に鼓舞されて祖国の再興をはかった。しかし1793年，プロイセ
ンはロシアとあらためて2度目のポーランド分割を強行する。

　まさに世界は弱肉強食であった。強者は常に支配の拡大を欲していた。そし
て弱者を搾取し，下からの抵抗に対しては情け容赦なかった。アメリカの独立
は被支配階級にかすかな希望を感じさせたが，ヨーロッパにおける独立と革命
の運動はことごとく列強の暴力によってつぶされていた。

（西願広望）

▷1　パトリオット
革命を支持する愛国者を意
味する。

（参考文献）

柴田三千雄（著）福井憲
彦・近藤和彦（編）『フラ
ンス革命はなぜおこったか
──革命史再考』山川出版
社，2012年。

Ⅱ　フランス革命とナポレオン

 人権宣言

1　圧政の暴力と革命の暴力

　7年戦争とアメリカ独立戦争の戦費によって，フランス王政の財政状態は悪化した。革命前のフランスは3つの身分（第1身分は聖職者，第2身分は貴族，そして第3身分は人口の9割を占める平民）から成っていたが，国王ルイ16世は納税を免除されていた第1身分と第2身分への課税を**名士会**に諮った。しかし名士会は，課税に関する議論は**3部会**で行われるべきだと結論付けた。かくして1789年5月，第1・第2身分から各々約300名，第3身分から約600名の議員が選ばれ，ヴェルサイユの3部会に招集された。3部会では議決方法をめぐって議論が膠着し，6月，第3身分とそれに同調する一部の第1・第2身分は自らを「国民議会」と称し，憲法が制定されるまで解散しないと誓った。7月9日，議会の名称は「憲法制定議会」と改められた。

　国王は国境地帯に駐屯していた軍隊をパリとヴェルサイユに集め，議会を軍事力で弾圧しようとした。さらに7月12日，国王は改革派のネッケル蔵相を罷免した。この報にパリは騒然とした。民衆は自衛のために武器弾薬を探した。火薬はバスティーユにあった。それは要塞であると同時に政治犯収容所で，圧政の象徴でもあった。7月14日，民衆はこれを襲撃した。バスティーユの司令官は惨殺された。彼の首を掲げ，民衆は市中を練り歩いた。

　この知らせが地方に伝わると，農民はパニックを起こし，領主の館を襲った。農民を落ち着かせるため，8月4日，議会は**封建的諸特権の廃止**を決定した。また8月26日，議会は人間および市民の権利宣言（人権宣言）を採択した。「人間および市民」と並置されるのは，人間と市民を分けて捉えるのではなく，人間＝市民と両者を同一視すべきだという理想が込められている。しかし国王はこれらの新しい事態を認めようとしなかった。そこで食糧不足と物価高騰に苦しんでいたパリの民衆は，女性を先頭にヴェルサイユに押し寄せ，国王に封建的諸特権の廃止と人権宣言を認めさせ，パリに住むことを強いた。そして議会もパリに移った。

　戦争を繰り返して国民を軍事力で支配しようとした王政の暴力は，圧政のためであった。これに対し衝動的かつ本能的に抵抗した民衆の暴力は，自衛のためであった。そして正当な手続きを無視して民衆の暴力を容認した議会も，また暴力的であった。しかし議会の暴力は，新しい時代の創造のためであった。

▷1　名士会
国王に特権を認可された様々な団体の代表から成る。

▷2　3部会
3つの身分別選挙で選出された代表から成る。

▷3　封建的諸特権の廃止
1789年8月4日には廃止が決定されただけで，具体的な方法は1790年3月15日の法律で定められた。領主の裁判権や狩猟権，教会の10分の1税などは無償で廃止されたが，領主に収める貢租は有償で廃止された。

図Ⅱ-2 人権宣言

出所：Michel Biard, Philippe Bourdin, Silvia Marzagalli, *Révolution, Consulat, Empire 1789/1815*, Paris, 2009.

2 人権宣言の意義

　1776年のアメリカの独立宣言がイギリス国王への非難を列挙しているのに比べ，1789年のフランスの人権宣言はとてもポジティヴで，普遍的である。たとえばアメリカの独立宣言が「残虐で野蛮なインディアン」に植民地人を襲わせたとしてイギリス国王を糾弾しているのに比べ，フランスの人権宣言には同様の人種差別的な表現はない。むしろ普遍的な性格を持つ人権宣言は後にユダヤ人・黒人・女性の解放のための基盤となった。

　そもそも1789年の人権宣言では「公衆の不幸」と「政府の腐敗」の原因は「人権についての無知」だとされている。つまり弾劾されたのは国王個人でも支配階級でもなく，無知なのである。かくしてフランス革命では無知を教育することが重要なテーマとなる。

　ところで1789年の人権宣言で最も強調されている「自然権（生まれながらに人間が持つ権利）」は，「自由」——特に人身・思想・信仰・表現の自由——である。また生まれに基づく不平等は否定され，法の前の「平等」，たとえば公職に就く権利の平等，が主張されている。さらに「所有権」と「圧政への抵抗権」が重視されている。そして「市民の権利」としては，国民主権の原理に基づき，立法府に代表を送る権利などが唱えられている。

　しかし人権宣言の唱える「万人の幸福」を，戦争が破壊する恐れがあった。そこで1790年5月，議会は侵略戦争の放棄を宣言した。それは1791年9月に可決された憲法にも明記された。

　かくして理想は書かれた。もちろん輝く理想は暗い現実の鏡像でしかない。とはいえ理想は現実の内部にあって，現実に働きかける。　　　　　　　（西願広望）

参考文献

柴田三千雄『フランス革命』岩波現代文庫，2007年。
遅塚忠躬『フランス革命——歴史における劇薬』岩波ジュニア新書，1997年。

Ⅱ　フランス革命とナポレオン

反革命の覚醒

1　策　謀

バスティーユ襲撃の直後から，革命に反対した人々は国外に亡命した。**亡命者**は革命をつぶすために行動を開始した。ライン川の近くでは，国王ルイ16世の従兄弟のコンデ公が反革命軍を編成した。トリノでは，王弟アルトワ伯がフランス各地で反革命派の蜂起を起こすため，そして国王をパリから脱出させるため，陰謀を企てた。

またフランス南部では1790年から，西部では1791年から，新体制を拒絶する動きが盛んになった。南部では都市民が，西部では農民が主体となった運動であり，反革命的な特権身分の策謀と結びついた。

一方，王妃**マリー・アントワネット**は1790年からオーストリアへの逃亡を計画していた。そして1791年6月20日深夜，計画は実行に移された。国王と王妃を含む6人の王族と2人の侍女と3人の衛兵がパリを抜け出し，ルクセンブルクへの道を急いだが，フランス東部のヴァレンヌで捕えられ，パリに連れ戻された。国民は国王に，怒りよりも失望を感じた。

この事件はヨーロッパの諸君主にも衝撃を与えた。けれども共同でフランスに軍事介入をできるほどには，各国の足並みは揃っていなかった。またオーストリア国王は，フランス国王が承認する立憲君主制の創設には反対ではなかった。しかしながらアルトワ伯に押され，オーストリア国王とプロイセン国王は，

▷1　亡命者
「エミグレ」と呼ばれる。革命期を通じて約10万人（人口の0.4～0.5％）がエミグレとなる。大半が1789～92年に亡命している。

▷2　マリー・アントワネット
1755～93年。オーストリアの帝妃マリア＝テレジアの娘。何らかの功績や後天的に習得した能力によってではなく，女性という性を利用して，公共善のためでなく私的利益のために政治に介入し，反革命的陰謀を企てた。

図Ⅱ-3　ヴァレンヌでのルイ16世の逮捕

出所：Michel Biard, Philippe Bourdin, Silvia Marzagalli, *op. cit.*

1791年8月，ピルニッツで1つの宣言を出した。それによれば，ルイ16世を支援するために，ヨーロッパの諸君主は軍事力を使う用意がある。宣言はオーストリア国王にとって「はったり」でしかなかった。しかしポーランド分割，そして1780年代のオランダなどでの反体制運動に対する外国軍の介入の記憶は，まだ新しかった。軍事介入はありうると，フランスでは受けとめられた。

② 理 論

あえてシニカルな言い方をするならば，フランス革命の最大の遺産は反革命である。革命が生んだ価値観を拒む人々が，フランスにも世界にも，常にいる。革命期の反革命思想の理論家には，革命を神の試練とみなしたメストルや，神こそが社会の秩序をつくると唱えたボナルがいるが，おそらく21世紀でも大きな影響力を持ち続けているのはイギリスのバークであろう。イギリス人だが，世界の反革命派に参照された。彼が1790年に出版した『フランス革命の省察』のなかで展開される革命批判は，次の2点に要約できる。

まずバークは，フランスの革命家が「人間の意志」によって歴史を「断絶」することが可能だと思い込んでいる，と批判する。彼によれば，歴史とは「自然」によってゆっくりとつくられる「連続」である。重要なのは日々，繰り返され，積み重ねられた慣習である。変化は自然にそして偶発的に起きるのであって，人間の意志によってではない。政治家がなすべきは自然を放任することである。ところが革命家は過去の全てをゼロにして，今日から全てを新しく構築し始めることが，つまり歴史の流れを人間の意志の力で断ち切ることが，できるかのように思い込んでいる。革命家は精神錯乱者だ。

次にバークは，革命家の思想は「抽象的」であって，「具体的」ではない，と批判する。彼によれば，人権宣言は抽象的な「人間」の存在を前提として書かれた空想である。現実には，1人の人は祖先から様々なものを受け継ぎながら，社会の複雑な絆のなかに存在する。いつの時代においてもどこの国においても尊重すべき「人間」の権利などが存在するわけがない。重要なのは，各民族に固有で特殊な歴史的構築物としての権利だけである。かくしてバークは普遍主義を批判し，一種の〈多文化主義〉の立場をとる。彼の論理に従えば，「イギリス人」の自由は存在しても，「人間」の自由は存在しない。そしてそれはまた平等を画一化と同一視する論理でもある。反革命家の目には，民主主義が1人の人を単なる1という数字に矮小化するシステムのように見えた。

しかしバークが求めたのは現状維持にすぎない。バークは現状ではもはや生き続けることができないと感じている被支配者の解放への希求を無視した。奴隷が「人間」になる望みを無視した。だがバークは正当にも次のように予言していた，フランス革命は伝染性があり，世界の秩序を脅かす。

(西願広望)

参考文献

エドマンド・バーク／中野好之（訳）『フランス革命についての省察』（上・下）岩波文庫，2000年。

Ⅱ　フランス革命とナポレオン

4 革命戦争と第１共和国の創造

1 宣戦布告

　1791年9月，憲法制定議会が起草した憲法は，国王ルイ16世によって批准され，議会は解散した。新憲法に基づき，立法議会が新たに招集された。
　立法議会の最大の課題はオーストリアとプロイセンによる軍事介入の可能性への対応であった。革命の防衛を望む議会では対外強硬論が主流となった。特に後に「ジロンド派」と呼ばれるブリソを中心としたグループが開戦を強く求めたので，ルイ16世は彼らに内閣をつくらせた。実際ルイ16世も戦争を望んでいた。彼の予測では外国軍の勝利は確実で，それは自らの権力を強固にするはずであった。他方ブリソは戦争が始まれば内外の反革命運動は粉砕され，国内の秩序も確かなものになるはず，と予測していた。そしてブリソは世界を解放する「自由の十字軍」が必要だと唱えた。
　しかしロベスピエールは戦争に反対した。彼によれば，戦争に敗北した場合，革命は滅びるだろう。勝利した場合，勝ち誇った将軍が軍事独裁をしき，革命はまた滅びるだろう。世界への革命の伝播は大切だが，武力によってなされるべきではない。他方バルナーヴも戦争に反対した。彼は，戦争が民衆の革命的運動をさらに高揚させ，革命が急進化することを恐れて，反戦を唱えた。
　けれども戦争に反対した人は少数であった。かくして1792年4月，議会はオーストリア国王への宣戦布告を決議した。緒戦でフランス軍は敗北し，オーストリア・プロイセン連合軍が国内に侵入した。7月，連合軍指揮官ブラウンシュヴァイクはある宣言を発表した。それによれば，戦争の目的は「フランスの幸福」であり，「捕われの身となっている国王，王妃，そして王家を救い出すこと」である。パリの住民は「即時即刻国王に服従」しなければならない。国王の安全が危険にさらされた場合，連合軍はパリを「全面的に破壊」する。

2 戦争のなかからの共和国の誕生

　ブラウンシュヴァイクの宣言に対し，パリの民衆は怒った。そしてルイ16世が敵軍と内通していると信じた。民衆は議会の呼びかけで各地から集まってきていた**義勇兵**と共に，8月10日，ルイ16世の居たテュイルリ宮殿を襲った。議会は国王一家を幽閉し，王権を停止した。立憲君主制は崩壊した。
　不安のただなかにいたパリの民衆は，反革命派が義勇兵の家族を襲撃する計

▷1　義勇兵
このときマルセイユ出身の義勇兵が歌っていた軍歌がラ・マルセイエーズである。しばしば暴力的だと評されるが，敵はあくまでも「暴君」「陰謀を企てる国王」「傭兵」である。その一方で「自由」への愛が歌われていることも忘れてはいけない。

30

Ⅱ-4 革命戦争と第１共和国の創造

図Ⅱ-4　ジェマップの戦い

出所：Michel Biard, Philippe Bourdin, Silvia Marzagalli, *op. cit.*

画を企てているという噂を信じ込んだ。そして９月２日から６日にかけて，牢獄で裁判を待っていた反革命容疑者，約1300人を虐殺した。ただこの事件で注視すべきは，民衆が反革命容疑者を即決裁判にかけていた点である。もちろん法的正当性はないが，民衆は自らの正義を実践したのである。民衆は革命の推進力であると同時に，独自の世界観を持つ存在であった。

　一方９月20日，パリ東方のヴァルミーで，新しく編成されたばかりのフランス軍が「国民万歳」と叫び，３色旗を掲げ，熟練したプロイセン軍に臆することなく立ち向かい，勝利した。それは新しい時代を象徴する出来事であった。

　そして９月21日，立法議会に代わって，男子普通選挙で選ばれた国民公会が招集された。開会後，国民公会は**第１共和国**の樹立を宣言した。

　フランス軍は11月６日のジェマップの戦いから攻勢にまわり，ベルギーとライン川左岸を占領した。占領地の一部の住民はフランスへの併合を求めた。11月19日，国民公会は「自由を取り戻そうとする全ての国民に友愛と援助の手を差しのべる」と宣言した。そしてサヴォワとニースを併合した。

　さてイギリスの首相ピットは，フランス軍がヨーロッパの金融の中心だったオランダに進出するのを望まなかった。またフランスの植民地を，すなわちそこからの収益を，奪いたかった。そしてフランスと戦う決断をした。つまりピット率いるイギリス政府は，革命 vs 君主制という政治的イデオロギーをめぐって争われていた戦争に，経済的利得という新たな争点を持ち込んだのである。今後，当時の革命派のフランス人からみれば，この「拝金主義」の「貪欲な」イギリスこそが，自由平等友愛という価値を大切にする「徳の共和国」フランスの，最も執拗な敵となる。実際，国民公会によるルイ16世の裁判と処刑

▷２　第１共和国
1815年以降のフランス史を知る後世から見れば，この1792年の共和国は「第１」であったが，当時の人々はこれがフランスでは最初で最後の共和国だと思っていた。

31

（1793年1月）の後，イギリスを中心に対仏大同盟がつくられた。フランス軍は再び守勢にまわることを強いられた。

③ 新しい軍隊

　ここで当時のフランス軍を概観しよう。革命前夜，歩兵11万人と騎兵3万2000人を有したフランス軍では，将校の大半は貴族であった。戦うことは貴族身分の義務であった（その代わりに免税特権を享受できた）。しかし革命勃発後，多くの貴族将校が国外に亡命した。1792年までに4700人（約40％）の陸軍将校が軍隊を去った。そこで新しい士官が必要となった。重要なのはもはや身分ではなく能力であった。新たな昇進制度は試験・勤続年数・軍隊内での選挙・政府の意向を考慮に入れたものとなった。

　さて1791年，ルイ16世のヴァレンヌ逃亡事件後，対外的緊張が高まると，義勇兵の動員が急がされた。10月には10万人が集まった。この1791年の動員では能動的市民（一定以上の税金を払い，参政権を持つ市民）のみが義勇兵になる資格を持つと定められていた。しかし1792年，この資格制限は撤廃された。そして動員はパリと北東部の国境地帯で大きな成功をみた。

　さらに対仏大同盟に対抗し，1793年2月，政府は30万人の募兵を命じた。しかしこれは失敗した。このとき代理人制度（出征したくない者は代理人を雇うことができる制度）が認められたのだが，フランス西部のヴァンデの貧農たちはそれを都市に住む富裕者を優遇する措置だと非難し，兵士の供出を拒み，指揮官に貴族を据えた王立カトリック軍を編成して蜂起した。フランス全体で見ても，新兵は5月の時点で10万人弱しか集まらなかった。

　敵の侵攻は続いていた。8月，政府は総動員令を出した。それによれば，敵が共和国の領土から追い出されるまで，若者は戦いに行く。既婚の男性は武器をつくり糧食を運ぶ。女性は軍服をつくり病院で働く。子どもは包帯をつくる。老人は公共の広場で戦士の士気を高め，諸国王への憎悪と共和国の統一を説く。老若男女，みんなが革命を護るために力を合わせることが大事とされた。

④ 共和国の学校としての軍隊

　義勇兵の動員の結果，正規軍と義勇兵という2つの軍隊が存在することになった。白い制服を着た正規軍は1792年に7万人の新兵を迎え，1793年初めには全兵力17万5000人となっていた。他方，青い制服を着た義勇兵は1792年末に29万人の兵力を有し，正規軍兵士よりも緩い軍規のもとで，正規軍兵士よりも高い俸給を得ていた。また義勇兵は県単位で集められたので，郷土愛や方言などの地方色を持ち続けていた。そこで1793年，これら2つの軍隊を1つに融合するアマルガム法が実施された。国民公会から軍隊に送られた派遣議員は，もはや制服も俸給も出身地も兵士を分け隔てするものは何もない，兵士はアルザス

人やプロヴァンス人である前にフランス「市民」である，と説いた。

実際，革命によって「身分」という原理が破壊された後，それに代わって重要となったのが「市民」原理であった。それによれば，共和国は同じ価値観を持つ市民によって理想の実現という目的のためにつくられている。共和国において市民は参政権などの市民権を有するが，その一方で兵士となって共和国を防衛する義務がある。つまり「市民＝兵士」である。

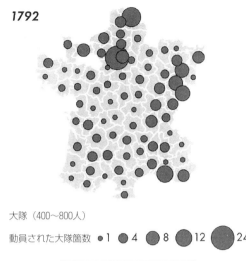

図Ⅱ-5　1792年の義勇兵の動員

出所：Pierre-Yves Beaurepaire, Silvia Marzagalli, *Atlas de la Révolution française, Un basculement mondial 1770-1804*, Paris, 2016.

別の言葉で言えば，兵士は市民である。かくして政府は兵士に市民教育を行った。教師となった派遣議員は唱えた。兵士は共和国にふさわしい模範的な市民として，個人的な特殊利益に関心を持ってはならず，共和国全体の利益を追求すべきである。つまり徳を大事にすべきである。上官には盲目的に服従するのでなく，自らの判断に基づいて理知的に服従すべきである。派遣議員はこのような教育を，銃後から送られた新聞や演劇などを用いて行った。また歩哨の合言葉も教育の手段となり，「友愛」「徳」などの用語が選ばれた。他方，政府は兵士の投票権も兵士の政治クラブへの出席も認めた。兵士は市民なのだから共和国の政治に関心を持って当然であった。このようにして兵士は戦う意味を学んでいった。この戦いは，いつの日か世界に広がるだろう，革命の理想を護るための戦いなのだ，と。

（西願広望）

図Ⅱ-6　義勇兵の軍隊への陽気な出発

出所：Michel Biard, Philippe Bourdin, Silvia Marzagalli, *op. cit.*

(参考文献)

阪口修平・丸畠宏太（編著）『近代ヨーロッパの探求⑫軍隊』ミネルヴァ書房，2009年。

Ⅱ　フランス革命とナポレオン

5 恐怖政治

1 民衆との連携

　1792年9月に招集された国民公会では、ジロンド派と山岳派が対立した。当初、ジロンド派が政権をとったが、1793年春、対仏大同盟やヴァンデの反乱といった内外の軍事的危機にうまく対処できなかったため、信頼を失った。6月2日、パリの民衆8万人が国民公会を取り囲み、ジロンド派の逮捕を要求した。そこで山岳派はジロンド派を議場から追放して国民公会の指導権を握った。ジロンド派の相当数は自分を選出した地域へ逃げて、パリと山岳派に対する反抗を組織した。彼らはリヨン、ボルドー、トゥーロンなどを反抗の拠点とした。トゥーロンの反徒はイギリス軍を招き入れた。

　政権に就いた山岳派はまず民衆と連携しようとした。そして革命当初に有償廃止とされていた封建的貢租を無償廃止に改め、最高価格令を発して物価の統制を行った。また「革命の敵」と認定された者の土地を没収して愛国的な貧民に分配する法律を可決した。この法律は実施されなかったものの、山岳派の指導者ロベスピエールの理想をよく表している。彼が望んだのは、みんなが小所有者となることだった。経済的格差は共和国の内部に分裂を生む。みんなで支える共和国をつくるためには平等が必要だと思われた。

　さて1793年6月末に国民公会で可決された**第1共和国新憲法**は、戦争が終わるまで延期するとさ

▷1　**第1共和国新憲法**
冒頭に書かれた新しい人権宣言では、「社会の目標は共同の幸福である」とされ、社会保障を享受する権利が明示され、「平等」が1789年の人権宣言よりも重視されている。また圧政への抵抗は権利というよりも義務として位置付けられている。

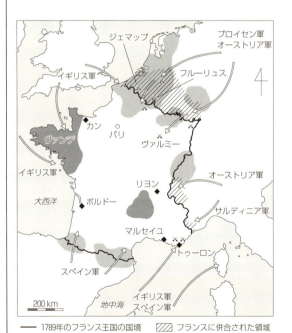

図Ⅱ-7　内外の軍事的危機（1792〜94年）

　　　　　1789年のフランス王国の国境　　フランスに併合された領域
外敵
　　戦闘地帯　　⟶ 敵軍
内敵
　　反乱地帯　　◆ 反抗の拠点

出所：Michel Biard, Philippe Bourdin, Silvia Marzagalli, *op. cit.*

34

れた。また山岳派は**公安委員会**[42]の権限を大幅に強化する一方で、内外のあらゆる「革命の敵」を打破すべく、政府は平時の規則に従って行動することはない、と宣言した。かくして山岳派は「恐怖政治」によって独裁体制をしいた。それが可能だったのは、内外の軍事的危機に対応できる、強い政府が求められていたからである。

1793年秋から山岳派政権はジロンド派やマリー・アントワネットなどの「革命の敵」を次々と処刑した。しかしながら山岳派の内部に対立が生じ、1794年春からロベスピエールは過激派のエベールや穏健派のダントンを粛清して独裁を強化した。他方、共和国軍は1794年6月にはフルーリュスの戦いで勝利を収め、攻勢にまわった。その結果、軍事的危機を乗り切るための独裁が必要なくなった。やがてロベスピエールはパリの民衆の支持を失って孤立し、7月27日（**共和暦**[43]2年テルミドール9日）、政敵に捉えられ、処刑された。

❷ 山岳派独裁の相対化

山岳派独裁の特異性を検討しよう。このときゲリラ戦が展開されたヴァンデでは20万人が共和国軍によって殺された。ヴァンデを除くフランス全土でも4万人が処刑された。しかし地方での「革命の敵」に対する暴力はパリの山岳派政権によって完全にコントロールされていたわけではない。実はそれは地方に送られた派遣議員または軍隊のイニシアチブによってなされたものであった。

また表現の自由が完全に圧殺されることはなかった。山岳派政権期にパリの新聞の数は66紙から51紙に減ったが、大きな変動とはいえない。確かに新聞は政府を全面的に批判できなかったが、多様な見解を表明しえた。たとえばロベスピエールが1794年6月に主催した**最高存在の祭典**[44]に関していえば、否定的な見解を載せる新聞もあった。他方、後述するナポレオン・ボナパルトは政権を握って3カ月でパリの57紙もの新聞を発行禁止処分にしたうえに、厳しい検閲制をしいた。比較すると山岳派の政治的自由への配慮が見えてくる。

さらに山岳派政権は透明性の原理を大切にし、積極的に情報の公開をおこなった。山岳派の議員が毎日状況報告に来ていた国民公会は、誰にでも開かれていた。また軍事的敗北は隠蔽されなかったし、**革命裁判所**[45]が断頭台に送った人の名前、無罪となった容疑者の名前、全てが公表された。共和国市民のあいだに隠し事はあるべきでないと考えられた。20世紀の独裁とは違うのである。

それに共和国軍に殺された人の数だけでなく、革命を護った共和国軍の死亡者数も考慮に入れるべきだろう。革命期を通じ、48万人の軍人が死んでいる。

いずれにせよ多くの血が流れた。その責任の一端は確かに山岳派の理想主義にある。その理想主義が原理主義、教条主義、禁欲主義を招いた。しかしそもそも理想主義と理想は違う。権力者がそれを混同すると悲劇が起きる。

(西願広望)

▷2　**公安委員会**
国民公会内の諸委員会の1つ。1793年4月に設置された。1793年夏からロベスピエールが指導権を握った。その後、法律の上ではあらゆる合憲機関を監視下においた。1795年10月に廃止された。

▷3　**共和暦**
1793年11月に制定され、1805年末まで続いた。1カ月を30日、1週間を10日とした。各月には自然にちなんだ名称が付けられた。キリスト教の教えからきている1週間＝7日という制度は合理的ではないという主張に基づいて制定された。

▷4　**最高存在の祭典**
ロベスピエールが構想し、画家ダヴィッドが演出した。最高存在とは宗教色のない万能者で、共和国の道徳的支柱である。祭典では最高存在への崇拝と霊魂の不滅が唱えられた。公安委員会の指令によって全国規模で開催された。

▷5　**革命裁判所**
1793年3月、国民公会が政治犯の審理のためにパリに設置した。1794年6月、容疑者の弁護を禁止して手続きを簡略化した。それ以前に1200人、それ以降1794年7月27日までに1300人を処刑した。1795年5月に廃止された。

（**参考文献**）
遅塚忠躬『フランス革命を生きた「テロリスト」——ルカルパンティエの生涯』NHKブックス、2011年。

Ⅱ フランス革命とナポレオン

6 植民地問題と奴隷制の廃止

1 黒人奴隷の大暴動

革命前夜,フランスにはインド洋にブルボン島(現在のレユニオン島)とフランス島(現在のモーリシャス島),カリブ海にフランス領ギアナ,マルチニク島,グアドループ島,サン＝ドマング島(現在のハイチ)といった植民地があった。サン＝ドマングでは50万人(島の人口の90%)の黒人奴隷がプランテーション農業に従事し,フランスがヨーロッパに輸出する砂糖の85%が生産された。また白人人口は2万7000人,**有色自由人**は3万人であった。

啓蒙思想家は奴隷制を非難していた。イギリスでは博愛主義者が奴隷貿易廃止運動を展開した。これと関係のあったブリソらがフランスでは1788年に「黒人友の会」を創設し,革命当初から奴隷貿易の廃止,有色自由人への市民権の付与,奴隷制の段階的廃止を訴えた。奴隷制は自然権からだけでなく,自由人の賃労働に比べて生産性が低いと経済的理由でも批判された。

しかし白人植民者と大西洋岸の貿易商は奴隷制の維持を唱え,バルナーヴのもとにロビー活動を始めた。彼らによればカリブ海の特殊な風土が黒人奴隷を必要としていた。

▷1 有色自由人
黒人あるいは混血だが,奴隷ではない人々。

1791年5月15日,憲法制定議会ではロベスピエールの支持もあって,自由人を両親に持つ有色人に市民権を与えることが決められた。この決定がサン＝ドマングでは混乱を生んだ。中小規模の土地しか持たない白人植民者は有色自由人との法的平等を拒否し,植民地の自治・独立を求めた。独立して人種差別的な制度を維持しようとしたのである。一方,大土地所有の白人植民者は王党派だったので,本国政府と協力しようとした。他方,有色自由人は武装して白人植民者と対立した。このような状況下,8月には数万人の黒人奴隷による大暴動が勃発した。蜂起し

図Ⅱ-8 「私,自由」

出所：Michel Biard, Philippe Bourdin, Silvia Marzagalli, *op. cit.*

Ⅱ-6　植民地問題と奴隷制の廃止

た黒人奴隷は1000人の白人を虐殺した。

　事態収拾のため，白人植民者と有色自由人との和解が求められた。かくして1792年３月28日，立法議会はあらゆる有色自由人の市民権承認を決議した。この実施のためにソントナクスが本国からサン＝ドマングへ派遣された。

❷　黒人が勝ち取った奴隷制廃止

　1793年，スペインとイギリスは，サン＝ドマングの奴隷反乱の自国の植民地への伝播を防ぐため，そしてこの機にこの島を奪うため，軍事介入を行った。スペインは**トゥサン＝ルヴェルチュール**など武装した黒人の一部と同盟を結んだ。イギリスは白人植民者に協力して島の征服を企てた。

　ソントナクスはある蜂起奴隷部隊と交渉した。黒人側はフランス共和国のために戦うことを条件に，あらゆる黒人奴隷に人権と自由を認めることを要求した。ソントナクスは要求を承諾した。もしも断れば島は外国軍に奪われるだろうし，彼自身，以前から奴隷制廃止論者であった。この承諾を受けて1794年２月４日，国民公会ではダントンに支持されつつ，**奴隷制の即時廃止**が宣言された。近代史上初の奴隷制廃止宣言であった。

　奴隷制廃止宣言の結果，多くの黒人がフランス軍に協力して戦った。1798年，イギリス軍は島から撤退した。実際1793〜98年，５万5000人のイギリス兵がアンチーユ諸島で死んだ。これに比べ1792〜1800年，フランス本国は１万人の兵士しかカリブ海に派遣していない。黒人兵士に頼れたからである。

　さて本国では**1795年の新憲法**が「いかなる者も身を売ることも売却されることもない」と奴隷制を否定した。また黒人も白人も市民が同等に扱われるように，1798年１月１日の法律が植民地を本国の県と同等の地位とした。

　しかし1802年，人種差別主義者のボナパルトは奴隷制を復活した。彼が送った遠征隊を撃破したサン＝ドマングの黒人は，1804年，ハイチと名付けた独立国を建立した。このとき島の人口は革命前夜の３分の２にまで減少していた。そのうえ新しい国家では軍事独裁政権が続いた。

　いずれにせよ武器を手にとった黒人は自ら交渉して人権を獲得した。そして勇ましく戦い，殺戮のなかから自由を奪い返した。サン＝ドマングの革命は，18世紀の暴力と搾取のグローバル化に対抗した世界革命において，極めて重要な意味を持つ出来事であった。

（西願広望）

▷２　トゥサン＝ルヴェルチュール
1743〜1803年。1793年，スペイン軍に協力したが，1794年，フランス軍に寝返った。その後，軍隊の指揮官として戦勝を重ね，1797年頃には島の事実上の軍事独裁者となった。1802年にボナパルトに逮捕され，翌年，獄中死した。

▷３　奴隷制の即時廃止
奴隷制廃止が実施されたのは，アンチーユ諸島ではサン＝ドマングとグアドループにおいてだけであった。他の島々はイギリスに占領されていた。また東インドの植民地では奴隷制廃止は実施されなかった。

▷４　1795年の新憲法
この新憲法を発布して国民公会は解散した。そして上下２院の立法府と５人の総裁からなる行政府ができた。この政府を「総裁政府」と呼ぶ。また，この新憲法では制限選挙制が復活した。

参考文献
川北稔『砂糖の世界史』岩波ジュニア新書，1996年。
P. ビュテル／深沢克己・藤井真理（訳）『近代世界商業とフランス経済——カリブ海からバルト海まで』同文舘出版，1997年。

Ⅱ　フランス革命とナポレオン

7 世界革命の試み

1 姉妹共和国

　フランス革命が勃発すると，ヨーロッパ各地の革命家たちがフランスに援助を求めにやってきた。しばしば彼らは**フリーメーソン団**のメンバーで，国際的な運動のなかにいると意識していた。もちろん彼らはそれぞれの地方で独自の問題を抱えていたが，封建制への反発，啓蒙思想と民主的改革への賛同，民衆との乖離という共通点があった。

　さて1794年夏以降，戦勝を続けたフランス軍は占領地域を拡大した。国民公会とその後を継いだ総裁政府は，各地の革命家たちの要求に応えると同時に，住民から貢納金と徴発を取り立てた。フランスを解放者だと理想化していた人々は裏切られたと感じた。しかし変革が求められていたことも確かである。

　実際，現地の革命勢力の要請に応え，1795年，ベルギーとライン川左岸はフランスに併合された。またフランスに亡命していたオランダのパトリオットは，フランス軍と共にオランダへ攻め込んだ。そして総督ウィレム5世がイギリスに逃亡すると，フランス軍の力を借りてバタヴィア共和国を建立した。また1796年にフランス軍が侵攻したイタリアでも次々と姉妹共和国がつくられた。イタリアのパトリオットは，山岳派と関係があった**ブオナロティ**のように，しばしばフランスとイタリアの

▷1　フリーメーソン団
国際的な友愛団体である。18世紀半ばにおいては，サロンと重複する上流社交界の文化的な会合組織であった。そこに啓蒙思想が流れ込み，19世紀になると政治改革運動をすすめた。

▷2　ブオナロティ
1796年にフランスで発覚したバブーフの陰謀に連座した。バブーフは私有財産の廃止を唱え，秘密結社を組織した。この組織形態はブオナロティがフリーメーソン団から摂取したもので，19世紀前半にはカルボナリの運動でも用いられた。

図Ⅱ-9　併合と姉妹共和国（1796～1799）

出所：Michel Vovelle, *La Révolution française, 1789-1799*, Paris, 2015.

両方で活動をした。彼らはカトリック信仰の篤い王党派のイタリアの民衆とは連携できなかったが，社会的平等を重視してフランスの1793年の憲法の導入を望んだ。しかしイタリア方面軍司令官ボナパルトが押し付けた姉妹共和国の憲法は，1795年の憲法をモデルとしていた。

ただ総裁政府は「革命の輸出」に常に成功したわけではない。たとえば1796年，イギリスの事実上の植民地であったアイルランドの独立と民主化をめざした革命派「ユナイテッド・アイリッシュメン」の指導者が，支援を求めてフランスを訪れた。早速，総裁政府は遠征隊を派遣したが，悪天候とイギリス軍のせいで軍事作戦は失敗に終わった。アイルランドでは1798年に革命派が蜂起したが，イギリス軍に鎮圧され，2万人が犠牲となった。

❷ 挫折した理想

総裁政府期には新しい国際秩序が議論された。その1つがヨーロッパ共和国連邦案であった。その目的は世界平和であった。提案はある特定の党派というよりはむしろ啓蒙思想に共感する様々な立場の人々（公安委員会の一員だったバレール，イタリアの革命家ガルディ[3]，自由主義を信奉した経済学者など）によって個別になされた。案によれば，代議制で運営される共和国連邦の中核はフランス・バタヴィア・スペイン・イタリアなどの政治＝軍事＝経済同盟である。加盟国は国民主権，人権，自由，平等といった民主共和政の理念に賛同することが求められる。各国の政治体制は段階的に君主制から共和制に移行する。この共和国連邦の敵はイギリスである。なぜならイギリスは100年前から，軍事力で海上貿易を支配し，植民地を拡大するための戦争を行い，奴隷や先住民を搾取し，植民地との排他的貿易関係によって強大化し続けている。共和国連邦はイギリス政府とその海軍を叩いて，世界中で黒人奴隷交易を根絶し，インドを解放し，植民地主義を否定し，自由貿易体制を築く。かくして加盟国は自由貿易を通じて緊密に結び付けられ繁栄し，永久平和が世界に訪れる。

この見解の背景には，フランス革命前の100年間が弱肉強食の戦乱の時代だったという認識がある。そのような時代を変革するために，新たに生まれた諸共和国の連邦が必要だと考えられたのである。確かに連邦案はフランス一国でできることの限界の認識に基づいており，加盟国間の協力と各国の内政の尊重を重視している。それは姉妹共和国体制後の国際秩序となりうるものであった。しかし案は実現されなかった。他国との連帯よりも他国の支配を重視したボナパルトが政権を奪取したからである。

革命期，数多の理想が挫折した。たくさんの素晴らしい案，法律，宣言が実施されなかったり，たとえ実施されたとしても当初の目標とは随分違った結果に辿りついたりした。畢竟，革命の歴史を学ぶとは，挫折した理想（潜在的可能性）の探求にほかならないのかもしれない。　　　　　　（西願広望）

▷3　ガルディ
1765～1821年。イタリア統一をめざす革命運動に関与して，1794年にフランスに亡命し，1796年にイタリア方面軍に参加した後，バタヴィア共和国駐在のチザルピーナ共和国大使となった。1820年のナポリ革命にも参加した。

（参考文献）
平岡昇『平等に憑かれた人々——バブーフとその仲間たち』岩波新書，1973年。
P. V. ボルペール／深沢克己（編）『「啓蒙の世紀」のフリーメイソン』山川出版社，2009年。

Ⅱ　フランス革命とナポレオン

ナポレオン・ボナパルトの登場

1　システムとしての独裁

　1799年，イギリスとオーストリアとロシアがフランスの国境を脅かした。当時，ボナパルトはイギリスを叩くためにその植民地インドに背後から侵入しようとエジプトに遠征していたが，急遽，帰国し，11月9日（共和暦8年ブリュメール18日），軍事クーデタで総裁政府を倒した。支持者からフランスの救世主といわれたボナパルトは，共和暦8年憲法を制定し，3人の統領から成る統領政府をつくり，自ら第1統領となった。その後，彼はオーストリアそれからイギリスと講和条約を結び，フランスの反革命派を恩赦で懐柔した。そして1802年，憲法を改正し，終身統領となった。次いで1804年，またもや憲法を改正し，自ら皇帝ナポレオン1世となった。第1帝政の始まりである。

　ボナパルトは革命の鬼子である。革命を継承しながらも，歪曲している。憲法はあるものの，従来，前文とされてきた人権宣言はない。また「みんなでよく話し合って考えて物事を決めていく」という意味での「政治」もない。たとえば共和暦8年憲法によれば，立法府では，ボナパルトが任命する参事官から構成される参事院が法案を提出する。参事官は様々な分野の専門家である。その法案を護民院は審議するが採決せず（挙手できない議会），立法院は審議しないが採決だけ行う（口がきけない議会）。立法院と護民院は選挙で選ばれるが，選挙人と議員候補者はボナパルトが規定した「名士」に該当する良家の人たちのみである。またボナパルトの直接の影響下にある元老院が違憲審査を行う。

　行政府に関して言えば，ボナパルトが任命する内閣は立法府の信任を得なくてかまわない。また1800年2月の法律が，県知事，副知事，人口5000人以上の地方自治体の長はボナパルトに任命または承認されると定め，中央集権化を促進した。さらにボナパルトは憲法改正のための人民投票制度を設けたが，村長と助役が選挙人台帳に署名すれば村全体が賛成投票をしたとみなされた。

　こうして独裁国家が確立した。注目すべきはそれが話し合う政治をシステムから排除した点である。かつて山岳派独裁において憲法は戦争のあいだだけ一時停止とされたが，ボナパルトは権力の集中を常態として制度化したのである。

2　人間から歯車へ

　話し合って考える必要はないとされた。かくして考える人は排除された。ネ

図Ⅱ-10 リセの中庭

出所：Michel Biard, Philippe Bourdin, Silvia Marzagalli, *op. cit.*

ッケルの娘で優れた知識人であったスタール夫人は、自由こそ社会の幸福だと唱えて独裁に抗したので、ボナパルトによって国外追放に処せられた。また1802年5月の法律で各県に設けられた中等学校のリセでは、哲学は全く、歴史学もほとんど教えられなかった。「いま、ここ」を根底から疑問視して全体を見わたそうとする学問は拒絶されたのである。

　下にいる者は上にいる者に「黙って」服従すべきだとされた。上にいる者が下にいる者を従わせるため財力や武力などの権力を使うべきでない、説得も交渉も無用だ、というわけである。それゆえ「権威」が大事となった。実際、1804年に公布された民法典（ナポレオン法典）では、私有財産の不可侵といった革命の成果が尊重される一方で、社会の細胞とみなされる家族における親の権威が重視されている。民法上の成人年齢は21歳だったが、男子は25歳まで結婚をする際は両親の同意が必要で、たとえ25歳を過ぎても敬意をもって両親の助言を聞かなければならない、と定められた。また子が父の許可なく家を去ることは禁じられた。同様に仕事場では親方の権威が強化された。親方と市町村当局の許可なく街を出た労働者は浮浪者とみなされ、逮捕されると定められた。また労働者が**組合**をつくって親方にものをいうことは禁じられた。

　フランス人はこの権威主義的な体制を受け入れた。何が正しいのか、話し合って考える義務と権利を放棄し、秩序と安定を求めた。難しいことは専門家に任せたほうがラクだし、権威に黙従して「良い子」を演じていたら守ってもらえるかもしれない。こうして人々は自然権が唱える自由な人間および市民であることをやめ、国家や社会というシステムの歯車になった。もちろん人間は歯車になりきれない。人間には他人より卓越したいという自我がある。それを慰めるため、ボナパルトは**レジョン・ドヌール勲章**を設けた。

（西願広望）

▷1　組合
1791年6月に可決されたル・シャプリエ法は、労働者に結社とストライキを禁じた。ボナパルトはこれを確認・強化した。実際パリの労使間の争いでは、労働者は警視総監に訴えの適法性を証明しなければならなかったが、親方はそれを義務付けられなかった。

▷2　レジョン・ドヌール勲章
革命期、軍人の勲章は廃止された。兵士は共和国のために戦うので、個人の名誉欲のためではないとされたからである。他方、ボナパルトは国家のために奉仕した個人に勲章を与えることにした。しかし、その国家を体現したのは彼自身であった。

参考文献

上垣豊『ナポレオン──英雄か独裁者か』（世界史リブレット）山川出版社、2013年。

J. P. ベルト／瓜生洋一ほか（訳）『ナポレオン年代記』日本評論社、2001年。

Ⅱ　フランス革命とナポレオン

 宗教問題の解決

1　カトリック教会の動揺

　1789年8月の人権宣言は**信仰の自由**を定めた。迫害されていたプロテスタントとユダヤ教は解放された。しかし，従来他の宗教宗派を信じたら地獄行きと唱えていたカトリック教会の権威はゆらいだ。

　ところでそもそも革命の発端は国家財政の悪化であった。人権宣言を発布しても国庫に金がないのに変わりはなかった。憲法制定議会は財源を探した。そしてカトリック教会が所有していた土地財産に目を付けた。これを国有化して競売にかけて売却すれば国庫は潤う，議会はそう考えた。しかしカトリックの聖職者はその土地財産からの収益で生活を営み，宗教行事を実践していた。どうすればよいのか。1790年7月の教会組織法（聖職者民事基本法）がこの問題を解決した。聖職者を国家から俸給を得る「公務員」としたのである。また同法は教区の再編をした。1県1司教区として，117の司教区は83に縮小された。さらに司教の任用は県議会議員と同じ選出方法で行うとされた。つまり市民（カトリック信徒でなくてもかまわない）による選挙である。さらに聖職者には同法への宣誓が義務付けられた。大半の議員は**ガリカニスム**には影響されていたが，決して無神論者ではなかった。それゆえカトリックが憎くてこのような法律をつくったのではない点は押さえておくべきだろう。

　しかし1791年3月，ローマ教皇ピウス6世は革命を全否定する見解を表した。確かにキリスト教によれば，最も重要なのは神の御心への服従であって，人間の自由ではない。ヒューマニズムでも博愛主義でもない。宗教宗派は個人によってまるで市場で品定めをするように選択されてはいけない。人間が神を選ぶのではなく，神が人間を選ぶ。教皇の反発は教義からいえば当然である。

　さてほとんどの司教は教会組織法に対して頑なに宣誓しなかった。しかし司教よりも位が下の司祭レベルでは意見が分かれた。52%が宣誓して48%が拒否した。カトリックが分裂したのである。そして革命の進行に伴い，非宣誓僧侶は反革命派とみなされるようになり，事実，ヴァンデでは王立カトリック軍を支持した。1792年8月，立法議会は全ての非宣誓僧侶に国外退去を命じた。

　それでも1793年まで，攻撃された対象は聖職者であって，信仰・礼拝ではなかった。ところが1793年冬から94年春にかけて起きた，革命派の民衆によるキリスト教否定運動は違った。民衆は教会を閉鎖し，聖像を破壊し，鐘を引きず

▷1　**信仰の自由**
1789年の人権宣言で，思想信条の表明は「たとえそれが宗教的なものであっても」妨げられてはならないとあり，ある種の慎重さ，カトリックへの遠慮が認められる。また，人権宣言は自然権を「神聖」だとしており，聖なるものの実在が前提であった。

▷2　**ガリカニスム**
ローマ教皇の絶対的な首位性に対抗し，フランスのカトリック教会の相対的独立を擁護する立場。

図Ⅱ-11 破壊された聖像（クリュニー国立中世美術館）
出所：筆者撮影。

り下ろし，銀器を押収し国民公会に送り，僧侶に仮装し町を練り歩いた。礼拝を続けようとした女性信徒は迫害にあった。礼拝の自由の明らかな侵害である。しかしこの運動から民衆的な無神論の広がりを確認できる。運動は一時的なものであったが，教会の権威の低下を促進した。

一方，総裁政府は1795年2月，礼拝の自由の原則を確認しつつ，共和国はもはやいかなる宗派にも俸給を払わないと定めた。国家と教会の分離を試みたのである。他方，政府高官はロベスピエールが最高存在の礼拝をしたように，共和国の価値観に基づく敬神博愛教をつくったが，長続きしなかった。

2 コンコルダート

1801年7月，ボナパルトはローマ教皇ピウス7世とコンコルダート（宗教協約）を結び和解した。教皇は革命期の教会土地財産の国有化と売却を承認した。司教の任用に関して言えば，市民による選挙制は否定され，ボナパルトが新司教をまず任命し，その後，教皇が叙任を行う，と定められた。このコンコルダートに基づいて，ボナパルトは全く新しい公認宗教体制を確立し，宗教的多元性と礼拝の自由を制度的に保障した。国家がカトリック・プロテスタント・ユダヤ教を監督＝保護するようになったのである。実際，政府はカトリックに財政的な援助をし，プロテスタントの牧師の育成に尽力した。

さて1804年の皇帝戴冠式で，本来は教皇がかぶせるべき皇帝の冠を，ボナパルトは教皇の手から奪い自分でかぶった。彼の無礼に眉をひそめた人々には理解できなかっただろうが，おそらく彼の傲岸は，生と死と自由と責任を見つめる戦場から，実力で成り上がってきた孤独な男のそれであった。

（西願広望）

参考文献

立川孝一『フランス革命——祭典の図像学』中公新書，1989年。
松浦義弘『フランス革命の社会史』（世界史リブレット）山川出版社，1997年。
松嶌明男『礼拝の自由とナポレオン』山川出版社，2010年。

Ⅱ　フランス革命とナポレオン

海の帝国 vs 陸の帝国

 軍事クーデタの文化

　軍事面で，ボナパルトは革命の遺産を大いに利用した。その1つが軍事クーデタを悪いことだとは思わず実行できる「政治参加する軍隊」である。総裁政府期，軍隊はますます遠い外国で戦うようになった。その結果，軍人は政府と市民社会に対して疎外感を抱くようになった。たとえばある軍人は政府に次のような意見書を送った。貧しい軍隊は靴もなく雪の山中を行軍した。そのあいだ銃後の民間人はいいものを着て，十分に暖をとっていた。我々は国民の物笑いになるために専制君主の軍隊と戦ったわけではない……。こうしてしだいに軍人たちは，共和国のために命を懸ける自分たちの方が銃後の民間人よりも優れた市民である，と思うようになった。そしてついには軍人による市民社会の再生が必要と信じるようにまでなった。

　このような気持ちを，将軍たちは共有していた。そして兵士らに征服地で奪った富を与え，部下の士官の昇進の面倒をみてやった。かくして将軍たちが軍隊を支配するようになった。政府は戦利品を国家財政の助けとしたかったので，将軍らに対して強硬に文民統制を課すことができなかった。

　他方，本国では政治家が将軍を味方につけて軍事力で政敵を排除する企てが繰り返されるようになった。ブリュメール18日のクーデタも，ボナパルトにそれを提案したのは総裁の1人であった。

　いずれにせよこれらの流れが重なったからこそ，ボナパルトのクーデタはありえたのである。何よりもそこには軍人を優れた市民とみなす文化があった。そしてボナパルトは政権に就くと，将軍に県知事をしのぐ上席権を与えたり，退役将校を市長の職につけたり，戦勝を祝う祭典を催したりして，軍人が民間人から尊敬されるよう配慮した。市民が模範的な兵士となるためであった。

 徴兵制

　ボナパルトが享受したもう1つの革命の遺産が徴兵制であった。革命初期の義勇兵の動員や総動員令は非常時の例外的な措置であった。しかし総裁政府は兵力の減少に対応することを迫られ，1798年9月，徴兵制を制定した。それは戦時だけでなく平時における兵役を定め，徴兵を恒久化した。召集者数は毎年，政府が軍事情勢に応じて決めた。1805～10年で徴兵適齢者の約30％が召集され

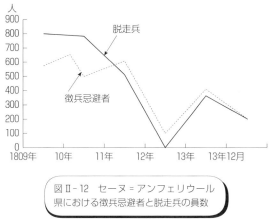

図Ⅱ-12　セーヌ＝アンフェリウール県における徴兵忌避者と脱走兵の員数

出所：西願広望「ナポレオン帝政期のセーヌ＝アンフェリウール県における徴兵忌避と脱走」『歴史学研究』第735号，2000年。

た。そして1800～14年で200万人，総人口の7％が召集された。

　出征したくない者は代理人を雇うことができたが，帝政期にはその価格が高騰したため代理人制度はあまり利用されなくなった。一方，**徴兵忌避者と脱走兵**は自分の家の近くに隠れ家をつくって暮らしたり，盗賊に身をやつしたりした。とはいえ彼らは家族，同郷人，安い労働力を求めていた雇用者から援助を受けることができた。ナポレオンは徴兵忌避者と脱走兵および彼らの支援者に対して厳しい弾圧を加えた。多くの者が逮捕された。また教会に対し，徴兵忌避は祖国を愛する神を恐れぬ大罪である，と信徒に説くことを命じた。それでも出征を嫌がる若者たちと家族は，仮病や，徴兵適正審査委員会を構成する村長・憲兵隊士官・保健士・将校の買収といった手段で，徴兵から逃れようとした。しかし彼らは表面上の合法性は重視せざるをえないと感じていた。ある種の嫌悪感を伴いながらも，社会は次第に徴兵制を受け入れていったのである。

　かくして多くの若者が出征し，そして死んだ。1800～15年に動員されたフランス人の38％が死んだ。またナポレオン軍のために動員されたのはフランス人だけではなかった。40万のドイツ人，15万のイタリア人，8万5000のポーランド人など，合計すると70万の外国人がナポレオン軍に徴用された。

3　大陸封鎖

　なぜそこまで戦わなければならなかったのか。海の帝国イギリスが徹底抗戦したからである。1805年，イギリスはロシア・オーストリアと同盟を結んでフランスに敵対した。同年10月，トラファルガーの海戦で，イギリス海軍はフランス海軍を完膚なきまでに打ち破った。

　しかし陸上では12月，アウステルリッツの会戦で，フランス軍がオーストリア・ロシア連合軍に圧勝した。翌1806年，ナポレオンはライン連邦をつくり，西南ドイツ16邦をこれに加盟させて**神聖ローマ帝国**から脱退させた。その結果，

▷1　徴兵忌避者と脱走兵
「徴兵忌避者」とは召集に応じなかった民間人を指す。「脱走兵」とは入隊した後に部隊から逃亡した軍人を指す。脱走兵は逮捕されれば軍法会議で裁かれる。

▷2　神聖ローマ帝国
962年にドイツのオットー1世がローマ教皇から皇帝の冠を授けられたのが起源である。その後，皇帝は選挙で選ばれた。15世紀以降，オーストリアのハプスブルク家から皇帝を出すようになったが，国内には領邦が分立していた。

図Ⅱ-13 ナポレオン軍によるスペイン人ゲリラへの報復
出所：雪山行二・木下亮（編）『ゴヤ。版画にみる時代と独創』読売新聞社，1999年。

神聖ローマ帝国は消滅した。またナポレオンは兄ジョゼフをナポリ王に就けた。また弟ルイをオランダ王とした。ここにバタヴィア共和国は消滅した。自分の家族が支配する王国の方が共和国よりも良いと考えたわけである。さらにナポレオンはプロイセン・ロシア連合軍を叩き，1807年にはワルシャワ大公国を旧ポーランド領に創設してライン連邦に加盟させた。そして1808年には教皇領を占領した一方で，スペインに兄ジョゼフを国王として送り込んだ。

ところでナポレオンの戦法の基本は戦場に敵よりも多い兵力を導入して，敵を逃さず殲滅するものであった。そのためには強行軍によって戦場に迅速に兵力を集中すること，指揮系統を統一して柔軟な機動戦を展開すること，そして物資の補給は現地調達とすることが必要であった。

かくして彼は軍事的勝利によって陸の帝国をつくったわけだが，彼の大陸支配のなかでも極めて重要な政策は1806年の大陸封鎖令である。宿敵イギリスの力の基盤が経済力であることを知っていたナポレオンは，大陸諸国にイギリスとの通商を禁止した。諸国がイギリスの工業製品を買う代わりにフランスのそれを買えば，イギリス経済は打撃を受けてフランス経済は成長する，これがナポレオンの目論見であった。しかしアジアとアメリカに広い海外市場を有していたイギリスに，この政策は有効ではなかった。また大陸諸国の需要に応えるほどまでにフランス工業界の競争力は強くなかった。

❹ 陸の帝国の没落

各国でナポレオンの支配への抵抗が始まった。スペインではゲリラが蜂起した。これに対するナポレオン軍の凄惨な報復はスペインの民衆を恐怖させた。プロイセンはフランスを模倣して国民軍を育成した。ロシアは大陸封鎖を無視してイギリスに穀物を輸出した。そこで1812年，ナポレオンはロシア遠征を行い，モスクワを占領した。しかしロシア軍は焦土戦術を用いて，ナポレオン軍の補給物資となりうるものを焼き払ったので，ナポレオンは退却を余儀なくさ

れた。1813年，諸国は再び対仏大同盟を結成した。そしてライプチヒの戦いで，オーストリア・プロイセン・ロシア連合軍はナポレオンを破り，1814年，パリを占領した。ナポレオンはイタリア半島の近くのエルバ島に流された。フランスの王位にはルイ16世の弟のルイ18世が就き，ブルボン王朝が復活し，兵士はブルボンのシンボルの白色帽章を付けることを強いられた。

勝利した諸列強は戦後の領土配分を話し合うためにウィーン会議を開いたが，交渉は難航した。他方フランスでは旧特権身分が革命前の時代を復活させよ

図Ⅱ-14　1814年のナポレオンの退位
出所：http://www.napoleon.org

うとしていた。国民のなかで反革命への不安が大きくなった。封建的諸特権は復活するのか。売却済み教会財産はどうなるのか。このような状勢を知ったナポレオンは1815年2月，エルバ島を脱出し，フランスに戻った。民衆は「皇帝万歳」，「聖職者，貴族を街灯に吊るせ」と叫び，3色旗を振り，ラ・マルセイエーズを歌い，彼を迎えた。民衆は彼を革命と同一視したのである。彼は一滴の血を流すこともなく再び帝位についた。「革命をまた始めるみたいだな」，彼はつぶやいた。革命の遺産を歪曲し横領した彼であったが，その一方で私有財産の不可侵，契約の自由，礼拝の自由などは尊重した，革命から生まれた革命の子であることに変わりはなかった。

しかし6月のワーテルローの戦いで，彼はイギリス・プロイセン連合軍に大敗し，南大西洋の孤島セント・ヘレナに流された。

暴力のグローバル化に対抗し，自由と平等と友愛に満ちた平和な世界を築くため，フランス革命という「世界革命」は「最後の戦い」となるべき戦いを始めた。しかし自国の経済的利益を最優先するイギリス植民地帝国と戦ううちに，フランスの戦いは世界平和だけでなく，また自国の経済的利益という目的を持つようになった。現実主義者のナポレオンは後者に軸足を置いた。そして負けた。しかし最も大きな痛手を被ったのは普遍的な人類愛の理想である。

（西願広望）

参考文献

井上幸治『ナポレオン』岩波新書，1957年。

本池立『ナポレオン――革命と戦争』世界書院，1992年。

Ⅱ　フランス革命とナポレオン

11 ナポレオン伝説

1 暗黒伝説から救世主伝説へ

　ナポレオンの没落後，フランスで流布したのは彼を悪の権化と描く「暗黒伝説」であった。あらゆるマスメディアが彼を「残忍だ」「傲慢だ」と弾劾して，およそ15年続いた独裁と戦争の責任の全てを彼の人格になすりつけた。

　他方，貧しい民衆は小唄・噂話・張り紙・ナポレオンの肖像付きの日用品などを通して彼への愛を表現していった。特に退役軍人は居酒屋あるいは藁葺き屋根の下での農民の夜の集いで，ナポレオンを民衆の守護神だと賛美した。

　さて1821年，彼がセント・ヘレナで死ぬと，多くの人々が，民衆だけでなくエリートまでもが，彼を賞賛するようになった。たとえば**シャトブリアン**はかつてナポレオンを「人類の幸福を憎む男」と罵倒していたのに，彼の死後，「全てはナポレオンと共に終わったのではなかろうか」，「彼以外のどんな人物にも興味を持てない」，「彼の微笑みは優しく美しかった」と称賛した。

　またナポレオンと話した経験のある人々が回想録を出版し始めた。最もヒットした回想録は，セント・ヘレナで彼と生活を共にしたラス・カーズの『セント・ヘレナ日記』（1823年）である。そこにおけるナポレオンのイメージは次のようなものである。まず未来を信じる人間のイメージ。彼は打ち負かされたが，未来において正しく理解されるだろうと信じている。次に殉教者のイメージ。彼はフランス国民の救世主となってフランスのために働いたけれども，島流しにあった悲劇のヒーローである。さらに親しみやすいイメージ。彼は生き生きしていてフランクな人物である。そして天才・超人のイメージ。彼の記憶力は抜群で，人並みはずれて働く。これらのイメージは後に小説・詩・演劇・映画と様々なメディアで表象されたナポレオンにおいても再見されるだろう。

2 「若者らしさ」の誕生

　そもそもフランス革命期の革命派にとって，「現在の」革命は「悪い過去」を正して，「良い未来」をつくるためであった。この価値観は新しかった。なぜなら革命前は過去の事例への服従こそがよいことであった。つまり革命前は老人が，革命以降は若者が，正義であった。実際**1793年の人権宣言**第28条は「ある世代は自らの法律に未来の世代を従わせてはならない」と定めた。

　しかし若者らしい若者には古い社会を変革する義務があるとされた。その方

▷1　シャトブリアン
1768〜1848年。文学者，政治家。ブルターニュ地方の貴族で，フランス革命期にはエミグレ（亡命者）からなる反革命軍に参加するが，統領政府期に帰国した。ボナパルトに近づき，ローマ領事館書記の職を得た。その後ナポレオンに反旗を翻し，王政復古を迎えた。

▷2　1793年の人権宣言
Ⅱ章5節註1を参照。

法は2つあった。1つが政治革命である。たとえば1800年生まれのカレルは、1820年代、まずはシャルボヌリの陰謀に加担し、その後スペイン革命を支援し、それから歴史書を書く一方で革命派の新聞『ナショナル』を立ち上げ、世界革命を唱えた。実際「青年」は19世紀から20世紀のヨーロッパで革命の表象となり、革新政党の名称にはしばしば「青年」という語が用いられた。

もう1つの方法が立身出世である。若者の出世が社会を再生するというわけである。そのとき出世のモデルとなったのがコルシカ島の貧乏貴族から成り上

図Ⅱ-15　ガンス監督の映画『ナポレオン』パンフレット表紙

▷3　シャルボヌリ
革命的秘密結社。イタリアのカルボナリに参加してナポリ革命を経験したフランス人と、フランスのフリーメイソンのロッジ「真理の友」の創設者たちによって、フランスにつくられた。王政復古期、革命を起こそうとするが、失敗した。

▷4　スペイン革命
ナポレオンの没落後、スペインではブルボン王朝のフェルナンド7世が王位について反動的な政治を行った。これに対し、1820年、立憲革命が起きた。しかし1823年にフランス王立軍の介入によってスペイン革命はつぶされた。

がったナポレオンであった。しかし王政復古期、元亡命貴族の老人が威張り、ナポレオンに仕えた者が豹変してルイ18世に媚を売る、そんな時代、平民の若者たちに出世の道は閉ざされていた。若者が野心、勝利、栄光について語ると、大人は「お坊さんにおなり」と諭した。スタンダールが小説『赤と黒』（1830年）で主人公としたのも、王政復古期の、若く貧しく美しく賢いそして野心的な家庭教師であった。『セント・ヘレナ日記』を愛読する彼は、ナポレオンのような軍人となって城塞を攻め落とすことを夢見るが、その代わりに実行するのは人妻の征服である。それをくだらないと自覚しながらも反社会的なジェスチャーしかできない。この青年のイメージは後の文学芸術に大きな影響を与えた。

たとえばロシアの文豪ドストエフスキーの『罪と罰』（1866年）に登場する貧乏学生は思う、老婆を殺し金を盗むのは英雄的な行為ではない、しかしそれしか出世の手段がなければ、ナポレオンなら躊躇せずやるだろう。また日本映画『蘇る金狼』（1979年）で主人公の青年はピストルを片手に大企業の重役の地位を奪うが、最後は全てを捨てて死ぬ。「シャンベルタンが欲しい、僕の友達のナポレオンが好きだったワインだ」とつぶやいて。若者らしい若者は金や地位を欲しつつ心の底で卑しむ。なぜならそれは既存の価値観への隷従だから。まさに彼らは「革命」とは似て非なる「反抗」を体現したのであった。

（西願広望）

参考文献
阪口修平（編著）『歴史と軍隊——軍事史の新しい地平』創元社、2010年。
杉本淑彦『ナポレオン伝説とパリ——記憶史への挑戦』（ヒストリア）山川出版社、2002年。

コラム（歴史博物館②）

フランス革命と博物館

カルナヴァレ博物館，ヴィジーユ・フランス革命博物館

「フランス革命」そして「博物館」といわれて真っ先に思いつくのはパリのカルナヴァレ博物館（Musée Carnavalet, 23 rue de Sévigné 75003 Paris）だ。パリ市の歴史博物館であると同時に，マリー・アントワネットの髪の毛など革命関連の展示物がいっぱいある。けれども現在（2017年）は閉館中。大規模な改装をしており，リニューアルオープンは2019年の予定。

でももう１つ紹介できる博物館がある。それがグルノーブルから15キロのヴィジーユにあるフランス革命博物館（Musée de la Révolution française, Place du Château, BP1753, 38220 Vizille）だ。コレクションの特徴は革命を主題にした絵画が多数あること。特に19世紀の芸術家に革命がどのように表象され，革命の何が「神格化」されたのかがよくわかる。ちなみにピクニックができそうな広い庭園も素敵だ。田舎の美味しい空気を吸いながら散策してみよう。

レジョン・ドヌール博物館

綺麗なものは綺麗だ。オルセー美術館の向かいにあるレジョン・ドヌール博物館（Musée de la Légion d'honneur, 2 rue de la Légion d'honneur 75007 Paris）に展示された勲章はとても綺麗。深い赤，厳かな緑，気品のある青。眩しくなる。確かに勲章など統治者の支配の一手段にすぎないし，勲章を求める人間の凡庸さは笑うべきかもしれないけれども，美に罪はない。革命前のサン＝ルイ勲章から，ナポレオンが始めたレジョン・ドヌール勲章はもとより，ドゴールの国民勲章まで，様々な勲章を見ることができる。また自動車で有名なシトロエンや，映画『北ホテル』の名優ルイ・ジュヴェなど，意外な人物が勲章をもらっていることを発見できる。

「つっぱることが男のたった１つの勲章だってこの胸に信じて生きてきた」と鼻歌を歌いながら見学するのも一興だろう。

図Ⅱ-16　ベルナル・ジェルマン・ド・ラセペド・レジョン・ドヌール勲章佩用

出所：Anne de Chefdebien, Laurence Wodey, *Ordres et décorations en France*, Belgique, 2006.

図Ⅱ-17 国立古文書博物館

出所:筆者撮影。

国立古文書博物館

 史料は歴史家の命。そんな歴史家のメッカが国立古文書館（Archives Nationales, 11 rue des Quatre-Fils 75003 Paris）。そしてそれに隣接するのが一般向けの国立古文書博物館（Musée des Archives Nationales, 60 rue des Francs Bourgeois 75003 Paris）だ。国立古文書館の起源はフランス革命に遡る。1790年9月12日、革命によって創設された新しい行政機関の文書、革命前の古い行政機関の文書、そして国有財産として接収された貴族や教会の文書を保管するために、国立古文書館はつくられた。革命期のフランス人は新しい歴史をつくっていると感じていた。だから自分たちが「いま」していることを未来に残したいと思った。それと同時に後世の人々が革命の意味を知るためには革命前の時代の理解が必要だと思った。だから新しい史料と古い史料をきちんと保管したのである。そして1808年、国立古文書館はスービズ館（現在博物館になっている）に居を定めた。ここにフランス全土だけでなくナポレオンの支配下にあったヨーロッパ各国から行政文書が流れ込んだ。スービズ館そのものは18世紀初頭につくられた貴族の屋敷。博物館にはルイ16世やナポレオンの署名入りの文書もある。

国立海事博物館

 パリの国立海事博物館（Musée national de la Marine, 17 place du Trocadéro 75016 Paris）はとても小さい。でも船首に付けられたナポレオンの巨大な胸像、海戦や港湾を描いた絵画、艦船のミニチュアなど見るべきものはある。またブレスト、トゥーロン、ロシュフォル、ポート＝ルイスにもパリの国立海事博物館と連携した博物館がある。いずれにせよ陸のフランスだけでなく、海のフランスを学ぶのもまた重要だろう。遠洋航海の船は植民地支配の道具でもあったが、まさに船のおかげで様々な文物の交換が可能になり、そこから新しい発見や発明が生まれもした。ときには外との交わりで傷つくこともあるけれど、交わりを絶って内に引きこもる行為に生産性はない。　　　　（西願広望）

図Ⅱ-18 国立海事博物館所蔵のナポレオン胸像

出所:*Trésors du Musée national de la marine*, Paris, 2006.

コラム （記憶の場②）

シャン・ド・マルス，ヴァルミー

革命のモニュメント

　フランス革命はあえて記憶するものなのか。モニュメントがなければ忘れてしまうものなのか。たとえば歴史家ミシュレ（1798〜1874年）は書いている。

　　革命は我々のなかに，我々の魂のなかに存在する。そこ以外には，いかなる革命のモニュメントも存在しない。フランスの精神が私のなかに生きていないとするならば，一体それをどこに見出すことができようか。革命の精神は生き続けている。私はそれを感じる。（中略）
　　（強いて言えば）シャン・ド・マルスを，革命が後世に残した唯一のモニュメントだと言えよう。ナポレオン帝政は栄光の名残を凱旋門にとどめ，王政にはルーヴル宮やアンヴァリッドがあり，中世カトリシスムはノートル＝ダムの上に君臨している。しかし革命のモニュメントは空虚なのだ。そのモニュメントは，アラビアの砂漠のように広漠としたシャン・ド・マルスの，この砂だ。これが革命の英雄たちの思い出を語る，みすぼらしく，おぼつかない証人たちだ。
　　英雄？それはイエナ橋を建造したあの男（ナポレオン）のことか。そうではない。シャン・ド・マルスという，この巨大な空間を（バスティーユ陥落1周年を祝う1790年7月14日の連盟祭のときに）満たしたのは，あの男よりもっと偉大で，もっと強力で，もっと生き生きとした存在（民衆）だった（括弧内は筆者注）。

図Ⅱ-19　ミシュレ

出所：桑原武夫『ミシュレ』中央公論社，1979年。

図Ⅱ-20　今日のシャン・ド・マルス

出所：筆者撮影。

ミシュレによれば、革命のために豪奢で威厳のあるモニュメントは要らない。シャン・ド・マルスの風に舞う砂粒がささやく革命の思い出を聞きながら、今を生きる我々民衆は自分の内なる革命を感じていればよい。

そういえば、似たようなことを、20世紀のキューバ革命の指導者カストロが言っていた。

革命家の一生は戦いの連続であり、それがどんな種類のものであれモニュメントを残さない。遺跡も作らないし、彫刻も残さない。革命家が世に残すものは、人である。革命によって公正と自由を得て幸福を手に入れた人々を残すために、私は今でもこれからも戦い続ける。

かくして世界のあちらこちらで、革命は人間というモニュメントをつくろうとした。人間こそが記憶の場でなければならない。しかし21世紀、どれだけの人間が革命のモニュメントに値するといえるのか。筆者は歴史への敬意からこの問いに答えることを差し控えたいと思う。

戦場の想像力

ところでヴァルミーの戦いほど、世界のあちらこちらで参照された戦いもないだろう。1792年、そこで勝ったのは、革命を守ろうとしたフランス軍。負けたのは、革命を潰そうとしたドイツ軍だった。この戦いを目撃したドイツの詩人ゲーテ（1749〜1832年）は、「ここからそしてこの日から世界史の新しい時代が始まる」と、ドイツ人であるにもかかわらず、フランスの勝利を賛美した。つまりヴァルミーの戦いはその当初から国民国家の枠を超越した出来事だった。その後も、たとえば1794年、ポーランド独立運動の指導者コシチューシコ（1746〜1817年）は部下をヴァルミーの戦いの経験者から募った。またヴァルミーでフランス軍の将校として戦ったミランダ（1750〜1816年）は、

図Ⅱ-21　ゲーテ
出所：https://ja.wikipedia.org

1806年に故郷ベネズエラに帰り、対スペイン独立戦争に参加した。まさにヴァルミーから、自由の使徒たちが世界に羽ばたいていったのだ。

そしてそれは世界各地で解放の象徴とされた。1848年、ハンガリー軍が、ハンガリーを支配するオーストリアの同盟軍であるクロアチア軍を破った戦いは、「ハンガリーのヴァルミー」と呼ばれた。また1969年、アルジェリアの民族解放運動の指導者フェルハット・アッバース（1899〜1985年）は、インドシナ戦争における1954年のディエン・ビエン・フーの戦いを、「植民地化された諸民族のヴァルミー」だと評した。このヴェトミン軍がフランス植民地軍に勝利した戦いを、同じようにフランスの植民地支配からの独立を経験したアルジェリア人が、連帯の気持ちとともに、「ヴァルミー」と表現したのだ。

実を言えば1792年のヴァルミーの戦いは、本格的な「戦闘」というよりは「小競り合い」にすぎなかった。しかし圧政に抗して戦った人々は想像力によって、それを彼らが集うべき記憶の場にしたのである。

（西願広望）

Ⅲ 王政復古と第2帝政

ユルトラの議会

1 「憲章(シャルト)」の制定

　ナポレオンの帝位剝奪により，イギリスに亡命中だったルイ16世の弟プロヴァンス伯は，1814年4月6日に「フランス人の王」として召喚された。ルイ16世の子の死後すでにルイ18世と名乗っていた彼は5月にパリに入り，フランス革命で達成された原則が定着していることを受け入れた。そのことは，6月4日に発布され，法の前の平等，所有権の不可侵，信教の自由などが規定された「憲章(シャルト)」に現れている。そのほか，イギリスの制度を模倣した貴族院と代議院の2院制も導入された。ただし，国王は執行権，一部の立法権（法律の発議権と公布権）を保持した。また，代議院議員は制限選挙のもと選出され，30歳以上300フラン以上の直接税納税者が選挙人資格を持ち，40歳以上1000フラン以上の直接税納税者に被選挙権が与えられるというもので，11万人の有権者と1万人の被選挙者しかいなかった。

　さらに，ブルボン家の旗である白旗の復活，ルイ16世とマリー・アントワネットの遺骸を王墓でもあるサン・ドニ大聖堂に埋葬する贖罪の儀式の実施，宣誓司祭の排斥などが行われ，軍隊に関しても，財政難を理由に1万4000人の士官が除隊させられ，俸給も半額にされた。これは革命の中心的存在であったブルジョワ層には革命との断絶の強調と受け止められた。

　この国内の情勢とウィーン会議が難航していることを好機とみたナポレオンによる「百日天下」が結局失敗に終わったことで，今度は報復措置とばかりに南部地方を中心に王党派によるボナパルト派への凄惨なリンチ，いわゆる「**白色テロ**[1]」が猛威をふるったのであった。

▷1　白色テロ
王党派による百日天下を支援した者たちへの報復措置で，フランス王家の紋章である白百合にちなんで「白色テロ」と呼ばれた。トゥールーズ，マルセイユ，アヴィニョンなど特に南部地方に広がり，著名な将軍の暗殺などのほか，プロテスタント住民の虐殺も各地で起こった。

図Ⅲ-1　フランソワ・ジェラール「テュイルリー宮の書斎でのルイ18世」

出所：Sylvie Aprile, *La révolution inachevée. 1815-1870*, Paris, 2010, p. 43（ヴェルサイユ宮殿美術館所蔵，MV 4927).

❷ 「またと見出し難い議会」と「再び見出された議会」

　ナポレオンのセント・ヘレナ島への流刑により，ベルギーに亡命していたルイ18世が再び帰国した後，1815年8月に選挙が行われた。その結果，402議席のうち350議席がユルトラ（過激王党派）といわれた王党派が圧倒的多数を占め，ルイ18世をして「またと見出し難い議会」と呼ばせた。というのも，彼はイギリス式の立憲君主政を定着させることで軟着陸を図ろうとしていたなか，革命期に辛酸をなめさせられたユルトラ議員によりそれが否定されたことを意味したからである。また，1815年10月から1816年7月にかけて官吏の約4分の1が罷免，約7万人が政治犯として逮捕され，帝政時代の将軍が何人も処刑されるといった，「合法テロ」が猛威をふるった。こうして国王より王党派になった議会は王権および1815年9月に結成されたリシュリュー内閣に対して敵対的になり，結局ルイ18世は議会の解散を決め，1816年9月から10月に行われた選挙では立憲派が多数を占めた。

　1816年から1820年までは自由主義的改革が進んだ。1817年2月のレネ法は投票制度を簡素化し，これは都市の自由主義的ブルジョワ層を満足させるものであった。1818年3月のサン・シール法は，志願兵とくじ引きによる徴兵と代理制度を規定し，貴族が直接士官になることを禁止するものであった。1819年3月のドゥ・セール法では，新聞創刊の条件が単純化され，検閲制度と事前許可制度が廃止された。

　ところが，1820年2月，王弟アルトワ伯の次男で王位継承者の**ベリー公が暗殺されるという事件**が起き，当時のドゥカーズ内閣に対するユルトラのキャンペーンを引き起こし，結局この責任を負わされる形で倒閣した。そして，急遽リシュリューが政権に呼び戻され，報道の自由の廃止，事前検閲の復活など抑圧的な法が成立した。「二重投票法」と呼ばれた新しい選挙法は各県の最富裕層に2度投票を行う権利を与えるものでこれはユルトラに優位に働き，1821年12月，ユルトラのみで構成されるヴィレール政権を成立させる結果になった。

　政権に批判的な新聞は廃刊の弾圧を受け，教育界では自由主義的な教授や学生が大学を追放された。また，ボナパルト派や共和派からなるイタリアの組織をモデルにした反体制的な秘密結社カルボナリ党は約3万人を結集し，1821年から1822年にかけて政権打倒を目標として積極的に運動を展開したが，これも弾圧されカルボナリ党は解体した。この運動の挫折以降，政治的状況の右傾化はさらに進展し，1824年2月から3月に実施された選挙においてはユルトラが圧勝し，「再び見出された議会」と呼ばれた。さらにユルトラの勝利を確定的なものにするために6月，会期を7年に規定する法案が可決された。

　こうしたなか，もはやルイ18世は政治的実権をふるえる状況になく，1824年9月16日に死去したのであった。　　　　　　　　　　　　　　（川﨑亜紀子）

▷ 2　ベリー公暗殺事件
1820年2月14日，王位継承者のベリー公は謝肉祭の催しでオペラ座にいたところ，暗殺された。犯人はボナパルト派の労働者であり，ブルボン家の断絶をねらうもの（ルイ18世には子がいなかった）であった。ただし，すでにベリー公妃は懐妊しており，9月29日に生まれたボルドー公は「奇跡の子」と呼ばれた。

参考文献

中木康夫『フランス政治史』（上）未來社，1975年。

Ⅲ 王政復古と第2帝政

  ランスでの戴冠と再キリスト教化

シャルル10世の即位

　ルイ18世は1824年に死亡し，その弟でありユルトラの領袖でもあったアルトワ伯がシャルル10世として即位した。即位して初めての演説で，彼は革命の「最後の傷口を閉じ，余の民の最後の不幸の埋め合わせをする」必要性を強調した。1789年から1814年までの25年間にわたる亡命生活を送った彼のアンシャン・レジームへの回帰願望は明らかであった。1825年5月29日，彼はランスに赴いて**塗油**の儀式を受け戴冠式を行った。また，その際瘰癧患者への「**ロイヤル・タッチ**」まで行ったのである。このあまりに懐古趣味的な行為に対し，パリに戻ってきた国王を迎える民衆の反応は冷淡なものであった。

　ともあれ，1825年は次々と反動的政策が講じられた年でもあった。4月，瀆聖取り締まり令が出され，これは聖器を盗んだ場合死刑に処することを規定したものだった。また，同じく4月，「亡命貴族10億フラン法」も成立し，これは革命期に財産を没収された亡命貴族に1790年時点において所持していた財産の20倍分を賠償金として与えるものであった。この恩恵を受けたものはおよそ2万5000人で，皮肉にも反対勢力であるラファイエットや未来の国王であるオルレアン公までもがそこに含まれていた。

　しかしながら，シャルル10世の即位以前に，すでに反動的政策，あるいはカトリックの復権が進められており，それはルイ18世の即位直後にまで遡る。まず1814年に日曜日の安息の強制と離婚の禁止が定められ，同年5月14日のルイ16世，マリ＝アントワネット，ルイ17世，王妹エリザベットの葬儀がノートルダム大聖堂で行われた。ルイ16世の列福こそできなかったものの，翌年1月21日にはルイ16世とマリ＝アントワネットの遺灰が代々の王墓であるサン・ドニ大聖堂に埋葬され贖罪の儀式が行われ，この日は喪に服すこととされた。パンテオンは聖化されヴォルテールとルソーの遺骸が撤去された。1816年からは聖職者の俸給が引き上げられ，再結成が許可された修道会が初等教育において権限を持つことも確認されている。1824年8月には，宗務・公教育省が創設され，大臣職に1822年以降**ユニヴェルシテ**総長となっていたフレシヌー司教が就任したことで，中高等教育までもが教会の管理下に置かれるようになった。このように，様々な形で再キリスト教化が試みられていったのである。

▷1　塗油
フランク王国のピピン3世が国王としての正統性を示すために，旧約聖書に見られるイスラエル国王の即位儀礼に基づいて行ったものである。カペー朝もこの儀礼を引き継ぎ，以降代々国王はランス大聖堂へ赴き塗油儀礼を伴った戴冠式を行った。

▷2　ロイヤル・タッチ
塗油された国王は神の特別の加護があり神秘的な力が備わるとされた。それは病人を治す能力だとされ，それを示すため即位した国王が瘰癧患者に触れる，という儀礼がやはりカペー朝以降代々行われ，「奇跡を起こす王」としての王権の神秘性が強調された。

▷3　ユニヴェルシテ
ナポレオンが創設した中等教育以上の教育を管轄する行政機関である。復古王政当初，聖職者やユルトラは非宗教的な団体に教育を委ねるものだとして強く反対していたが，後に彼らは解体しないまま教会に従属させるような機関として再編成を図った。

2 政治の混乱

　1826年以降になると、政治的状況は大きく変わっていった。そもそも、ユルトラ議員には中世以来の宮廷貴族出身者が多く、彼らにしてみれば、「田舎貴族」であるヴィレールが権力を独占しようとしているさまは受け入れがたいものであった。また、かつての高等法院のように、王権に対して発言力を確保したい貴族層にすれば、「絶対王政」的な体制への抵抗も強かった。ヴィレール政権は、民法典で規定されていた均分相続では大土地所有貴族の弱体化を招くとして、彼らを保護するために1826年4月に「長子相続法」、さらに翌年には出版を規制する法案を議会に提出したが、皮肉にもいずれも貴族院によって却下された。

　この保守層の混乱のなか、自由主義的ブルジョワ勢力は反体制運動を展開していった。出版と集会の自由が規制されているなか、彼らは帝政期の英雄だったりユルトラにより議会を追われた自由派議員といった人物の葬列に参加して声を挙げたりするという、いわば「政治的葬儀」を行うというキャンペーンを行ったのである。1827年4月29日、シャルル10世による国民衛兵軍の閲兵式の際、彼らはヴィレールを罵倒し、翌日衛兵軍は解散させられた。

　1827年11月、ヴィレールは代議院の解散を決め、すぐに選挙を行うことで復権を図ったが、自由派は入念な準備をしており彼らの勝利に終わり、ヴィレールは翌年罷免されたのであった。

　ヴィレールの後を継いだ穏健派のマルティニャック内閣は、憲章に基づいた立憲王政を行おうとし、ヴィレール政権との違いを強調するような政策が講じられた。たとえば、宗務・公教育省から宗務の監督権限が切り離され、初等教育における修道会の影響力も弱体化された。しかしながら、彼の政策はユルトラも自由派も満足させるに至らず、1829年8月、ユルトラ強硬派のポリニャックが後任に起用された。

　ポリニャックはマリ＝アントワネットに寵愛された女官の息子であったが、そのほか、ワーテルローの戦いでナポレオンを裏切ったブルモンや、白色テロの激化に関係が深いラ・ブルドネらが大臣に任命されるなど、この政権は全くの不人気であった。代議院は、1830年3月、シャルル10世に対し221名の賛成で可決された政権を不信任とする議案を上奏したが、シャルル10世は5月議会の解散を決め、6〜7月に選挙を行うとした。しかしながら、この選挙では反政府派が圧勝し、シャルル10世にはもはや一種のクーデタを行うしか選択肢はなかったのである。

（川﨑亜紀子）

参考文献

上垣豊「カトリック王政からブルジョワ王政へ」谷川稔・渡辺和行（編著）『近代フランスの歴史』ミネルヴァ書房、2006年。

図Ⅲ-2　サン・ドニ大聖堂のルイ16世、マリー・アントワネットの墓

出所：https://www.tourisme93.com/basilique/louis-xvi-marie-antoinette.html

Ⅲ　王政復古と第2帝政

3　アルジェリアの征服

1　進出のきっかけ

ハイチの独立により，フランスは17世紀半ば頃までに植民地化した地域の大半を失うことになったが，19世紀に入ってから再び積極的な植民地獲得に向かっていく。その最初の植民地となったのがアルジェリアであった。

1827年，アルジェリア太守がフランスの小麦の不払いを理由に，在アルジェフランス領事を「扇の一撃」で打ったという事件が起きた。この行動に対し太守からの謝罪がないとして1830年5月，アルジェリア征服が本格化していったのだが，このことは，国際的文脈と国内的文脈から理解される。国際的文脈としては，オスマン帝国の弱体化に伴う中東進出の足がかりとしてアルジェリアが考えられたことである。アルジェリアはオスマン領であったが，1820年代にもなると太守は宗主権から事実上自立していた。アルジェリアに目を向けたのは，同じくオスマンの弱体化につけこむ形でエジプトの支配権を強めるイギリスへの対抗意識からでもあった。そのような状況のなか，フランスはアルジェリアから小麦を輸入して羊毛を輸出する関係を築くようになっていた。国内的文脈としては，当時のフランスの政治状況が挙げられる。1829年8月に成立したポリニャック内閣は不人気であり，1830年5月の派兵は政権に向けられていた不満を外にそらす目的もあったのである。同年6月フランス軍はアルジェに上陸し，7月に太守を追放した。しかしながら，これがフランス国民の関心を引くことはほとんどなく，復古王政はそのまま瓦解した。新しく成立した7月王政はアルジェリアについて「復古王政の厄介な遺産」として困惑するだけであった。

2　本格的な支配へ

1840年代までアルジェリアに対する明確な戦略はほぼなかった。1834年勅令で「限定的な占領」とされたが，内陸部の征服まで進め

▷1　ハイチの独立
サン・ドマングと呼ばれたカリブ海にある島では，17世紀半ばに植民地化されて以降，砂糖とコーヒーのプランテーションが大規模に展開された。フランス革命が勃発した際奴隷反乱が起こり，指導者はナポレオン軍によって捕えられ獄死したが，結局ナポレオン軍は撤退し，サン・ドマングは1804年にハイチとして独立した。

▷2　オスマン帝国の弱体化
オスマンの支配下にあったギリシャでは，フランス革命やナポレオンの影響を受け独立の気運が高まり，1821年に独立戦争が始まった。正統主義・復古主義を唱えるウィーン体制の下で列強は一旦独立に反対したものの，南下政策を進めるロシアと中東進出をねらう英仏が同盟を組み，1827年のナヴァリノの海戦でオスマン・エジプト連合軍を破った。ギリシアの独立は1830年に国際的に承認され，オスマンの権威は低下していった。

図Ⅲ-3　征服と文明化

出所：Aprile, *op. cit.*, p.253.

るのか海岸沿いに勢力圏を限定するのか，その方針も非常にあいまいであった。太守が追放された後このような不安定な状態のなかで，アルジェリア人はしばしば抵抗運動を行った。そのなかでも首長の1人アブデルカーデル（アブド・アルカーディル）は1832年以来抵抗運動を続けており，一度は1837年のタフナ条約によって彼にアルジェリアの領土の大半の宗主権を与えるなど譲歩政策が講じられたが，植民者と現地との対立は収まらなかった。結局1839年11月，アブデルカーデルはフランスに対する徹底抗戦を宣言した。これに対し，フランスはアルジェリアの本格的な支配路線に切り替えることを決め，総督の地位に就いたビュジョー将軍が10万人以上の兵を従え戦闘の指揮を執った。フランス軍は小麦や家畜の襲撃，村落の略奪まで行ったものの予想以上にてこずり戦争は長期化するが，1843年の戦いの勝利と翌年アブデルカーデルを支援したモロッコのスルタンに対する勝利を契機にフランス軍の優勢となり，1847年12月，ついにアブデルカーデルは降伏した。こうしてアルジェリアはフランスの植民地となったのであった。

　その後，アルジェリアはフランスにとって最も重要な植民地となっていく。第二次世界大戦後の脱植民地化の歴史のなかでフランス植民地も次々に独立を果たしたが，アルジェリアの独立は最も遅い1962年のことであった。

　さしあたり，征服が完了したこの時期における政策の特徴はどのようなものであったか，次のようにまとめられよう。

①コロンと呼ばれる植民者の存在。1848年時点ですでにその数は10万人以上に達しており，そのうち半分がフランス人で3分の1近くがスペイン人であった。彼らは重要な拠点のほとんどを掌握しており，アルジェには約4万人が居住した。他の植民地にはここまで多くの植民者はいなかった。

②国内行政への組み込み。アルジェリアは他の植民地と違い，アルジェリアはアルジェ県，オラン県，コンスタンティーヌ県の3県に分割され，アラブ人の土地は強奪された。アルジェリア総督の管理下に属し，完全に本国と同様の行政機構ではなかったが，後にアルジェリアがいわば「フランスの延長」としてみなされる基盤となった。

③植民地軍の「特殊性」。物理的距離により，アルジェリアに駐在する軍隊は徐々に本国の軍隊とは違った独自の特徴を持つようになっていく。

　なお，ナポレオン3世は，フランス国籍の取得の自由をアラブ人にも認め，彼らの長に統治を任せる「アラブ王国」として保護領化する意図があったが，現地のコロンや軍人の猛反対を受け，彼の試みは挫折した。すでに1857年にフランスに対してまだ抵抗を続けていた山岳地方のカビール人が降伏しており，1840年代までと違い，アルジェリアに対しては支配権を完全なものにしていく戦略が選択されたのであった。

（川﨑亜紀子）

参考文献

平野千果子『フランス植民地主義の歴史──奴隷制廃止から植民地帝国の崩壊まで』人文書院，2002年。

Ⅲ　王政復古と第2帝政

4　7月革命とルイ＝フィリップ

1　「栄光の3日間」

　シャルル10世は，議会閉会後6月23日から7月19日にかけて実施された選挙において反対派が勝利したことを受け，行動に出た。国王は7月25日，憲章で認められている国王の**非常大権**を根拠に，4つの勅令に署名したのである。これは，①出版の自由の停止，②新議会の解散，③投票権を大土地所有者に限定し（2万5000人）議員定数を半減する，④選挙は9月初旬に実施する，という内容で，「国王によるクーデタ」ともいえるものだった。これが26日に官報に掲載されると抵抗が始まったが，1月に反政府系新聞『ナショナル』を発刊したティエールら44人のジャーナリストによるシャルル10世への抵抗の呼びかけにとどまった。

　ところが，27日の午後になると，出版の自由の停止により失業に追い込まれると感じた植字工たちがパリの街頭に出て「憲章万歳，内閣を倒せ」と叫び出すと，学生やナポレオン期の旧軍人，労働者らによってバリケードが築かれ，カジミール・ペリエのもと自由派の議員も集結した。

　28日，カヴェニャックら共和派議員も加わって群衆は1万人ほどに膨れ上がり，1827年に解体された国民衛兵もそこに加わった。これに対し軍隊が出動し武力衝突となったが，ついに群衆はパリ市庁舎を占拠し，ノートルダムには3色旗がはためいた。反乱が起こった時からパリ郊外のサン・クルー城に避難していたシャルル10世は，それでも勅令を撤回しようとはしなかった。

　29日，反乱者たちがルーヴル宮とテュイルリ宮，それに議会のあるパレ・ブルボンも占拠するようになると，民衆を味方につけた共和派議員による急進化を自由派議員が警戒し始めた。彼らは，ラファイエットを国民衛兵総司令官に任命し，銀行家のラフィットやペリエなどの自由派議員6人からなるパリ市委員会を組織した。シャルル10世はポリニャックを罷免し，モルトマル公を首相に任命し，勅令も撤回したが，もはや彼の対応策は遅すぎた。

　のちに「栄光の3日間」と呼ばれるこの間，1000人以上の死者（そのうち反政府側は800人）と5000人の重傷者を出した。ここに復古王政は終わりを告げたが，払った犠牲は決して小さいものではなかったのである。

▷1　非常大権
憲章第14条では，国王は法の執行と「国家の安寧」のために規則や勅令を出すことができることを規定している。これを根拠にシャルル10世は議会の同意なく4つの勅令に署名したのであるが，出版の自由を禁止したことは憲章違反であった。

2 ブルボン朝からオルレアン朝へ

「栄光の3日間」によってユルトラ主導の懐古主義的な王政は崩壊したが、新しい政治的実権を掌握したのは共和派ではなく、自由主義派のブルジョワであった。彼らは当時の国際状況に鑑みて、共和政はヨーロッパに混乱をもたらすと判断したのであった。そこで、ブルボン家の分家であるオルレアン公を「王国総督」とすることが提案され、彼もこれを引き受けた。7月30日、ティエールによって作成された宣言がパリに貼り出された。「シャルル10世はもはやパリには戻らない。彼は多くの人々の血を流させた。共和政は恐ろしい分裂をあらわにした。オルレアン公は決して我々と争うことはない。彼は我々が常に欲し理解してきたように憲章を受け入れるだろう」。

31日、ラファイエットに伴われたオルレアン公が市庁舎のバルコニーに姿を現し「憲章は今後も1つの真実であろう」と述べると、3色旗の熱狂で迎えられ、新しい国王として認知された。まさに民衆による塗油が行われたようなものであった。

これに対し、シャルル10世は8月2日に廃位し、孫のボルドー公をアンリ5世として即位させ、オルレアン公を摂政にしようとしたが、彼に拒否され、結局シャルル10世はイギリスへと亡命した。8月9日、オルレアン公はルイ＝フィリップとして正式に即位した。こうして復古王政は崩壊し、代わって7月王政体制が樹立したのであった。

ルイ＝フィリップはルイ16世の死刑に賛成票を投じた**フィリップ＝エガリテ**の息子である。少年期には、家庭教師によって自由主義的啓蒙主義的教育の薫陶を受けた。長じて革命軍に入った後、スイス、アメリカ合衆国などで亡命生活を送ったが、イギリスに滞在した経験は彼をイギリスびいきにさせた。彼の黒いフロック、灰色の帽子、ステッキというイギリス風スタイルは、国王になっても変わらなかった。「王殺し」の父親を持つ彼は、当然シャルル10世の信奉者から支持を受けなかったが、革命側に立って戦った経験と合わせて、全体的には好意的に迎えられたといえよう。10人の子を持つ家庭を大事にする父親としての姿、パリを気軽に散歩する姿もまた、「市民王」のイメージを強めていった。

7月革命によって成立した政治体制は共和政ではなく立憲王政であった。しかしながら教権主義は否定され、ルイ＝フィリップの即位も代議院のあるブルボン宮で行われるなど、世俗性を強調した政治体制でもあった。それは憲章の改正内容にも如実に現れている。

（川﨑亜紀子）

▷2 フィリップ＝エガリテ（オルレアン公ルイ＝フィリップ2世）
ルイ14世の弟フィリップから始まるオルレアン家の5代目にあたり、ルイ16世、ルイ18世、シャルル10世のいとこでもある。王族でありながらフランス革命に好意的で、国民公会では山岳派議員として選出され、フィリップ＝エガリテ（平等）と名乗り、ルイ16世の処刑をめぐっても賛成票を投じた。

参考文献
上垣豊「カトリック王政からブルジョワ王政へ」谷川稔・渡辺和行（編著）『近代フランスの歴史』ミネルヴァ書房、2006年。

図Ⅲ-4 オラース・ヴェルネ「ヴェルサイユ宮殿を出るルイ＝フィリップと5人の息子たち」

出所：Aprile, *op. cit.*, p.83（ヴェルサイユ宮殿美術館所蔵、MV5218）.

Ⅲ　王政復古と第2帝政

5　7月王政とギゾー

　「運動派」と「抵抗派」

　1830年8月3日の憲章の改正により，アンシァン・レジームの価値を強調した前文は削除され，3色旗が復活した。カトリックは国教ではなく，ナポレオン時代のように「フランス人の大部分の」宗教になった。また，検閲の廃止，国王大権の廃止と議会による発議権なども定められた。1831年4月19日の選挙法では，選挙権年齢が30歳から25歳に，直接税納入額が300フランから200フランに引き下げられた。その結果，有権者は1848年には約25万人まで増加した。1831年3月22日法では，1827年にシャルル10世によって解散させられていた国民衛兵が復活した。20歳から60歳までの納税者によって構成され，自弁できることが条件であったので，基本的にブルジョワ層の出身者で占められた。1831年12月29日法では，元老院議員の世襲制が廃止されたので，社会的上昇を遂げた上層ブルジョワ層が元老院議員になっていった。このように構築された政権は，革命前の体制と決別した世俗的自由主義的なブルジョワ層中心の議会王政であったといえよう。

　議会における自由主義勢力は，1830年を改革の始まりと考える「運動派」と1830年を革命の到達点と考える「抵抗派」に分かれた。当初は運動派のラフィット内閣が組閣されたが，旧政権の大臣らの裁判判決の甘さに対する非難が騒乱を招きこれにうまく対処できなかったラフィットは，1831年3月にわずか4カ月ほどの期間で抵抗派のペリエ政権と交替せざるを得なかった。

　抵抗派政権の下，**旧ユルトラの抵抗**[41]や，労働者や民衆の暴動，コレラの流行（1832年，全国で10万人の死者を出したこの疫病によってペリエは犠牲になった）などの対処に追われ，政権はなかなか安定しなかった。1832年6月，帝政期の英雄で7月王政に対立していたラマルク将軍の葬儀を契機に起きた民衆暴動は，150人以上の死者を出す大規模なものになった。また，ルイ＝フィリップ自身もしばしば暗殺されそうになった。運動派と結合した共和派は，1833年に「人権協会」を結成し労働者運動を支持した。これらに対し，結社の禁止，犯罪の裁判の迅速化，出版の自由など抑圧的な法を成立させることで，抵抗運動は徐々に弱まっていった。こうして1835年になると政権の安定化が実現されるようになった。

　この頃，いまだに根強い民衆のナポレオン信仰にこたえ，これを国民統合に

▷1　旧ユルトラの抵抗
ルイ＝フィリップを国王として受容できない旧ユルトラ層は，シャルル10世の孫のボルドー公が正当な王位継承者であるとして彼の母ベリー公妃の下に結集し，彼女自身による反乱が企てられたが，失敗に終わり彼女は1832年11月に逮捕された。

利用しようとする動きも見られた。1836年7月、ナポレオンの栄誉を称える凱旋門の落成式が挙行され、1840年12月には、セント・ヘレナ島から取り戻された遺骸が盛大な儀式によって廃兵院に移送された。

2 ギゾー体制

7月王政の政治体制を最も典型的に体現していたのはギゾーである。彼は1840年以降スールト政権の事実上の首相として、1848年まで政権を握り続けた。

図Ⅲ-5 ポール・ドラローシュ「フランソワ・ギゾーの肖像」

出所：Gabriel de Broglie, *Guizot*, Paris, 1990（ニイ・カールスベルグ・クリプトテク美術館所蔵、MIN963）.

彼は厳格で冷静な権威主義者、エリート主義者と見なされることが多い。それは、1843年2月の議会における有名な発言、「金持ちになりたまえ」と合わせて指摘される。彼はリベラルな保守主義者で、1789年の原則を尊重して安定性や繁栄を生み出す制度を心がけた一方、人民主権を信頼せず、普通選挙の実施には否定的であった。また、実践的なカルヴィニストで、教育は社会にとって有益で啓蒙的な市民にすることを可能にすると考えた。彼が公教育大臣であった1833年、人口500人以上の各市町村に男子初等学校を設立することを義務付け、各県に初等師範学校の開設を指示したいわゆるギゾー法の制定はこの事実とも関連していよう。彼にとって理想的な社会は、ブルジョワ層が経済発展を牽引し、国家が啓蒙的な調停役を果たすものであった。

実際の政策路線は「国内安定、対外平和」である。外交面では、**東方問題**で悪化していたイギリスとの関係を回復し、植民地をめぐっては対立があったものの、基本的には対英協調路線を進めた。国内安定化の背景となったのは経済発展である。1840年の経済危機以降著しい経済成長がみられ、耕地面積の増大や農具の改良、耕作物の多角化などの農業革命が進展した。また、製鉄業や機械工業も刺激を受けていくなど、この時期に新しい産業構造の変化が見られるようになった。ただし、**オート・バンク**といわれる大銀行家が大規模投機を展開することによって、他の諸階層との格差が拡大されることになっていった。また、工業化によって工場労働者が増加し、彼らの劣悪な労働環境は貧民の増加やアルコール中毒、売春の問題など深刻な社会問題の表面化にもつながった。こういった状況は後の7月王政の瓦解に大きく影響していくことになろう。

（川﨑亜紀子）

▷2 東方問題
オスマン帝国を支援するイギリスと宗主国オスマンの支配を受けているエジプトを支援するフランス、というようにヨーロッパ外でも英仏関係は緊張したものだった。ギゾーが政権を掌握したころはフランスがエジプトのシリア進出を援助したことで英仏関係は一触即発の状態であった。

▷3 オート・バンク
国際商業への貸し付け、1820年以降は国債の引き受けを主な業務としていた家族経営の個人銀行家の総称である。その筆頭はロスチャイルド（ロチルド）家であり、19世紀初頭のフランス金融界を支配していた。

参考文献
中木康夫『フランス政治史』（上）未來社、1975年。

Ⅲ　王政復古と第2帝政

6　2月革命と第2共和政

1　革命の背景

　2月革命は急に勃発したわけではない。1848年以前からの多様な要素が背景となって革命に帰結したのである。

　まず、経済危機である。1846年の天候不順とジャガイモの病気による凶作は、同じく凶作に苦しめられた1816～17年の状況以来であった。その結果、穀物の価格上昇を引き起こし、物価は1845年に比べると2倍に跳ね上がった。また、繊維製品が売れず、これを支えていた農村工業にも打撃を与えた。各地では食糧暴動が頻発した。1847年になると金融危機が起こり、これは鉄道建設への過熱した投機が原因であった。失業や賃金下落も問題になった。たとえば、毛織物産業で栄えたルーベでは、60％以上の労働者が失業し、ストライキやデモが頻発した。1847年の農作物の収穫量はかなり回復したものの、社会不安は広がる一方であった。

　そして、政治危機が表面化していった。議員からの選挙権の拡大を求める声

図Ⅲ-6　エルネスト・メッソニエ「バリケード」
出所：Aprile, *op. cit.*, p.319（ルーヴル美術館所蔵，R. F. 1942-31）.

をギゾーが拒否して議会を解散したことで1846年8月に実施された選挙では，政権側が多数派を獲得した。これによりギゾーはこれまでになく議会を掌握することになったが，同じ時期，政界で汚職などのスキャンダルが起こり，政治家の腐敗が明らかになった。1847年3月，再び議会で選挙権拡大を求める声が挙がったが，ギゾーはあくまでこれを拒否した。そこで，改革派は議会外で運動を展開することにした。これがいわゆる改革宴会と呼ばれるものである。政治的集会の開催が禁止されていたなかで，王朝左派，共和派，社会主義者たちによって行われたもので，彼らは食事会という体裁をとりながら，愛国的な歌をうたう，政治的議論を活発に行う，というような運動を全国に展開していき，そこで議論になったことが印刷される場合もあった。この改革宴会は28県で70回ほど実施され，参加者は約2万人にのぼった。12月にリールで開かれた改革宴会では，共和派のルドリュ=ロランなどによって普通選挙の実施が公然と主張された。ただ，あまりにも改革宴会を強調すべきではない。というのも，都市と農村の民衆層は参加していなかったからである。ともあれ，政権を批判する声は徐々に高まっていったといってよいであろう。

② 革命の勃発と共和政の成立

　政治的・経済的危機が高まるなか，1848年1月にパリで予定されていた改革宴会が禁止されたことに抵抗して，共和派は2月22日にパリでの改革宴会の開催を呼びかけた。すると，コレージュ・ド・フランスでのミシュレ[41]の講義が禁止されたこと（1月2日）に不満を持った学生たちに労働者が集結し，パンテオンで「改革万歳！　ギゾーを倒せ！」と声を挙げた。2月23日，ギゾーは国民衛兵を動員したものの，国民衛兵は暴動側につき，これはパリ市民と政府との乖離を示すものだった。このあいだにバリケードが作られ，ギゾーの罷免と選挙の改革が要求された。それでもこの時点では国王退位の要求はなかった。だが国王は危機を感じてギゾーを罷免し，後任にモレを据え一時的に平静を取り戻した。ところが，外務省のあるキャプシーヌ街に群衆が集まったところで偶然発砲が起こってしまい，52人の死者を出す結果になった。これにより状況は混乱し，暴動が過激化したのである。2月24日，ルイ=フィリップは9歳の孫に譲位してイギリスへ亡命したが，対応を迫られたオルレアニスト側が混乱している一方で，テュイルリ宮やブルボン宮を襲った民衆のエネルギーを背景に詩人のラマルティーヌを中心とする共和派が市庁舎で権力を掌握し，臨時政府を樹立した。結局若い王とその一家も亡命に追い込まれた。2月27日，バスティーユ広場にて正式に共和政が宣言された。こうしてわずか数日の間に7月王政は瓦解したのであった。

　臨時政府は市民の平和の再構築と共和主義的体制の定着が任務となった。政府は，共和派議員（ドゥルール，アラゴ，ラマルティーヌ，クレミュー，マリー，ガ

▷1　ジュール・ミシュレ
1798～1874年。歴史家で著作家。1834年，ギゾーの政界入りに伴ってソルボンヌ大学の歴史学教授になった後，1838年からはコレージュ・ド・フランスの教授となった。彼の講義は民主主義的，反教権主義的であり，講義禁止につながった。その後講義は許可されたが，1852年にルイ=ナポレオンを批判したことで教授の地位を追われた。主著『フランス史』において「ルネサンス」の語を初めて使用したことでも知られている。II章コラム（記憶の場②）を参照。

▷2 奴隷制廃止
1848年3月4日に臨時政府
によって正式に決定された。
フランス革命時の1794年2
月4日に当時の国民公会に
よってひとたび奴隷制は廃
止されたが，ナポレオンに
よって1802年に奴隷制が復
活した。グアドループなど
の植民地における奴隷雇用
主らの反対は根強かったも
のの，1834年フランス奴隷
解放協会が結成されるなど，
復古王政以来奴隷制を廃止
すべきとする風潮は徐々に
広がっていた。

▷3 男子普通選挙制
2月革命に女性も積極的に
参加したにもかかわらず，
彼女たちの参政権について
臨時政府で本格的に検討さ
れることはなかった。この
状況に対して，「女性解放
協会」の設立や，新聞『女
性の声』の発刊などによっ
て女性の政治参加を求める
運動が起こったが，結局実
を結ぶことはなかった。

ルニエ＝バージュ），共和派新聞編集者（マラスト，フロコン），2人の社会主義者
（ルイ・ブラン，アルベール）から構成され，フランス史上初めて社会主義者が政
権に入ったのであった。3色旗の採用（ただし，これには赤旗を国旗として要求す
る社会主義者たちとの対立があった），政治犯の死刑の廃止，**奴隷制の廃止**[42]，身体
的刑罰の廃止など様々な社会改革が進められた。報道の完全自由と集会の自由
は，数千の政治クラブの結成と300近くの新聞の新たな発刊につながった。**男
子普通選挙制**[43]も定められ，21歳以上の男子で6カ月以上同じ場所に居住するも
のに選挙権が与えられ，有権者は25万人から900万人へと一気に増加した。国
民衛兵については財産条件が撤廃され，全ての市民に開かれるようになった。

　男子普通選挙制が定められたことで，新憲法制定のための議会選挙が行われ
ることになったが，社会主義者は地方の名望家層の影響を恐れ，投票日を遅ら
せようとした。にもかかわらず，結局選挙は1848年4月23日に実施された，投
票率は80％以上であった。投票結果は穏健派の勝利であり，880議席のうち500
議席以上を獲得した。このなかには，もともと君主政を支持していた層なども
含まれ，彼らは「翌日の共和派」と呼ばれた。その一方で，社会主義者などの
社会的共和派は100議席以下しか獲得できなかった。このような結果になった
のには，投票方法に問題があったことが大きい。多くの地方において，投票は
復活祭のミサの後（23日は復活祭の日曜日であった），司祭や市長などに引き連れ
られて行われたのである。また，1789年以降常にパリが政治的争点を引っ張っ
ていたが，この普通選挙によってパリの比重が軽くなった。ともあれ，社会主
義的共和国は実現されないことが選挙によって明らかになった。5月4日，共
和政が正式に宣言され，臨時政府は5人の執行委員会に替わった。そのメンバ
ーは，急進共和派のルドリュ＝ロランを除くとあとは穏健共和派のラマルティ
ーヌ，アラゴ，ガルニエ＝パジェス，マリであった。

　これに対する社会的共和派や労働者の失望は大きかった。5月15日，ポーラ
ンドの独立を支持するパリの群衆によるデモが議場を襲い，市庁舎で反乱政権
の樹立が宣言されたが，その指導者バルベスやラスパイユ，ブランキらがすぐ
に逮捕され，このパリの労働者の運動はブルジョワ層や地方を警戒させた。6
月4日の補選では保守主義者が勝利した。

③ 6月暴動とその帰結

　社会的共和派の過激化と保守主義者の復活を背景に，穏健共和派政権の性格
を大きく転換させる事件が起こった。6月暴動である。そもそも，臨時政府に
とって当然労働者対策は重要であり，それはルイ・ブランのイニシアチヴによ
り展開されており，「労働者のための政府委員会」，通称リュクサンブール委員
会と国立作業場が設置された。リュクサンブール委員会は，231人の経営者代
表と699人の労働者代表を政府の下に結集させた組織であり，労使間の闘争を

終結させることを目的にしていた。労働下請け制の廃止，労働時間の短縮（パリ10時間，地方11時間）などを決定したほか，主に労使争議の調停役を務めた。
より影響力があったのは国立作業場である。これは「労働者が労働によって生活できるように保障する」ために設立されたもので，実際には公共事業相マリによって運営されたが，パリの失業者対策として，彼らを駅舎の建設や排水溝の掘削といった公共土木事業に従事させることを目的としていた。しかし，計画のずさんさにより，これはすぐに単なる慈善組織になってしまい地方からも労働者が殺到し，登録者は10万人を超える事態となってしまったのであった。

もはや国立作業場は国庫にとって負担でしかなく，労働者が集結することで蜂起の温床になりかねないと判断され，結局政府は6月21日，国立作業場を閉鎖することを決めた。これが波乱をもたらしたのである。翌日，労働者は蜂起し，バリケードを築きデモを展開した。これに対して議会は陸軍大臣のカヴェニャックに全権を託し，彼は5万人の兵を動員し，26日までに徹底的に鎮圧した。その結果，約2500人の死者，3000人近くの負傷者，そして，1万5000人ほどが逮捕され，そのうちおよそ4400人はアルジェリアに送られた。

これを契機に労働者が夢見た世界は実現されず，オルレアニスト，正統王朝派，自由カトリック，ボナパルティストが結集した秩序党が力を持つようになり，これに「翌日の共和派」の多くが加わった。6月28日に成立したカヴェニャック政権は政治クラブを抑圧するなど，反動的な政策を講じた。1848年11月の憲法はこのような状況のなかで作成された。

新憲法は，スローガンとして「労働，家族，祖国，公序」が掲げられたが，労働権の保障は除外された。大統領の権限が大幅に強化され，行政権のほかに軍事・外交上の大権，大臣や官僚の任命権を持った。4年任期で直接投票によって選出され，再選なしとされた。議会は1院制で，議員定数は750人，3年ごとに直接普通選挙で選出され，全ての立法権を握り，大統領による解散はできなかった。行政府と立法府はそれぞれ直接普通選挙で選出されることで独立性が高かったが，両者が対立した時それを調整する機関はなく，これが共和政を崩壊させることにもつながっていった。つまり，内部分裂があり得る議会と常に一元的な大統領とのあいだでは，どちらも直接普通選挙で選出されるので，大統領が権限を掌握しやすい構図になっているのである。実際，ルイ＝ナポレオン・ボナパルトの登場により，この問題は現実のものになった。

（川﨑亜紀子）

参考文献

谷川稔ほか編『世界の歴史22　近代ヨーロッパの情熱と苦悩』中央公論新社，2009年。

図Ⅲ-7　6月蜂起のバリケードを写した銀板写真

出所：http://img67.xooimage.com/views/0/7/c/4a85d5d8a08c25d76...-maur-gf-28ea67f.jpg/

Ⅲ　王政復古と第2帝政

「馬上のサン゠シモン」の登場

1　大統領選挙の実施

　新憲法に基づく大統領選挙が1848年12月10日に実施された。穏健共和派のカヴェニャック，急進共和派のルドリュ゠ロランらが立候補するなかで，74％の得票率で圧勝したのは，秩序党の推すナポレオンの甥，ルイ゠ナポレオン・ボナパルトであった。彼が2月革命以降の一連の政治的動きに無関係だったことが好意的に受け入れられ当選につながったが，やはり伯父の知名度によるところが大きい。本章第5節で述べたように，1836年にナポレオンが手掛けた凱旋門が完成し，1840年には彼の遺骸がパリに戻ってくるなど，再び英雄としてのナポレオンのイメージが広がっていた時期でもあった。特に，農村部における「ナポレオン伝説」は根強く残っており，さらに直接税の大幅な引き上げ（「45サンチーム税」）に苦しんでいた農民はパリに対する不満をぶつける形でルイ゠ナポレオンを支持した。ただ，彼に政治的経験がないことで政治的駒として利用しようとするティエールら秩序党の思惑もあった。

　彼の政治的社会的思想や理念が醸成されたのは，大統領選挙に立候補する前の生活においてであろう。1815年以降亡命生活を各地で送り，1831年にはイタリアに行き，**カルボナリ党**の運動や反教皇暴動に参加した。1836年にストラスブールでクーデタを企図したが失敗し，国外追放となりブラジル，アメリカ，イギリスですごした。1840年，ナポレオンの遺灰がフランスに戻ってきたことを好機ととらえ再び今度はブーローニュでクーデタを企てるがこれまた失敗し，終身刑に処された。彼は獄中で，社会主義者のプルードンやフーリエから自由主義経済学者のアダム゠スミスに至るまで幅広く著作を読むなど，研究生活に明け暮れた。研究生活のなかでとりわけ彼が影響を受けたのが，サン゠シモンとその弟子**サン゠シモン主義**者らの著作であり，こうして形成された彼の思想が結実したのが『貧困の絶滅』であった。「労働者階級の幸福を唯一の目的として」書かれたが，国家の介入によって共済組合や年金基金などを導入することが貧困状態を緩和することになるというものであった。また，サン゠シモン派の産業発達が社会改良につながるという考えは，ルイ゠ナポレオンにも引き継がれ，彼は物質的道徳的進歩，社会階層の一体化，恒久的平和の確立によって幸福な社会が到来すると信じ，その後皇帝になってから「馬上のサン゠シモン」として，自身の考えを様々な形で実行に移そうとしていくことになる。ま

▷1　カルボナリ党
ウィーン会議以降，イタリア各国はオーストリアの支配を受けることになり，各君主による弾圧に抵抗して自由と独立を要求する愛国者たちの秘密結社の名前である。最初の蜂起運動として，彼らは1820年ナポリで憲法制定を要求した。

▷2　サン゠シモン主義
産業発展こそが社会改革につながるという考えかたである。企業家たちから学生まで幅広い支持を受け，支持者の銀行家のペレール兄弟，シュヴァリエなどは第2帝政期の産業界の中心的存在になった。

68

た，彼が収監前からすでに出版されていた著作からは，彼が理想とした統治形態もみることができる。それは，伯父とは違い人民権を主張し，人民による直接選挙で選出された統治者によって議会に介入されずに強力な国家体制を構築することであった。

② 秩序党の台頭

ルイ゠ナポレオンは12月20日に大統領に就任し，オルレアニストのバロを首相に任命した。これにより，穏健共和派は政権から排除された。彼らは議会の多数派を占めており，このことに強く反発したが，バロは議会の解散を決めた。ほどなく翌年5月に立法議会選挙が行われると議会勢力の二極化が明らかになった。秩序党が53％の得票率で450議席を獲得し勝利を収め，右派からは「山岳派」と呼ばれた民主・社会主義者（デモ・ソック）が35％の得票率，210議席と健闘し，1848年選挙時に比べると4倍近くに票を増やした。その一方で，与党の穏健共和派はわずか80議席という結果に終わった。

しかし，この二極化構造も長くは続かない。48年革命に触発されてイタリアでも革命が起き，教皇はローマを追われていたが政権は軍隊を派遣して介入することにした。これに反対して1849年6月13日にデモ・ソックが起こしたデモは完全に失敗に終わり，主宰者のルドリュ゠ロランはロンドンに亡命し，多数のデモ・ソックの議員が逮捕され勢力は壊滅状態に追い込まれた。これ以後，秩序党政権によって，言論・集会などの自由の制限，共和派の教員の追放を可能にしたパリュー法（1850年1月），1850年3月に成立した**ファルー法**など，一連の反動立法が次々に成立した。議員選挙に関しても，普通選挙の原則は変わらなかったものの，定住期間制限が6カ月から3年に改定され，約300万人が選挙権を失うことになった。特に，移動の多い労働者層が選挙権を失ったことで，彼らが支持していたデモ・ソックは決定的な打撃を受けたのだった。

この間，ルイ゠ナポレオンはなかなか好転しない経済状況に有効な対策を出せず，反民主的な政策を打ち出していく議会と距離をとったのち，ひそかに反秩序党をうたう新聞や団体に資金援助をするなどして，権力掌握の機会を伺っていた。ただし，大統領の任期は4年で再選は禁止されているので，法改正を提案したものの議会で否決された。このことは，ルイ゠ナポレオンがクーデタを起こす材料となったのである。

（川﨑亜紀子）

図Ⅲ-8 ギュスターヴ・ル・グレ「大統領時代のルイ゠ナポレオンの肖像写真」

出所：https://www.metmuseum.org/art/collection/search/286196（メトロポリタン美術館所蔵，2005.100.850）．

▷3　ファルー法
教育立法である。「教育の自由」をうたい，ナポレオン以降公教育を一元的に監督していた組織ユニヴェルシテにおいて聖職者の影響力を強めるものであった。

参考文献
高村忠成『ナポレオンⅢ世とフランス第二帝政』北樹出版，2004年。

Ⅲ　王政復古と第2帝政

　ナポレオン3世と産業革命

　1851年のクーデタ

　ルイ＝ナポレオンは，これまでの経験でクーデタを起こす方法を熟知しており，計画は周到に準備された。かくして，ナポレオン1世の戴冠日とアウステルリッツの戦いでの勝利日でもあった1851年12月2日夜，その計画は実行に移された。秩序党議員カヴェニャックらは逮捕され，議会は包囲された。翌朝，パリ民衆は「国民議会は解散した。普通選挙が復活した。フランス人民はルイ＝ナポレオン・ボナパルトの実権を求め憲法作成に必要な権力を彼に委ねるかどうか，人民投票に問うために人民は厳粛に招集される……」と壁に掲げられたポスターを見ることになる。

　共和主義者たちのなかには，彼の行動に幻滅してパリの民衆に対し武器を取るよう呼びかけた者もいたが，民衆はすでに6月暴動で自分たちの期待は裏切られているとして，冷淡な反応であった。地方では特に南部諸県がクーデタに抵抗して暴動を起こしたが，限定的なものにとどまった。12月21日に人民投票が行われ，圧倒的多数によってルイ＝ボナパルトのクーデタは支持された。そして，1852年11月21日に再び行われた人民投票によって，またしても圧倒的多数で帝政復帰が支持され，正式には12月2日，第2帝政が樹立してルイ＝ナポレオンはナポレオン3世になった。

　第2帝政の政治体制は1852年憲法に基づくものだが，普通選挙に代表される民主主義的原理と皇帝への専制的権限の集中という，ある意味矛盾を伴った体制であった。とりわけ，1860年までの時期については権威帝政と呼ばれている。皇帝は内閣を任命し，内閣は議会に責任を負わず皇帝にのみ責任を負った。法案発議権を持つのも皇帝のみで，立法権は脆弱であった。下院にあたる立法院は法案審議権のみしか持たなかった。ちなみに，上院は皇帝によって終身任命されたものが多かった。立法院議員は引き続き普通選挙で選出され，21歳以上のフランス人男性全てに選挙権が与えられ，6年ごとに選挙が行われた。しかしながら，**官選候補制**の導入により事実上普通選挙は無効であったといえよう。このほか，皇帝は行政権，宣戦・講和・条約締結権などを掌握し，軍を統率し，いわば皇帝による事実上の独裁政治体制ができあがったのである。

　このような政治体制の下，検閲制度の復活や政治団体の解散などが進められ，主な共和主義的指導者も収監あるいは亡命状態にあり，抵抗運動は抑え込まれ

▷1　官選候補制
政府があらかじめ候補者を公認し，その「官選リスト」登録者を当選させるために，政府があらゆる手を使うという制度であり，1852年2月8日の法で定められた。議会は政府を抑制するというより政府を補助することが期待され，効率のよい統治行政が実現されると考えられた。

たのであった。ただ，こうして強力な政府が成立したことで社会の安定化が図られた側面も強かった。

2 工業化の進展

第2帝政期，とりわけ1850年代は経済発展が本格化した時期でもあった。第2帝政が受け入れられたのは，この経済的繁栄も背景にある。カリフォルニアやオーストラリアのゴールドラッシュによる景気拡大の波がフランスにまで伝わり，好況をもたらしたのである。

1820年代以降綿工業の発展がみられていたが，この時期のリーディング・セクターは鉄道業である。1840年代まで一部の地域にしか敷設されていなかった鉄道は，7月王政時代の1842年の鉄道法で半官半民での路線建設と民間企業による経営とが分離されたことで，鉄道網が本格

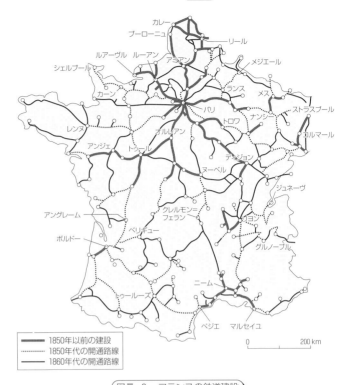

図Ⅲ-9 フランスの鉄道建設

出所：モーリス・レヴィ＝ルボワイエ／中山裕史（訳）『市場の創出——現代フランス経済史』日本経済評論社，2003年，492頁。

的に広がった。これは第1次鉄道ブームと呼ばれている。その後1847年の恐慌で一時的に鉄道建設はストップしたが，ナポレオン3世の時代に入り再び鉄道が整備され，1851年から1870年までにかけて鉄道敷設距離は5倍近くに伸びた（第2次鉄道ブーム）。この鉄道網の整備により，製鋼業などの重工業が発展した。レールの材料となる銑鉄生産量が，**ベッセマー法やトーマス法**などの導入により増大し，シュネーデル，ド＝ヴァンデルといった大手製鉄企業が成長した。また，鉄道建設のための資金を供給したのは，クレディ・モビリエやクレディ・フォンシエ（それぞれ1852年創設）に代表される投資銀行と呼ばれる新しいタイプの銀行であった。これに対抗してオート・バンクも鉄道建設資金の供給に乗り出すようになった。その後クレディ・モビリエは1857年に破綻するが，政府による株式会社創設の奨励により，クレディ・リヨネ（1863年創設），ソシエテ・ジェネラル（1864年創設）といった投資銀行が登場した。

大規模工業のみならず，軽工業，特に絹織物，「パリの小間物」と呼ばれた高級装飾品，装身具などの奢侈品製造も盛んになった。1851年ロンドン万博，1855・1867年のパリ万博において，フランス製の奢侈品は他国を圧倒した。

そのほか，大々的な農地開発，電信網の整備，港湾施設の整備なども進展した。

（川﨑亜紀子）

▷2 ベッセマー法，トーマス法

パドル法に代わる新しい製鋼法で，ベッセマー法により10トン以上の銑鉄が10分程度で錬鉄や鋼に変えることができるようになったが，不純物のリンを除去することができなかった。この欠点を克服したのがトーマス法であった。これにより高リン鉱石の多いドイツのルール地方やフランスのロレーヌ地方が重要な製鉄地域として台頭してくるようになった。

参考文献

権上康男・大森弘喜「産業文明の誕生と展開」柴田三千雄・樺山紘一・福井憲彦（編）『世界歴史大系フランス史3 19世紀なかば～現在』山川出版社，1995年。

Ⅲ　王政復古と第2帝政

9　オスマンとパリ改造

1　19世紀半ばのパリの姿

　ナポレオン3世が即位した頃のパリは，この頃進展していた工業化と都市化のなかで，様々な問題を露呈していた。

　まず，パリは大規模工業が発展した都市ではなかったが，首都として地方各地から人が集まるようになり，急激に人口を増加させていった。その結果，パリの人口は1801年の54万6000人から1846年には105万3000人へとほぼ倍増した。これに伴い，いくつかの地区では人口密度が1平方キロ当たり10万人以上になっていた。

　この人口急増にもかかわらず，パリの市域は中世以降ほとんど変化していなかった。したがって，衛生問題は非常に深刻なものであった。1840年代に社会主義者議員として活躍した（1848年には女性参政権に賛成票を投じている）哲学者ヴィクトール・コンシデランは自著において，パリ人口100万人のうち，60万人が空気も光も不足した奥まったところにある，雨風やネズミなどが容赦なく入ってくるようなあばら家に住んでいる，と指摘している。また，市中心部の

図Ⅲ-10　アドルフ・イヴォン「周辺地区の併合に関する法令をオスマン男爵に手渡すナポレオン3世」

出所：ジャン＝ロベール・ピット／木村尚三郎（監訳）『パリ歴史地図』東京書籍，2000年，106頁（カルナヴァレ美術館所蔵，P2155）。

通りは狭く，教会や宮殿などの建物がひしめくなかで緑地はほとんどなかった。
このような非衛生的な状態において，多くの人々がコレラのような伝染病の犠
牲者になってしまったのも当然のことであった。

　犯罪の多発も問題視されるようになった。狭く光の射さない通りや奥まった
ところにある家屋は犯罪を起こすには格好の場所であり，また，7月革命や2
月革命，その後の6月暴動などによる民衆騒乱が頻発し，パリは「犯罪の町」，
「病人の町」，「危険な町」などと呼ばれるようになっていた。

　1833年にセーヌ県知事になったランビュトーは，この状況に対し，まず始め
なければならないことは「パリの人々に水と空気，木陰を与える」ことだと認
識しており，中心部における大通りの開通，地下道や緑地の整備，給水所の設
置など，後のオスマンのそれを先取りするような政策を講じた。また，第2共
和政時の県知事ベルジェも，幹線道路の延長などの都市改革に取り組んだ。し
かしながら，それらの効果は限定的で不十分なものにとどまった。

❷ オスマンの政策

　このパリの問題に正面から向き合ったのは皇帝自身であった。彼は亡命中に
滞在していたロンドンの近代的な風景を常に心に浮かべ，パリをヨーロッパ一
の都にすることを夢見ていたのであった。彼はベルジェの後任として，ヴァー
ル，ヨンヌ，ジロンドでそれぞれ県知事を務めていたオスマンを1853年に新し
くセーヌ県知事に任命し，都市改革の任務にあたらせることにしたが，皇帝も
オスマンと2人3脚になって積極的に取り組んだ。

　オスマンは県知事として行政制度に手を付け，7つの部局を設置した。県事
業局，市事業局，会計局，上下水道局，公共建築局，美術・祭典局，公道・散
歩道局である。また，衛生部門担当のベルグラン，公道，照明などの担当のア
ルファン，建築担当のダヴィウーなどと共に，オスマンは大胆に改革に着手し
た。それは3段階に分けられる。

　第1段階として，1852年に着手されたが，疫病が蔓延して治安が悪化してい
る地区に密集している建築物を一掃し，パリを交差する幹線道路を整備した。
セーヌ川に並行しているリヴォリ通りは，西はエトワール広場まで，東はトロ
ーヌ広場（現ナシオン広場）まで延伸された。南北には，ストラスブール並木通
りからセバストポール並木通り，サン・ミシェル並木通りが**シテ島**を縦貫して
1本の道路としてつながった。シテ島の一部の住民は退去となり，行政地区に
なった。

　1856年に開始された第2段階では，それ以前にあった幹線道路の整備（マジ
ャンタ並木通り，ポール・ロワイヤル並木通りなど）と道路が交差する広場の整備
（エトワール広場，トローヌ広場，シャトー・ドー［現レピュブリック］広場，バスティ
ーユ広場など）が行われた。

▷1　シテ島
紀元前3世紀ごろにケルト
系のパリジ族がセーヌ川を
航行していた時に漂着した
中洲であり，パリはこの島
を起点にして発展した。紀
元前52年にカエサルが来て
以後ローマ人が入植してこ
の島に宮殿を建築すると，
クローヴィス以来14世紀半
ばまで代々王宮として機能
した。

Ⅲ　王政復古と第2帝政

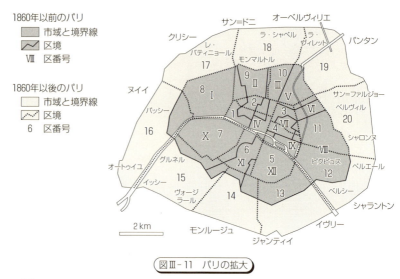

図Ⅲ-11　パリの拡大

出所：Jean-Claude YON, Le Second Empire. Politique, société, culture, Paris, 2012, p. 135より筆者作成。

　1860年代の第3段階では，パリの面積が倍増したパッシー，ラ・シャペル，オートゥイユなど18の郊外地区が併合され，1860年1月1日以降パリは12区から20区へと拡大した（現在も同様）。そして約50万人が新たにパリの住民になった。郊外にあった工業地域は，サン・ドニやヴァンヴといったさらなる外部地域に移転することになった。

　このほかにも，以下のような整備事業が展開された。

①緑地の整備：ブーローニュの森，ヴァンセンヌの森，モンスーリ公園，ビュット・ショーモン公園，19の小広場などが造成され，また，道路への植樹も大々的に行われた（およそ3000ヘクタール分）。

②建築物の新築：公共建築物（ルーヴルとテュイルリ宮との連結，区役所，学校，ラ・ロケット牢獄など），宗教的建築物（聖フランソワ・グザヴィエ教会，トリニテ教会，聖オーギュスタン教会，シナゴーグ，プロテスタント教会など），市民生活に関連した建築物（バルタールによる中央市場の改築，ラ・ヴィレットの屠殺場，駅舎，市立病院など），文化的建造物（国立図書館，シャトレ劇場，シテ劇場，産業宮［現グラン・パレとプティ・パレ］，**ガルニエ・オペラ座**など）の新築・改築が次々に行われた。また，これらの建造物は一定の高さに定められた。

③街路設備の整備：ベンチ，ガス灯（約3万本が設置），公衆便所などが設置され，公園には噴水や駄菓子などを売るキオスクも設置された。パリのあちこちに憩いとおしゃべりの場が提供された。

④上下水道の工事：ヴァンヌ運河，デュイス運河の開削とパッシーとグルネルの掘抜き井戸，サン・ミシェル給水場などにより上水が確保され，計680キロにわたる下水道網が整備された。給水量も格段に増量した。

　このようにして，パリの景観は大きく変わっていった。

▷2　ガルニエ・オペラ座
旧オペラ座はプルチエ通りにあったが（1873年焼失），時代遅れであるとして新しいオペラ座の建築が計画された。新進建築家のガルニエによる設計であり，1862年に着工した。その外観の豪奢さは帝政期の繁栄を物語っているが，完成したのは第2帝政瓦解後の1875年のことであった。

3 オスマニザシオンの功罪

　オスマンによるパリ改造（オスマニザシオン）は，パリの景観のみならず，都市そのものとしての姿も大きく変えた。まず，新築・改築された荘厳な建築物が並び全体としての外観が整備されたことで，近代的な都市としてロンドンやベルリンと肩を並べるようになった。また，パリの経済活動が活発化し，万国博覧会の開催やデパートの設立などにつながった。さらに，衛生状況も改善され，1849年を最後にパリではその後コレラが流行することはなかった。

　ただし，この大工事によってパリでは35万人以上の住民が住居から出ていかなければならず，新しく建てられた住居の家賃高騰により住めなくなった民衆層の多くは周辺部に居住せざるをえなくなった。もっとも中心部から貧困層を追い出すことはオスマンと皇帝が望んでいたことでもあった。エトワール広場やモンソー公園のある西部地域はブルジョワ層の居住区になり，ショセ・ダンタンとマドレーヌはビジネス地区になった。こうして，パリ市内の社会的棲み分けが進行した。

　そして，これだけの大規模な都市改造には，当然多額の経費がかかった。総額25億金フラン（年あたり5000〜8000万金フラン）がかかったが，国庫からの支出は4％にとどまり，あとはパリ市の予算と市債の発行によって賄われた。1858年以降になると，さらなる経費がかかることがわかり，新たな資金調達方法が求められた。そこでパリ公共土木事業金庫とクレディ・フォンシエのタッグによる資金繰りが行われることになった。ただ，それら一連の操作は立法院によって厳しく批判され，ジュール・フェリーは「オスマンの空想的会計」として新聞で告発キャンペーンを展開した。この財政上の問題は，結局1870年1月にオスマンを辞任に追いやることになったのであった。

　このように，オスマンによるパリ改造は功罪双方の側面を持ち合わせていたのだった。ただし，都市改造そのものは地方に波及し，絹織物業の中心地でもあるフランス第2の都市リヨンでは，ローヌ県知事でリヨン市長でもあったヴァイスによって1853年に発表された「拡大，改良，美化」というスローガンの下，市中心部の大工事と幹線道路の整備，主要建築物の新築・改築などがオスマンの改革に従う形で行われた。マルセイユはアルジェリアや東方へ向かう港町として重要であるが，やはりブッシュ＝デュ＝ローヌ県知事モパのイニシアチブで幹線道路や港湾設備の整備，県庁やノートルダム・ドゥ・ラ・ギャルド教会（19世紀フランスで最大の教会）の建設などを推進した。このほか，ボルドー，ナント，リール，ブザンソン，ルーアン，モンペリエなどで都市改造が行われた。現在我々が目にするフランス各地の都市景観を作り出したのは，このオスマニザシオンの成果であったといえよう。

（川﨑亜紀子）

参考文献

松井道昭『フランス第二帝政下のパリ都市改造』日本経済評論社，1997年。

Ⅲ　王政復古と第2帝政

　メキシコ革命の屈辱

　積極的な対外政策

　ナポレオン3世は，伯父の時代のように「強いフランス」の再興をめざし，「皇帝の栄光」をアピールすることを重要視していた。そのために，積極的に対外政策を展開した。

　最初の介入は1854年から55年にかけて起こったクリミア戦争である。オスマン帝国の弱体化を背景に南下政策を進めるロシアを警戒し，フランスとイギリスは同盟を組みオスマン側についてロシアを破った。1856年に開催されたパリ講和会議では，ナポレオン3世がリーダーシップをとり，国際社会におけるフランスの地位を高めることに成功した。

　1848年以降統一運動が盛んになっていたイタリアに対しても，ナポレオン3世は介入を図った。統一運動の中心的存在だったサルデーニャのピエモンテ地方を制圧しようとしたオーストリアを撃破した。ただ，このことで教皇を敵に回すことにもなったので，国内のカトリックはナポレオン3世から離反するようになる。それでも助けてもらった格好のサルデーニャからサヴォワとニースを1860年に併合した。

　ナポレオン3世は，植民地獲得にも貪欲であった。アフリカでは，フェデルブ総督によってセネガルの支配が強化され，内陸へ支配領域を拡大してアルジェリアと結合させようと目論見られた。アジアでは，コーチシナ，アンナンを併合し，カンボジアを保護領とし，**アロー号事件**によりイギリスと共に中国に出兵し，1860年の北京条約で一方的な通商上の利権を獲得した。そのほか，ニュー・カレドニアやマダガスカルも併合した。こうして，第2帝政中支配領域は3倍に増え，1870年に100万平方キロに達した。

　メキシコ出兵

　皇帝の積極的に対外政策を進める意図が最も顕著な形で現れたのがメキシコ出兵であろう。彼は，アメリカ大陸にカトリック国家のラテン帝国を築き上げるという壮大な野心を持ち，フアレスによって自由主義的な革命政権が成立したメキシコへ1862年に出兵した。この行動の目的は以下のようなものである。まず，ヨーロッパ諸国と良好な関係を持つことであり，**フアレス政権**が外債の利子支払いを拒否した際，好機と考えイギリスとスペインを誘って出兵したの

▷1　アロー号事件
アヘン戦争後の黄埔条約で獲得した中国で貿易上・宗教上の特権をもとにナポレオン3世はイギリスと強調しながら中国進出をさらに本格化させようと意図していた。1856年，イギリスのアヘン密輸船アロー号の清による取り調べを契機に勃発した戦争に，同年起きたフランス人宣教師殺害事件を口実にフランスも参戦し，清を降伏させた。

▷2　フアレス政権
1820年メキシコは独立したものの，軍事政権による圧政と財政難に苦しみ，外国からの借款に頼らざるを得なかった。また，教会も特権階級として軍部とつながるなど政治的実権を持っていた。「改革戦争」を経て自由派が政権を握り，1861年に大統領に就任したフアレスは世俗的自由主義的改革を推進するが，累積していた財政問題を解決できず，外債利子の支払い停止を宣言した。

76

である。また，将来のラテン帝国皇帝にオーストリア皇帝フランツ＝ヨーゼフの弟マクシミリアンを据えることにした。次に，反カトリック的な政策を進めるメキシコに出兵することで，フランス国内のカトリックをつなぎとめる目的があった。それから，メキシコの銀をはじめとする天然資源も魅力的であった。

図Ⅲ-12 エドゥアール・マネ「マクシミリアンの処刑」
出所：https://commons.wikimedia.org/wiki/File:Edouard_Manet_022.jpg
（マンハイム市立美術館所蔵）．

そして，プロテスタント国であるアメリカ合衆国のラテンアメリカに与える影響力を削ごうという目的もあり，出兵はちょうど南北戦争でアメリカが介入できない時期にもあたっていた。

こうして行われた出兵だが，メキシコの抵抗は強く，イギリスとスペインはすぐに撤退した。しかし，多くの思惑を抱えていたフランスは簡単に撤退するわけにはいかず，アルジェリアとセネガルからも兵力をつぎ込み，1863年6月，ついにメキシコは陥落した。こうして，マクシミリアンを傀儡皇帝とするラテン帝国が成立したのであった。

ただ，その後もフアレスを支持する民衆によるゲリラ攻撃に悩まされるようになる。南北戦争を終えたアメリカもまたこのゲリラ攻撃を支援していた。一方，1866年の普墺戦争でプロイセンが勝利したことで，オーストリアの同盟国フランスはヨーロッパ大陸での軍備の必要性が強まった。こうして，結局ナポレオン3世は撤退することを決意し，1867年2月から3月にかけてフランスは軍の撤退を完了させた。そして，見捨てられた形のマクシミリアンは捕えられ，同年6月19日，フアレスの指示で銃殺されたのであった。

印象派画家の1人であるマネによって描かれた「マクシミリアンの処刑」は，まさにこのいきさつを表したものである。この絵を描くことで彼は皇帝のメキシコ出兵を痛烈に批判した。メキシコ出兵により，3億3600万フランが戦費で失われ，6000人以上の兵士が犠牲になったことで，マネだけでなく国内においてナポレオン3世に対して強い批判が噴出した。皇帝の積極的な対外政策はこのような形で幕を引き，その結果第2帝政自体も大きく揺らぐことになるのである。

（川﨑亜紀子）

参考文献

高村忠成『ナポレオンⅢ世とフランス第二帝政』北樹出版，2004年。

Ⅲ　王政復古と第2帝政

　ビスマルクの罠から普仏戦争へ

1　権威帝政から自由帝政へ

　1860年代以降になると，帝政に対して様々な批判が噴出するようになった。カトリックは**デュリュイの教育改革**やイタリア介入に強く反対し，自由派はメキシコ遠征を批判した。共和派は社会改革の必要性を主張した。このことは1863年の立法院選挙の結果に現れた。官選候補が相変わらず大半だったものの，自由派と共和派が32議席を獲得した。翌年1月，議員に新しく選出されたオルレアニストのティエールは，「必要な自由」（個人の自由，報道の自由，選挙の自由など）と呼ばれる演説を行った。さらに，自由派や共和派を標榜する新聞が次々と創刊され，これらは政府批判キャンペーンを展開した。これを受け，帝政自体も権威主義的なそれから自由主義的なそれへと移行するようになる（自由帝政）。とりわけ1867年から1868年にかけて，大臣の議会での討議の自由，事前許可制の廃止による報道の自由，集会の自由など，次々に自由主義的改革が実施された。しかしながら1869年の立法院選挙では，得票数440万のうち反対票は330万票を獲得し，皇帝は議会にさらに譲歩せざるを得なくなった。一方，この時期にはストが各地で発生し，労働者運動が盛んになっていた。種々の政治クラブが結成され，街頭デモも展開した。

　以上のような状況を背景にして，1870年4月，立法院の発議権の獲得，上院の議決権の獲得による完全2院制，ただし皇帝は人民に対して直接責任を持つという，この議会改革は人民投票にかけられ，多数の賛成で可決された。皇帝は第2帝政の安泰を信じたのであった。

　しかしながら，最終的にはメキシコ遠征の失敗以降の外交政策によって第2帝政は幕を閉じることになる。すなわち，強大化していくプロイセンに対する政策の失敗であった。

2　第2帝政の瓦解

　ナポレオン3世はプロイセンの台頭を警戒し，ドイツを分裂状態に維持しておくことがねらいであった。しかし，プロイセンにしてみればそのようなフランスは邪魔な存在であり，宰相のビスマルクはフランスの介入を阻止するために様々な挑発行動をとった。1866年に**普墺戦争**が勃発した際，ビスマルクはナポレオン3世に対し，中立を選択すればライン川左岸を譲渡する旨を伝えてお

▷1　デュリュイの教育改革
1863年に公教育大臣に就任したデュリュイは，初等教育の無償・義務化の提案（実現はされなかった），ドイツをモデルにした高等実業学校の創設，女子中等教育制度の整備など，次々に近代的あるいは世俗的な教育改革を推進した。

▷2　普墺戦争
プロイセンとオーストリアが1864年にデンマークからシュレスヴィヒ・ホルシュタインを獲得したのち，その処遇をめぐって対立し，両者のあいだに戦争が勃発した。これはプロイセンの圧勝に終わり，シュレスヴィヒ・ホルシュタインもプロイセン領になった。また，オーストリアを除外したいわゆる「小ドイツ主義」によるドイツ統一が進められる契機にもなった。

78

り，フランスは中立政策を取ったが，オーストリアに勝利してその後北ドイツ連邦を結成したプロイセンはその約束を反故にした。翌年，南ドイツ諸州がプロイセンに取り込まれることを警戒したナポレオン3世はオーストリアに接近するが，もはや大して意味を持たなかった。

そして，1870年7月，ビスマルクは1868年にブルボン王朝が倒れていたスペインにおいて，プロイセン王家であるホーエンツォレルン家の分家出身のレオポルトを国王候補に据えた。彼は，すでにフランスには内密でスペイン首相の同意を取り付けていた。この構想が実現されるとなると，フランスにしてみれば「カール5世の再来」，すなわち東西をプロイセンの王家に囲まれることになる。当然フランスにとっては受け入れがたく，ナポレオン3世はこれを撤回

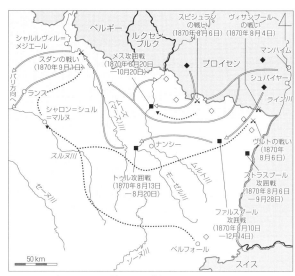

図Ⅲ-13 普仏戦争の戦場と仏独両軍の動き

出所：Aprile, *op. cit.*, p. 524 より筆者作成。

させた。しかし，これを外交的勝利として確定したいフランスはさらに，プロイセン王ヴィルヘルム1世からレオポルトの王位放棄の意思を確実に引き出すため，在プロイセンフランス大使に国王と会談させたが，国王は，最終決定はビスマルクの権限だと答えた。そのいきさつを国王は滞在地エムスからビスマルクに送ったのであるが，ビスマルクは文面を改竄し，大使とフランスのヴィルヘルム1世に対する態度の無礼さを強調した内容にしたのである。これがいわゆる「エムス電報事件」と呼ばれるもので，新聞で広く報道されると，立法院ではプロイセンに対する開戦を求める声が大きくなり，ナポレオン3世は1870年7月19日，プロイセンに対して宣戦布告したのであった。

しかし，この戦争は初めからフランスの負けがほぼ決まっていたといわれている。フランス軍はプロイセン軍に比して兵士の数（フランス軍23万5000人，プロイセン軍50万人）でも軍備のレベル（フランスの前装式青銅砲に対しプロイセンの後装式の鋼鉄製クルップ砲）でも劣っていた。フランス軍の戦略も確固たるものではなかった。現場を指揮する司令官は対植民地の戦いしか知らず，ヨーロッパでの戦争については全く不慣れであった。8月，プロイセン軍はアルザスとロレーヌそれぞれで圧倒的勝利を収め，プロイセン軍に包囲されたメスを解放するため皇帝自ら援軍を伴って赴いたが，9月2日，皇帝はスダンで捕えられ捕虜の身になった。皇帝捕虜の報が伝えられるとパリで蜂起が起こり，第2帝政は瓦解し，臨時国防政府が成立した。臨時政府は戦争を続行したもののパリまで攻囲される状況にまで陥ってしまい，最終的に**フランクフルト講和条約**によって戦争は終結した。

（川﨑亜紀子）

▷3　フランクフルト講和条約

フランスが降伏を決めた後，急遽行われた選挙で成立した国民議会により「フランス共和国行政長官」に任じられたティエールは，1871年2月26日に仮講和条約に調印した。そして改めてビスマルクとの交渉を経て5月10日に締結されたのがフランクフルト講和条約である。その内容は，アルザス地方の大部分とロレーヌ地方の約3分の1（主にモーゼル県）のドイツへの割譲，割譲された後もフランス国籍の保持を希望する当該地方住民のフランスへの追放，50億金フランの賠償金の支払い，支払い完了までのドイツ軍の駐留，といったものであり，フランスにとって屈辱的な条約内容であった。

コラム（歴史博物館③）

アルザス・ロレーヌの博物館

　フランスとドイツが争ったアルザス地方は現在では仏独和解，欧州統合の象徴的な場所になっている。中心都市ストラスブールの路面電車は，ライン川を越え，ドイツの町ケールにつながっている。フランスにとってもはや，この地はナショナリズムを掻き立てる場所ではなくなっているが，歴史を辿るともちろん様々な様相がみえてくる。30年戦争後にフランスの支配下にはいったこの地方は，19世紀から20世紀にかけて2度のドイツによる併合の時代を経験する。さすがに「最後の授業」的フランスナショナリズムによる一面的理解は，最近では影をひそめているが，2度目の第二次世界大戦期のイメージがドイツ第2帝政期より強いのは否めない。同地方の歴史については，対照的な博物館がある。

アルザス・モーゼル記念館

　ナチス・ドイツによる「事実上の併合」時代を対象とした歴史博物館は，2005年にアルザス地方，シルメ

図Ⅲ-15　アルザス・モーゼル記念館
出所：筆者撮影。

図Ⅲ-16　ラーゲリ施設の復元
出所：筆者撮影。

図Ⅲ-14　シルメック収容所のガス室
出所：筆者撮影。

ックに開館した。近隣には，ガス室を備えたシルメック収容所が保存されており，ナチ時代の犠牲者としてのアルザス像を前面に出した博物館である。とりわけ，不本意召集兵（マルグレ・ヌ）と呼ばれる，ナチによってドイツ兵として召集されたアルザス人の悲劇がその中心となる。展示手法としては，カーンの平和記念

館にならって，当時の状況の再現が特徴的である。疎開列車，マジノ線要塞，徴兵検査，ゲシュタポ取調室，ヴォージュ山脈などが，効果音とともに続いており，来館者の体験を促す構造である。さらに，不本意召集兵が独ソ戦従軍後に収容されたシベリアのラーゲリ施設が屋外に復元されている。反面，展示物はレプリカやコピーが多く，厳密な意味での歴史博物館ではない。

1870年戦争・併合博物館

他方，2014年にロレーヌ地方メッスの近郊グラーブロットに開館した博物館は，全く趣を異にする。そもそも対象とする時期が第2帝政期という，フランクフルト条約に基づく合法的な併合時代を扱っているという違いもあるが，なによりも展示手法が対照的である。再現手法は全く採用されず，絵画，軍服，標識など当時の遺物の展示がメインであり，特に同時代の絵画によって歴史を語らせる姿は，歴史絵画博物館の趣がある。また，展示の性格については，アルザス・モーゼル記念館の学術委員会が地元の歴史家によって構成されているのとは対照的に，こちらの学術委員会は，パリはもちろん，ドイツ，イギリスの歴史家も加わっており，国境を越えた視点が特徴的である。たとえば，第2帝政期ドイツの権威主義的支配の問題点も示しつつ，同時にフランスにおける対独ナショナリズムのなかでのアルザス・ロレーヌの神話化の問題も示されている。「グラーブロットのような豪雨」という表現があるように，普仏戦争の激戦地グラーブロットには，すでに1875年から小さな博物館があったが，21世紀になって，全く新しいコンセプトに基づいて生まれ変わっている。これには，第一次世界大戦についてのペロンヌ博物館の先例が参照されたことは想像に難くない。

（剣持久木）

図Ⅲ-17 1870年戦争・併合博物館

出所：筆者撮影。

図Ⅲ-18 館内に展示されている普仏戦争の戦場パノラマ絵画

出所：https://www.tripadvisor.fr/Attraction_Review-g6585757-d6582122-Reviews-Musee_de_la_Guerre_de_1870_et_de_l_Annexion-Gravelotte_Moselle_Grand_Est.html

▷1 「最後の授業」
アルフォンス・ドーデ（1840〜97年）の短編小説集『月曜物語』の一編。普仏戦争敗北後にドイツ領になることが決まったアルザス地方の小学校を舞台に「フランス語の授業をするのは今日が最後」という教師の言葉に衝撃を受けた主人公の少年が，それまで怠けてきたことを反省するというストーリー。国語教育の大切さを伝える物語として，日本の国語教科書に長年掲載されてきたが，（アルザスの母語はドイツ語方言のアルザス語であるという）実像が広く知られるようになり，1980年代以降教科書からは姿を消している。

参考文献

西山暁義「ヨーロッパにおける歴史博物館と国境地域」歴史学研究会（編）『歴史を社会に活かす 楽しむ・学ぶ・伝える・観る』東京大学出版会，2017年。

コラム（記憶の場③）

下水道，カタコンブ

下水道

　パリの下水道は，しばしばヴィクトル・ユゴーの『レ・ミゼラブル』と絡めて引き合いに出される。あるいは，『レ・ミゼラブル』がパリの下水道を有名にしたのかもしれない。総延長2600キロメートル近くを誇る現在のパリの下水道であるが，1370年頃にパリ市長オブリョーがモンマルトルに最初の蓋で覆った下水溝を作らせた後，ルイ14世治下で下水道の整備が一部行われ，本格的に整備されたのは第1帝政時であった。1824年当時の総延長はわずか37キロメートルに過ぎなかった。1832年にコレラが大流行した際，パリの衛生問題が議論され，下水道の工事が急速に進んだ。『レ・ミゼラブル』で描かれた下水道はこのときできたものである。

　それでも，大幅に下水道が整備されたのはオスマンの改革によってである。上下水道局長ベルグランと共に1854年からこの事業に取り組み，1855年にベルグランがまとめた計画書では，以下の4つの目的に沿って下水道を造るべきとされた。

①雨水，泉水，工業用水，家庭用水などの速やかな排水ができること
②流水が邪魔されず，道路労働者の仕事を妨げることなく上水管を受け入れること
③汚物を排出するための下水清掃車あるいは舟による排水渠の清掃システムを適用すること
④セーヌ川が氾濫した時いくつかの地下道が洪水を引き起こしてしまうので，パリの地下を流れる水たまりを排水できること

特に「アニエール集合管」と呼ばれる支線排水管からの水を集める幹線排水管は高さ4.4メートル，幅5.6メートルにもなる巨大なものであり，この時期の工事として高く評価された。パリの下水は全てこのアニエール集合管に集められるようになったのである。

　以上のようなオスマンとベルグランの取り組みにより，下水道の総延長は1852年時点で141キロメートルだったのが，1869年には567キロにまで伸びた。ただ，アニエール集合管に集められた下水がセーヌ川に放流されることで，セーヌ川の汚染の問題が深刻化することになり，この解決策は後の時代の課題として引き継がれよう。

　現在，エッフェル塔のすぐ近くにあるアルマ橋の左岸側に「下水道博物館」の入り口があり，地下へ降りて実際の下水道の一部を見学できるようになっている。オスマンとベルグランによる事業の後も下水道の整備

図Ⅲ-19　貨車での下水道見学（1900年頃）

出所　http://paris1900.lartnouveau.com/paris07/les_egouts.htm

図Ⅲ-20　下水道博物館内のベルグラン回廊

出所：https://www.paris.fr/services-et-infos-pratiques/environnement-et-espaces-verts/eau-et-assainissement/les-egouts-a-paris-2367

図Ⅲ-21　パリのカタコンブ（地下墓地）

出所：「カタコンブ・ド・パリ」のホームページより。

は続けられ，現在でもパリ人の生活を支えているのである。そのなかには，「ベルグラン回廊」と呼ばれる彼の業績が展示された一角もある。

カタコンブ

　パリの地下には，地上とはまた別の興味深い世界が展開されている。複雑な下水道網もそうであるが，パリ14区，リュクサンブール公園から20分ほど歩いたところにあるカタコンブもまた，独特の世界を提供している。下水道と同様，カタコンブも訪問可能であり，ある種グロテスクな光景しかないにもかかわらず，その入り口には常に観光客が行列をなしている。

　古代ローマの地下墓地を意味するカタコンブであるが，「パリのカタコンブ」と呼ばれているそこは，まだパリがルテティアと呼ばれていた，フランス史でいうガロ・ローマ時代から15世紀まで採石場だったところである。ここから採掘された石は，ノートルダム大聖堂やルーヴル宮，あるいは市壁の建造用に使われた。採石場としての役目を果たした後はしばらく放置されていた。しかし，18世紀末，パリの中心部レアール地区にあった最大の墓地，サン・イノサン墓地が埋葬者の増加と衛生的な理由で閉鎖され，その代替地として

この元採石場があてがわれるようになったのである。それ以降，パリ各地の墓地，修道院や宗教施設などから人骨が移送されるようになった。そのなかには，ラブレーやペローなどの著名人も含まれ，また，革命期になると，1792年の9月虐殺の犠牲者などが直接埋葬されるようになり，テルール以降ギロチンの犠牲になったラヴォアジェ，王妹エリザベット，ダントン，ロベスピエールらも一旦埋葬された後ここに移送された。最後に人骨が移送されたのは，オスマンのパリ改造の時期だった1859年のことである。

　このようにして人骨が集められた場所は，いつしか人々の好奇心の対象ともなった。1787年，後のシャルル10世であるアルトワ伯が訪問した記録があり，その後1809年から採石場総監となったエリカール＝ド＝テュリーが訪問可能な施設に変えた。

　カタコンブは地下20メートル，2キロメートルの長さにわたっており，総面積は1万1000平方メートルである。そのような空間に600万人以上の人骨がむき出しのまま納骨されており，何ともおぞましい巨大地下迷路であるが，そんな場所もパリの歴史を語ってくれるのである。

（川﨑亜紀子）

Ⅳ 第3共和国成立から「ベルエポック」へ

パリ・コミューン

1 国防政府の成立

スダンの戦いでナポレオン3世が捕えられると，パリで蜂起が起こり，1870年9月4日に共和国が宣言された。臨時政府いわゆる国防政府の成立である。国防政府はプロイセンへの領土割譲を拒否して，戦争継続の方針をとった。

しかし，9月からプロイセン軍のパリ包囲が始まった結果，穏健共和派を主流とする国防政府は，1871年1月28日に降伏を受け入れて**ドイツ**との休戦に合意することを決定した。そうしたなかで，2月には国民議会選挙が実施された。パリをはじめとする大都市では共和派や革命派が支持を集めたものの，全体としては地方保守派が圧倒し，王党派が全議席の3分の2を占める勝利を収めた。共和主義に対する国民の期待はそれほど高くなく，むしろ不安を抱く人々の方が多かったといえるだろう。2月の国民議会で行政長官に指名されたアドルフ・ティエール（1797～1877年）は，莫大な賠償金の支払いやアルザスおよびロレーヌの一部の割譲などを内容とする仮条約に2月末に調印した。

2 パリ・コミューンの経緯

ドイツに大幅な譲歩をした国防政府に対して，パリの民衆は武装解除を拒否し，1871年3月には政府と軍隊をヴェルサイユに追いやった。パリでは「自治

▷1　ドイツ
1871年1月18日にパリ郊外のヴェルサイユ宮殿においてドイツ帝国の成立が宣言された。パリ包囲の期間中，ヴェルサイユ宮殿にはプロイセン軍の総司令部が置かれていた。

図Ⅳ-1　モンマルトルの丘に作られた市民軍のバリケード
出所：https://commons.wikimedia.org/wiki/File:Barricade_rue_de_la_Bonne_Montmartre_Commune_Paris_1871.jpg

機関（コミューン）」の選挙が実施され，3月28日には完全な自治とその全国的拡張を唱える「パリ・コミューン」が市庁舎前広場で宣言された。

ティエールはパリ・コミューンとの妥協を一切拒否して，徹底的な弾圧を指示した。ヴェルサイユ政府側は，4月から5月にかけてリヨンやマルセイユなど地方都市の反乱を克服し，徐々に攻勢に転じた。他方，パリ・コミューン側は，国民衛兵中央委員会と軍事指導者の対立や，コミューン議会の分裂など，内部での矛盾がしだいに表面化して，劣勢に立たされつつあった。結局，5月21日にはヴェルサイユ軍がパリ市内に突入し，1週間の壮絶な市街戦の後にパリ・コミューンを鎮圧した。この「血の1週間」において，ヴェルサイユ軍の攻撃で死亡したパリ市民の数は1万5000とも2万5000ともいわれている。また，反乱の廉で約4万5000人が軍事法廷で裁かれた結果，約1万人が有罪となり，死刑23人，約5000人が強制労働と流刑に処せられた。

③ パリ・コミューンの歴史的評価

パリ・コミューンは，特にマルクス主義的歴史観からは「最初の労働者政権」あるいは「史上初の社会主義革命」といった評価をされることも多い。しかし，実際のコミューン議会は，様々な左派（ジャコバン派，ブランキ派，プルードン派など）の活動家から構成されており，ジャーナリスト，医師，法律家といった小ブルジョワ知識人の比重が高かった。こうした寄せ集めゆえに，議会はしばしば混乱し，一貫した指導性を欠いていた。また，労働者による労働・生産の自主管理や労働条件の改善がめざされたのは事実だが，社会主義的政策が本格的に実施されたことはなかった。

パリ・コミューンの基礎にあったのは，権力の空白期間におけるパリ民衆の自然発生的な運動である。参加者の多くは，工場労働者というよりも独立手工業親方や職人的労働者であった。彼らは**第2帝政以来の都市改造や近代化**の流れから取り残されるなかで，自身の生活圏を防衛する決意を固めていた。ゆえに，ドイツに大幅に譲歩した和平内容に強く失望し，政治家への不満と抵抗をパリ・コミューンという形で噴出させたのである。そして，こうした民衆の動きを「自治機関」という形で具体化させたのが知識人活動家たちであった。

しかし，いくつかの都市での蜂起を除くと，パリ・コミューンはフランスのなかでは孤立無援の反乱であった。皮肉にもその鎮圧は支配秩序の点から多くの国民によって支持された。結果的に鎮圧の成功は共和国の秩序に信頼感を与え，ティエールの威信と人気を高めることになったのである。

（齊藤佳史）

▷2　第2帝政以来の都市改造や近代化
Ⅲ章8・9節を参照。

（参考文献）
柴田三千雄・樺山紘一・福井憲彦（編）『世界歴史大系フランス史3　19世紀なかば～現在』山川出版社，1995年。
柴田三千雄『フランス史10講』岩波書店，2006年。

Ⅳ 第3共和国成立から「ベルエポック」へ

2 3人のジュール

1 ジュール・グレヴィ

図Ⅳ-2 ジュール・グレヴィ
出所：https://commons.wikimedia.org/wiki/
Jules_Gr%C3%A9vy#/media/File:Jules_
Grevy.jpg

▷1 **上院**
下院が直接普通選挙であったのに対して、上院は定員の約4分の1が終身で任命され、約4分の3が県単位の間接選挙で3年ごとに3分の1ずつ改選された。

▷2 **急進共和派**
自由主義の欠陥を国家介入によって修正することをめざし、大統領および上院の廃止、国家と教会の分離の徹底、炭鉱・鉄道・運河などの国有化、累進所得税の導入などを唱えた。

ティエールは1871年8月に共和国大統領に就任したが、議会の王党派との対立が原因で、1873年5月に大統領を罷免された。後任のマクマオン大統領は王党派であったが、1875年には第3共和政の「憲法的法律」が制定され、1876年2月の下院選挙で共和派が議席を伸ばすと、大統領と議会の衝突は不可避となった。1877年5月にマクマオン大統領は共和派のジュール・シモン首相を罷免し、王党派のブロイを内閣首班に据えた（5月16日事件）。彼はブロイ内閣に反発する下院を6月に解散して、10月に選挙を実施したが、選挙では共和派が優勢となった。その結果、マクマオンは共和派のデュフォールに組閣させて、議院内閣制を事実上認めた。さらに1879年1月、**上院**の3分の1の改選で共和派が上院全体でも優位に立つと、マクマオンは共和主義化を図る軍の人事を理由に辞任した。

後任の大統領にはジュール・グレヴィ（1807～91年）が就任した。彼は下院解散権の行使を事実上放棄して、議会主義の原則を尊重することを約束した。こうして議会が大統領に優越する制度が定着し、大統領と上下院の全てが共和派によって掌握された。

グレヴィは反動派を挑発しないのと同時に極左派を抑制するという意味で、中庸を志向する保守的共和派あるいは穏健共和派であった。それゆえに、**急進共和派**は穏健共和派を「オポルチュニスト（日和見主義者）」と批判的に呼称した。とはいえ、安定を維持した穏健共和派＝オポルチュニストは、**フランス革命との連続性**を明示し、共和主義的諸改革を実現していく。

2 ジュール・フェリー

1880年代に穏健共和派が政権を掌握するなかで、第3共和国を制度的に安定させたのがジュール・フェリー（1832～93年）である。彼は文部大臣や首相を歴任し、共和主義的自由、反教権主義、植民地拡大といった指針を示した。

穏健共和派の下での国内改革としては、集会・出版の自由の保障、職業組合結成の自由化、地方自治への自律性付与、学校・教育改革などが挙げられる。フェリーは、カトリック教会が関与してきた初等・中等教育の中立化と世俗化

86

をめざした。特に初等教育に関しては、無償化・義務化・世俗化の3原則を柱とする法律、いわゆるフェリー法（1881～82年）を制定した。

他方でフェリーは、世界拡張路線を掲げて植民地獲得に向かった。彼の植民地政策の背景には、仏独関係をめぐる思惑があった。当時のドイツは普仏戦争後の対独復讐熱をそらすためにフランスの植民地拡大を黙認し、フランス側もドイツとの摩擦を避けつつ、国威発揚の点からも国外領土獲得をめざしていた。こうしてフランスはアフリカのみならずアジアへも支配領域を広げていくが、インドシナ獲得をめぐる清仏戦争（1884～85年）の過程で、フェリーは国内の権力闘争によって首相の座から追われることになった。

3 ジュール・ヴェルヌ

ジュール・ヴェルヌ（1828～1905年）は、『海底二万里』（1870年）での高い評価によってSF（サイエンス・フィクション）の始祖と称される。ヴェルヌの作品の大半は、新聞や青少年向け雑誌に連載された後、大人向けに挿絵なし小型本として出版され、さらに子ども向けの挿絵入り中型本として再版された。それらは穏健共和主義の国民多数派に向けられており、当時の国際政治情勢を織り込みながら、フランスの植民地主義とも密接に結び付いていた。

ヴェルヌは奴隷制度廃止や民族解放＝国民国家建設を熱心に提唱する一方で、草の根レベルでの植民地帝国観を大衆のあいだに広めた。当時のフランスの植民地帝国観は、人種主義・自民族中心主義・西洋（ヨーロッパ）中心主義と、植民地支配に関わる「文明化の使命」論が入り混じっていた。したがって、ヴェルヌの主張する民族解放の対象は、ギリシャ、ハンガリー、アイルランドなど、西洋世界に限定されていた。また、彼の作品では「優位にある西洋人」と「劣位にある植民地先住民」の温情的上下関係が前提とされ、植民地化は「進んだ西洋諸国」による「遅れた非西洋地域」の文明化として肯定されていた。

（齊藤佳史）

図Ⅳ-3　ジュール・フェリー

出所：https://commons.wikimedia.org/wiki/Jules_Ferry#/media/File:Julesferry.jpg

図Ⅳ-4　ジュール・ヴェルヌ

出所：https://commons.wikimedia.org/wiki/Jules_Verne#/media/File:F%C3%A9lix_Nadar_1820-1910_portraits_Jules_Verne.jpg

▷3　フランス革命との連続性

1870年代末にラ・マルセイエーズを国歌に指定し、バスティーユ占領の7月14日を国民の祝祭日として公認した。

参考文献

杉本淑彦『文明の帝国——ジュール・ヴェルヌとフランス帝国主義文化』山川出版社、1995年。

柴田三千雄・樺山紘一・福井憲彦（編）『世界歴史大系フランス史3　19世紀なかば～現在』山川出版社、1995年。

渡辺和行・南充彦・森本哲郎『現代フランス政治史』ナカニシヤ出版、1997年。

Ⅳ　第3共和国成立から「ベルエポック」へ

 王党派の終焉

1　王党派と共和派の対抗

　1871年2月の議会選挙において，王党派は地方の保守勢力に支えられて圧勝した。ただし，王党派はブルボン家とオルレアン家の2つの陣営に分裂していた。特にブルボン朝の王位継承者シャンボール伯は3色旗を認めず，ブルボン王朝の標章である白旗に固執していた。いわゆる「白旗問題」である。また，1871年7月の補欠選挙では，パリ・コミューン鎮圧への国民的支持を背景に共和派が圧勝したため，王党派と共和派の対抗が表面化し始めた。

　パリ・コミューン鎮圧後，ティエールには政治体制の確定が課題として残されていた。彼は1871年8月に共和国大統領に就任すると，同年11月には共和政の確定を宣言した。以後，ティエールと王党派の権力闘争が2年間続くことになった。最終的には，1873年5月に王党派議会がティエール大統領の罷免に成功し，後任の大統領にマクマオン元帥を，首相にブロイを就任させた。マクマオンとブロイは，「道徳的秩序」を掲げてカトリック教会と連携し，共和派や左翼を威圧した。この「玉座と祭壇の同盟」は，国民のあいだにあった普仏戦争の敗北感と社会革命に対する恐怖心を巧みに利用していた。しかし，王政復古の実現は容易ではなかった。王位継承をめぐってブルボン家とオルレアン家は一旦妥協に向かったものの，シャンボール伯の「白旗問題」の再燃によって，和解案が頓挫したからである。

　1876年2月の選挙によって下院で共和派が躍進すると，マクマオンと下院の対立が顕在化した。彼は王党派が支配的な上院の合意を得て，1877年6月に下院を解散すると，同年10月に総選挙を実施した。この選挙では共和派が大同団結に成功したのに対して，右翼の側では各派の思惑が異なり，真の統一戦線が実現しなかった。結果としては，共和派が323議席獲得したのに対して，右翼は208議席獲得にとどまった。しかも，右翼内部ではボナパルト派が優勢になりつつあったため，王党派にとっては事実上の敗北であった。

2　ブーランジェ事件と王党派

　1880年代の共和主義的諸改革を通じて，共和政は人々のあいだに定着したように思われたが，反共和派の勢力は依然として無視できないものであった。こうしたなかで，1886年に首相に任命されたフレシネは，共和主義的将軍として

図Ⅳ-5　ブーランジェ派（左側）と穏健共和派（右側）の選挙戦（風刺画）

出所：https://commons.wikimedia.org/wiki/File:Boulangistes_contre_opportunistes.jpg

評判の高かったジョルジュ・ブーランジェ（1837〜91年）を陸相に任命した。しかし，皮肉にも，ブーランジェは民衆のあいだで英雄視され始め，個人崇拝の対象となっていった。その理由としては，①深刻な経済危機における都市大衆の不満，②ビスマルクの対仏包囲網に対する「復讐将軍」としてのブーランジェの強硬姿勢，③腐敗した議会に対する憤懣などが挙げられる。

様々な要因によって，当時の議会体制に不満を抱く諸勢力がブーランジェの下に結集した。王党派は，ボナパルト派と共に共和政打倒に向けてブーランジェに資金援助を行った。社会主義者のなかにも，保守的共和国への敵意からブーランジェを支持する者が少なからずいた。深刻な失業問題に直面する労働者も，彼に期待を寄せた。警戒する政府は1887年にブーランジェ陸相を罷免したが，国民の幅広い層でブーランジェ支持は拡大していった。

ブーランジェ運動は第3共和政転覆運動に発展し，1889年1月にはクーデタの機運が高まった。しかし，ブーランジェがクーデタを断念すると，ブーランジェ運動は一気に沈静化した。彼は逮捕を恐れてベルギーに亡命し，1891年には自殺するに至った。

ブーランジェ派の高揚と挫折は，当時の議会制民主主義の脆弱性を露呈した。フランスの政治文化において，自由主義的あるいは議会主義的体制は，権威主義的・人民投票的運動によって覆される危険を常に孕んでいたといえよう。結局，ブーランジェ人気が急落した1889年9月の総選挙では，共和派が366議席獲得したのに対して，保守派とブーランジェ派は216議席獲得にとどまった。こうして，ブーランジェ事件を通じて王党派は体制打倒のエネルギーを急速に失い，王政復古の希望も終焉に向かうことになる。

（齊藤佳史）

参考文献

渡辺和行・南充彦・森本哲郎『現代フランス政治史』ナカニシヤ出版，1997年。

Ⅳ 第3共和国成立から「ベルエポック」へ

4 ドレフュス事件

1 事件の概要

ドレフュス事件は19～20世紀転換期の第3共和国を揺るがした一大事件である。まず，事件の全容を概観しておこう。

1894年10月，ユダヤ人将校のアルフレッド・ドレフュス（1859～1935年）がドイツのスパイ容疑で逮捕された。本人の否定にもかかわらず，軍法会議は確証なしに終身流刑の有罪判決を下し，ドレフュスは軍籍を剝奪されて**ギアナ**へ流された。ドレフュスの有罪判決は，反ユダヤ主義ジャーナリズムのキャンペーンに煽動された拙速な結論であった。

1896年3月には，陸軍諜報部長ピカールが真犯人に関わる新証拠を発見して，告発を試みた。しかし，首脳部は軍部の威信保持のために彼をチュニジアに配置転換し，後任の諜報部長アンリは，ドレフュスを有罪にするために文書を偽

▷1 ギアナ
当時のフランス領植民地で，南アメリカ北東部に位置する。

図Ⅳ-6 軍法会議にかけられるドレフュス（1894年）

出所：https://commons.wikimedia.org/wiki/Category:
Dreyfus_affair#/media/File:Dreyfus_Petit_Journal_
1894.jpg

造した。1897年に11月には上院副議長シュレル＝ケストネルの再審請求にもかかわらず，首相メリーヌは請求を却下した。

　こうした状況下で，**エミール・ゾラ**は1898年1月13日付けの新聞『オーロール』に「私は弾劾する。共和国大統領宛ての公開状」を発表した。この記事は，事件の経過を説明するとともに，穏健共和派政府，参謀本部，軍法会議に対して厳しい批判を向けていた。さらに，同年8月にアンリの文書偽造の発覚によって彼が自殺すると，軍部に対する国民の疑念が強まった。フランスの国民世論は，ドレフュス派と反ドレフュス派に二分した。前者は人権や正義といった普遍的価値を承認し，共和政擁護，反教権主義，反軍隊主義に傾斜した。これに対して，後者は祖国の安全や秩序を重視し，軍隊や教会といった階層的組織を志向した。

　1899年2月，再審反対派の大統領フォールが死去し，再審要求派のルベーが後任に選ばれると，ドレフュス派は優勢になった。同年6月には再審が正式に決定されるとともに，ルベー大統領はヴァルデック＝ルソーに「共和国防衛内閣」を組織させた。ヴァルデック＝ルソー内閣は，進歩派左翼，急進派，社会主義派の連携を基盤としており，ナショナリストや教会権力に対して対決姿勢を示した。1899年6月の軍法会議再審で有罪判決が下されると，ヴァルデック＝ルソー内閣は直ちに特赦を出して**事件の決着**を図った。ドレフュス事件を通じて穏健共和派は事実上敗北し，急進共和派の勝利が決定的となった。

　1902年の総選挙では，急進社会党，民主共和同盟，社会主義派による「左翼ブロック」が圧勝し，特に急進社会党は200議席以上を獲得して第1党になった。急進社会党は個人主義，経済的自立，社会的平等を掲げながら，やや進歩主義的な中道路線を推進していった。

❷ 事件の背景

　ドレフュス事件の背景にあった要因としては，以下の諸点を指摘することができるだろう。①金融危機におけるユダヤ系資本への反発や，パナマ運河会社をめぐる贈収賄事件などによって，フランス国内では反ユダヤ感情が高まっていた。この反ユダヤ主義的偏見を背景に，軍部はユダヤ系軍人を中枢から排除しようとした。②軍法会議での有罪判決は人権や正義といった共和主義的価値観に抵触していたにもかかわらず，帝国主義時代において政権は軍隊の威信の弱体化を回避せざるを得なかった。共和派における「軍隊への疑念と依存」という二律背反的状況は，事件の解決を困難なものとした。③「普遍的正義の擁護」か，それとも「国益の優先」か。政治と道徳の問題をめぐって，当時の知識人のあいだでも意見が分かれていた。④価値観の対立のみならず，腐敗した権力闘争も事件に絡んでいた。ドレフュス派の内部でも，権力と利益をめぐる政治的駆け引きが渦巻いていたのが現実であった。　　（齊藤佳史）

▷2　エミール・ゾラ
1840～1902年。フランス自然主義の作家であり，代表作として『居酒屋』（1877年）がある。

▷3　事件の決着
ドレフュスが最終的に無罪判決を勝ち取って名誉を回復したのは1906年である。

（参考文献）
柴田三千雄・樺山紘一・福井憲彦（編）『世界歴史大系フランス史3　19世紀なかば～現在』山川出版社，1995年。
渡辺和行・南充彦・森本哲郎『現代フランス政治史』ナカニシヤ出版，1997年。

IV　第3共和国成立から「ベルエポック」へ

5 コンコルダートから政教分離法へ

1 コンコルダートの枠組みを利用した反教権主義的闘争

　コンコルダートに基づく公認宗教体制において，政府はカトリック，プロテスタント，ユダヤ教の公的役割を認め，それらを監督＝保護下に置きながら財政的に支援していた。レオン・ガンベッタや**ジュール・フェリー**などの共和派は，1860年代末の第2帝政末期の時点ではこの宗教予算を廃止する必要があると主張していたが，第3共和政となり1879年の選挙で実権を握ると政教分離の断行には慎重な姿勢をみせた。パリ・コミューンの際の政教分離が失敗するなど，まだ機が熟していないと判断したためである。

　1880年代の教育改革の際には「2つのフランスの争い」を繰り広げた共和派とカトリック教会だが，1890年代になると双方の関係は和らぐ。教皇レオ13世は信徒たちに「**ラリマン**」を呼びかけて共和派との融和を説き，ジュール・メリーヌ内閣も新精神(エスプリ・ヌヴォー)と呼ばれる寛容の精神でカトリックに臨んだ。だが，1890年代末に**ドレフュス事件**がフランスの世論を二分すると，カトリック強硬

▷1　ジュール・フェリー
Ⅳ章2節を参照。

▷2　ラリマン
賛同を意味する言葉で，カトリックが共和国の体制を認めることを指す。

▷3　ドレフュス事件
Ⅳ章4節を参照。

図Ⅳ-7　フランス共和国の象徴マリアンヌと教皇の絆を断ち切ろうとするエミール・コンブ

出所：La séparation de l'Eglise et de l'Etat, Anonyme (1904〜1905).

派は共和国に対する批判を，共和派は反教権主義的な態度を強めていく。

「共和国防衛内閣」を組織したワルデック＝ルソーは，1901年に結社法を成立させ，アソシエーションに大幅な自由を認める一方，修道会の結成には法律による認可を義務付け，反教権主義的な闘争を開始した。1902年の選挙で左翼連合が勝利を収め，急進派の**エミール・コンブ**が首相になると，およそ2500もの修道会系の学校を閉鎖し，修道会の認可申請を全て却下するなど，いっそう激しい反教権主義的な政策を推し進めた。

コンブの政策の基本路線は，コンコルダートを宗教規制の道具に用いるというものであった。1903年1月26日の議会で彼は，宗教予算の廃止を主張する社会主義者モーリス・アラールに対し，長いあいだ宗教思想によって育まれてきた人々を自由思想が導く時期はまだ到来していないと答弁し，コンコルダート維持の方針を強調し，政教分離に反対している。とはいえ，コンブの厳しい宗教政策こそが，結果的には政教分離への道を開くことになる。

1904年4月，エミール・ルベ大統領がローマのヴィットリオ・エマヌエレ3世のもとを訪れた。教皇ピウス10世にとって，これはイタリア王国によるローマ教皇領占領（1870年）をフランスが認めたことを意味し，受け入れがたかった。このような状況で，コンブは修道会が教育を行うことを禁じる法律を制定した。また，教皇庁がフランス寄りの司教2人をローマに召還しようとしたところ，コンブは政府の認可なく司教が司教区を離れることはできないとしてこれを拒んだ。この結果，フランスとヴァチカンは国交を断絶した。コンコルダートは両国の外交条約でもあったため，新しく政教関係の枠組みを作り出す必要が生まれた。1904年9月4日，コンブはオセールにおいて，政教分離に向けての有名な演説を行っている。

② 政教分離法の内容と特徴

コンブの政教分離法案は，教会を厳しい監視下に置こうとするもので，良心の自由や礼拝の自由に関する規定すら含んでいなかった。これには共和派からも反対の声があがった。クレマンソーはこの法案を「コンコルダートなきコンコルダート体制」と呼んだ。カトリック教会との合意形成を全く考慮に入れず，規制だけを強めようとする姿勢を評したものである。ところでコンブは折しも，政府が公務員および軍人に対する身上調査を秘密裏に行っていたことがスキャンダルとして暴かれ，1905年1月に首相を辞任した。

一方，下院では，フェルディナン・ビュイッソンを委員長とし，**アリスティッド・ブリアン**を報告者とする33名からなる宗教問題特別委員会が1903年6月に設けられていた。委員には社会主義者も急進派もいれば，自由主義者もカトリックもいた。当初はコンコルダート維持を支持する者と政教分離を主張する者の数がほぼ拮抗していた。ブリアンは，厳しい規定を含みつつも信教の自由

▷4　エミール・コンブ
1835〜1921年。タルヌ県出身の医者で代議士。神学校出身ながらカトリックと手を切り，それでいてスピリチュアリストではあり続けた。彼の厳しい反教権主義的政策が政教分離への道筋をつけたが，実際に採択された法律は自由主義的なものであった。

▷5　アリスティッド・ブリアン
1862〜1932年。自由主義的な政教分離法の成立に尽力した中心人物。首相や外相を歴任し，1926年にノーベル平和賞を受賞。

Ⅳ 第3共和国成立から「ベルエポック」へ

▷6 フランシス・ド・プレサンセ
1853～1914年。プロテスタントの牧師エドモン・ド・プレサンセの息子。政教分離法につながる委員会案のもととなる文書を起草。人権連盟会長も務めた。

図Ⅳ-8 アリスティッド・ブリアン

出所：https://upload.wikimedia.org/wikipedia/commons/4/45/Aristide_Briand_2.jpg

の保護を定めていた**フランシス・ド・プレサンセ**案をもとにしながら、宗教が自由を享受できる政教分離を委員会案として錬りあげた。

この委員会案は、コンブ内閣を継いだモーリス・ルーヴィエ内閣の下、宗教大臣ビヤンヴニュ＝マルタンによる政府案との調整がなされた。こうして政教分離法案は1905年3月21日に議会に提出され、多くの議論と修正を経て7月3日に下院を通過、12月6日に上院で可決された。1905年12月9日法として成立したこの法律は、第1条で「共和国は良心の自由を保障する。共和国は、公共の秩序のために以下に定める制限のみを設けて、自由な礼拝の実践を保護する」と規定しており、自由主義的な性格を強く打ち出している。そして第2条において「共和国はいかなる宗派も公認せず、俸給の支払い、補助金の交付を行わない」と国家と宗教の分離を定めている。

コンコルダート体制において、公認宗教は国家が直接関与する公的な制度だったが、政教分離体制においては、これらは市民社会における私的な団体となる。それゆえ、従来の「宗教公施設法人」を民間の「信徒団体」に再編することが政教分離の焦点の1つであった。ところで、カトリックは、信徒団体は教皇を頂点とする位階制を揺るがしかねないと懸念を抱いた。そこで**ジャン・ジョレス**は、法案審議の過程において王党派議員と接触し、いかなる条件ならカトリックが政教分離を受け入れることができるかを探った。こうして第4条には、「宗派の組織の一般的な原則に適合した〔団体〕」というカトリックを意識した文言が付け加えられた。この1905年の政教分離法が現在にまで至る**ライシテ**の基本法となっている。

▷7 ジャン・ジョレス
1859～1914年。タルヌ県出身の政治家。25歳で初当選を果たし、やがて社会主義者となる。ドレフュス事件に際してはこのユダヤ人将校を擁護。1905年には、社会党（SFIO）の成立に漕ぎ着けた。政教分離法の成立にも尽力。第一次世界大戦前夜の1914年7月31日に暗殺された。

▷8 ライシテ
政治と宗教を分離し、良心の自由および礼拝の自由を保障する法的枠組みのこと。フランスの歴史に密着した文脈において生成してきた独特の政教分離体制・世俗主義で、「フランス的例外」の1つともいわれる。

3 カトリックの反応

このように、政教分離法はカトリックも受け入れることができるはずの枠組みを備えてはいた。実際、同法は信者の信仰と実践を阻害するものではないと理解していたリベラルなカトリックもいた。だが、多くのカトリックの反応はこれとは違うものであった。フランスのカトリック教会は、共和派が同法を適

94

用するやり方を警戒していたし，教皇庁に忠実な態度を示す必要があった。

1906年2月11日，教皇ピウス10世は回勅「ヴェヘメンテル・ノス」を発し，コンコルダートを一方的に破棄した政教分離法を糾弾した。政府は，宗教公施設法人から信徒団体に財産移管をするにあたって教会の財産目録を作成しようとしていたが，教皇の反対を受けて，フランスの一部の地域の信徒たちはこれに強く抵抗した。

政教分離法は，信徒団体への再編の期限を1年以内と定めていた。1906年5月，フランス司教団は2月の教皇の回勅を支持する一方，教会を法的に不安定な状況に置くべきではないとし，信徒団体の結成は可能との判断を秘密裏に下した。しかし，教皇は8月10日に回勅「グラウィッシモ・オフィキイ」を発し，信徒団体は教会の位階制を破壊するものであるとして結成を禁じた。

プロテスタントやユダヤ教は，1年以内に信徒団体を結成したが，カトリックはしなかった。これは，カトリックの礼拝が違法となり，教会の財産が宙に浮くことを意味する。ブリアンは，カトリックがいかなる態度をとろうとも法の枠内に収まるようにした。まず，1907年1月2日法により，カトリックから所有権の要求のなかった司教や司祭の館を差し押さえる一方，礼拝施設を信徒と聖職者に無償で委ねた。次に，1907年3月28日法により，集会のための事前申告を不要とした。さらに，1908年4月13日法により，宗教公施設法人に帰属していた建造物を市町村の所有とし，それらの維持費用に公金を使うことができるようにした。この「恩恵」は，プロテスタントやユダヤ教はあずかることができなかったもので，カトリックを大いに利する結果にもなった。

共和派とカトリックは，1907年頃から教科書のあり方をめぐって再び争いを繰り広げたが，第一次世界大戦が勃発すると，両陣営は「神聖同盟」の名のもとに結束した。コンコルダートが存続していたアルザス＝モーゼルが，大戦後フランスに帰属すると，同地の政教関係のあり方をめぐって教皇庁と交渉する必要もまた生じてきた（なお，アルザス＝モーゼルでは現在でもなおコンコルダートが維持されている）。1921年にはフランスとヴァチカンの国交が回復され，教皇庁は1924年に司教区信徒団体の結成を認めた。共和派とカトリックの対立の構図はなおも残るが，このようにしてカトリックは，ライシテの枠組みを徐々に受け入れていくことになる。

1946年の第4共和国憲法は，フランスはライシテに基づく共和国であることを規定している。1958年の第5共和国憲法もそれを引き継いでいる。

(伊達聖伸)

参考文献

ジャン・ボベロ／三浦信孝・伊達聖伸（訳）『フランスにおける脱宗教性（ライシテ）の歴史』白水社文庫クセジュ，2009年。

ルネ・レモン／工藤庸子・伊達聖伸（訳・解説）『政教分離を問いなおす——EUとムスリムのはざまで』青土社，2010年。

IV　第3共和国成立から「ベルエポック」へ

植民地獲得競争から英仏協商へ

1　植民地獲得の推進

　第3共和政期は植民地の獲得が積極的に推進された時期である。まずアフリカに関して見ると，すでに7月王政期から入植活動が展開していたアルジェリアでは，1881年にフランス本土に準じた政治・行政制度が導入された。1880年代にはチュニジアやマダガスカルなどを保護領化し，実質的な支配への道を開いた。さらに1895年にフランス領西アフリカ，1910年にフランス領赤道アフリカを支配領域として組織化した。他方アジアでは，**清仏戦争**⁴¹の結果，1885年の天津条約でヴェトナムに対するフランスの保護権を認めさせ，それを足掛かりに1887年にはフランス領インドシナ連邦を成立させた。

　20世紀初頭には，欧米列強による世界分割がほぼ完了した。世界分割の対象は，アフリカ，太平洋地域，アジア，ラテンアメリカなどの多地域にわたっているが，19世紀第3四半期以降，フランスが特に複雑な植民地競争関係に入り込んでいたのはアフリカにおいてであった。

2　フランスの植民地拡大とビスマルク

　1880年代において，ドイツ宰相のビスマルクは，フランスの対独復讐に対抗して，**三帝同盟**⁴²や**三国同盟**⁴³の締結によって，フランスを国際的な孤立状態に置いていた。他方で彼は，普仏戦争後のフランス国内の対独復讐心をそらす観点から，フランスの植民地拡張を黙認していた。

　上述したように，フランスの領土拡張政策は特にアフリカに向けられた。その契機となったのは，1884～85年に欧米列強13カ国の参加の下で，ビスマルクが開催したベルリン会議である。この会議で最も重要な点は，列強によるアフリカ分割の大枠に関する取り決めであった。すなわち，列強がアフリカの領土を主張する場合には，アフリカの首長との条約を会議参加国に通告することや，その土地を兵力で実効支配することなどが定められた。

3　国際的孤立の解消

　1888年にドイツ皇帝に即位したヴィルヘルム2世は，政策をめぐってビスマルクと対立し，1890年に彼を辞職に追い込んだ。ビスマルクの辞職はヨーロッパ情勢に変化をもたらし，フランスの国際的孤立状態を解消に向かわせた。フ

▷1　清仏戦争
フランスが1883～84年にヴェトナムを保護国化すると，ヴェトナムの支配権をめぐって1884年に清とフランスは開戦した。

▷2　三帝同盟
ドイツ，オーストリア，ロシアのあいだで1873年に結ばれた同盟。

▷3　三国同盟
ドイツ，オーストリア，イタリアのあいだで1882年に結ばれた同盟。

ランスはロシアに接近し、ロシア側も近代化推進のために対仏関係の強化を望んでいたこともあって、1894年には露仏同盟が締結された。

アフリカにおいて、フランスは西海岸のダカールから東海岸のジブチへと領有地を拡大する路線をめざしていたが、こうしたアフリカ横断政策はイギリスの縦断政策との衝突の可能性を有していた。イギリスはエジプトから南下しながら勢力を拡張していたため、実際に1898年にはスーダンのファショダで英仏両軍が衝突したが（ファショダ事件）、フランスはイギリスに譲歩して武力衝突を回避した。これを契機に英仏関係は改善に向かい、1904年には英仏協商の締結に至った。英仏協商によって、エジプトでのイギリスの優先的支配権と、モロッコでのフランスの優先権が相互に承認された。さらに、フランスの働きかけもあって、1907年には英露協商が締結された。こうして、露仏同盟・英仏協商・英露協商を基盤とする三国協商体制が確立した。

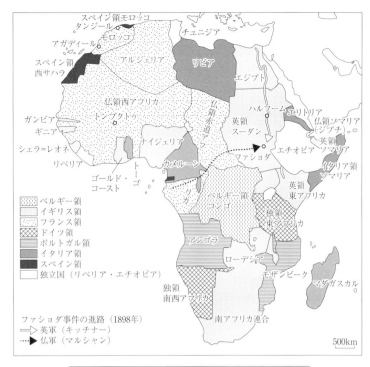

図Ⅳ-9　1914年時点のヨーロッパ列強によるアフリカ分割

出所：平野千果子『フランス植民地主義の歴史——奴隷制廃止から植民地帝国の崩壊まで』人文書院、2002年、195頁。

4 モロッコをめぐる仏独抗争

フランスの国際的孤立の解消は、ドイツに対抗するうえで有利に作用した。1905年にドイツ皇帝ヴィルヘルム2世は、モロッコのタンジールでモロッコ独立支持と自国権益保持を表明し、モロッコ問題を討議する国際会議開催を要求した（第1次モロッコ事件）。これを受けて翌年にはアルヘシラス会議が開催されたが、列強の大半はフランス支持に回り、ドイツの要求は事実上退けられた。

さらに1911年には、モロッコの民族自決運動に伴うフランスの軍事介入に対して、ドイツはアガディールに砲艦を派遣した（第2次モロッコ事件）。アルジェリア支配を強化するうえで、モロッコは重要な地域であったため、フランスは仏領コンゴの割譲と引き換えに、ドイツに対してモロッコでの権利を放棄させた。こうして、1912年にフランスはモロッコの保護国化を成し遂げた。

（齊藤佳史）

参考文献

柴田三千雄・樺山紘一・福井憲彦（編）『世界歴史大系フランス史3　19世紀なかば～現在』山川出版社、1995年。

平野千果子『フランス植民地主義の歴史——奴隷制廃止から植民地帝国の崩壊まで』人文書院、2002年。

Ⅳ　第3共和国成立から「ベルエポック」へ

 工業化と労働者

▷1　第2次工業化
19世紀初頭〜中葉の綿織物業の機械化を特徴とする第1次工業化に対して，19世紀後半における産業構造の変容や技術革新に伴う工業化は第2次工業化と呼称される。

▷2　トーマス製鋼法
Ⅲ章8節▷2参照。

1　第2次工業化の展開

　第3共和政期のフランスは**第2次工業化**を経験した。19世紀半ばまでの成長が農業優位であったのに対して，19世紀末の成長は工業優位であった。この時代は，**トーマス製鋼法**の発明によって北東部のロレーヌ地方を中心に大規模鉄鋼業が発展し，さらに，電気・化学・自動車・航空機・アルミニウムなどの新産業も台頭した。こうした重化学工業化の結果，農家所得の相対的低下や農村工業の縮小とともに，農村人口流出と都市化が進行した。

　フランスの第2次工業化の特徴は，伝統的な構造を温存しながら進行した点にある。農業は低下しつつあったとはいえ，依然として重要な位置を占めていた。19世紀末の国内総生産額に占める農業の比率は3分の1程度と推定されるが，当時の農業の就業人口比は45％，農村人口（人口2000人未満の市町村の居住者）も約6割を占めており，フランスは農業国家としての性格を維持していた。

　また，大企業が発展しつつあったとはいえ，依然として中小企業や手工業の比重は大きかった。鉱山や冶金業など，少数企業への生産・資本の集中が進んだ部門もあったが，全体としては産業の集中が発展せず，分散的な産業構造が維持されていた。1906年の工業センサスでは，労働者を雇用しない（家族労働に依存する）零細事業所が事業所総数の7割を占めていた。また雇用労働者の分布を見ると，小規模（1〜10人）・中規模（11〜100人）・大規模（101人以上）事業所の雇用労働者数の比率は，それぞれ32.2％，27.6％，40.2％と，比較的均等であった。一般的に新産業では大企業が支配的とみなされるが，フランスでは第2次工業化を代表する自動車や電気のような分野でも小企業が支配していた。たとえば当時の自動車工業は，伝統的な熟練職人に支えられた小工場の基礎のうえに発展した。新たな機械技術導入は修理や保守の点で手工業存続の余地を残していたし，技術革新自体が小企業で生まれることも珍しくなかった。

　1906年以後，成長が加速化したとはいえ，大型企業体の生産力と市場支配に牽引されたアメリカ合衆国やドイツの経済と比べると，フランスの経済発展は緩慢であった。第一次世界大戦期にフランスの指導者たちは相対的遅れを強く認識し，その克服策として産業組織化を唱えることになった。

2 労働者の組織化

 上述したように，第3共和政期でも依然として農業従事者や手工業者の比重は大きかったものの，第2次工業化の進展に伴い，企業で働く工業労働者は社会的に無視できない存在となっていた。とりわけ労働者の組織化という観点から特筆すべきは，ジュール・フェリー内閣の下で制定された1884年職業組合法（ヴァルデック゠ルソー法）である。この法律によって，政府の事前許可なしでの労働組合および連合組織の結成や，労働組合の法人格の獲得などが認められたが，現実には団体協約や団体交渉の可能性は閉ざされたままであった。

 とはいえ，労働者の組織化は確実に進行した。1887年には労働取引所がパリで設立され，その後は地方都市でも設立が相次いだ。労働取引所は，職業を斡旋し，職業能力の向上を図り，文化的素養の充実に努めるなど，日常的に労働者を支援しつつ，ストライキ支援のために集会や会合の場所を提供した。また，1895年には労働総同盟（CGT）が創設された。当初のCGTは，産業別連盟や地方同盟，労働取引所などの雑多な連合体であった。CGT内部には社会主義諸潮流が存在したが，そのなかで優勢になったのが革命的サンディカリスムである。その特徴は，政治闘争を避けて経済闘争を重視し，革命的少数派の指導下でのゼネストを通じた資本主義の廃絶をめざした点にあった。

 20世紀初頭のCGTのなかには，革命的サンディカリスムとは対照的に，現実の労働条件の改善を求める勢力も台頭してきた。この穏健派は，組合組織力を高めて経営者団体と交渉しつつ，議会に働きかけて労働保護立法を実現する路線を志向した。第2次工業化によって労働雇用が増大した炭鉱・鉄道・鉄鋼業部門などで，この改良主義的路線は影響力を持ち始めた。

 また，19～20世紀転換期の好景気は工業労働者の所得を引き上げ，労働条件の改善に向かわせた。産業界は組合運動を抑圧しながらも，大企業を中心に福利事業を推進し，政府も革命的サンディカリスムを弾圧する一方で，労働者保護に関わる社会政策を推進していた。こうして，1910年代に入ると，CGTは第3共和政の枠組みにおいて活動する現実路線に転換し，資本・労働・国家の三つ巴のなかで労働組合運動は新たな段階に入っていく。

（齊藤佳史）

図Ⅳ-10 １日あたり８時間の労働を要求するストライキ（1906年）

出所：https://commons.wikimedia.org/wiki/File:1906_-_Gr%C3%A8ve_pour_les_8_heures.jpg?uselang=ja

参考文献

原輝史・工藤章（編）『現代ヨーロッパ経済史』有斐閣，1996年。

福井憲彦（編）／綾部恒雄（監修）『結社の世界史3 アソシアシオンで読み解くフランス史』山川出版社，2006年。

Ⅳ 第3共和国成立から「ベルエポック」へ

8 世紀転換期の社会改革

1 社会問題と社会改革

　第3共和政期のフランスは，社会経済構造の変動に伴う「社会問題」によって特徴づけられる。特に1870年代以降の大不況は，繊維工業や製鉄業での工場生産を低迷させるとともに，農村家内工業の解体や都市手工業の危機をもたらした。農民層の苦境と都市手工業者層の没落は，フランス経済の伝統的な発展様式に対する打撃であった。他方，1884年職業組合法が制定されると，労働者の組織化が徐々に進行した。当時の**組合組織率**[1]は必ずしも高くなかったものの，労働運動は社会主義の影響を受けながら活発化しつつあった。

　こうした経済的・社会的状況を背景に，19世紀末には社会調査や社会的保護が共和政の統治技術として展開した。ただし，この時期の「社会問題」に関しては，支配階層の全てが同じ捉え方をしたわけではない。たしかに労使対立や労働運動が問題の中心的位置を占めたのは事実であるが，小所有者や中間層の停滞を危機とみなす人々もいたからである。したがって，19～20世紀転換期には，労働・社会立法，社会改良団体，慈善・扶助事業，産業福利事業などが，多様な社会改革思想と絡み合いながら，「改革の星雲」（C.トパロヴ）を形成することになった。以下では社会改革をめぐる国家と産業界の動向に焦点を絞って，いくつかの具体的事例を概観しておこう。

2 国家主導の社会政策

　政府の社会政策においては，**社会保障制度**[2]の構築に向けた取り組みが萌芽的に現れた。1898年労災補償法は，労働者自身の過失の有無にかかわらず労災時に金銭的補償を行うことを承認した。あるいは1910年労働者農民老齢年金保険法は，労働者や農民に対する普遍的な老齢年金給付の制度化をめざした。いずれの法律も結果的には強制保険化に至らなかった点で不十分さを残すものの，それらは「保障」を実現する社会制度のあり方を具体的に模索する契機となった。「保障」理念は，1893年医療扶助法，1904年児童扶助法，1905年社会扶助法といった一連の公的扶助立法でも看取される。

　当時の社会政策を思想的に支えていた1つの柱は，19世紀末以来のフランスで広まりつつあった連帯主義である。元来，連帯の理念は**フランス社会学**[3]に由来するが，急進共和派のレオン・ブルジョワ（1851～1925年）は連帯思想を政

▷1　**組合組織率**
たとえば1884～97年の組合組織率は，タバコ・マッチ製造業（公企業部門）55％，鉱山業12％，化学工業4％，繊維工業3％である。

▷2　**社会保障制度**
フランスの社会保障制度は第二次世界大戦後に導入されたが，非国家管理による社会保険原理に基づく点で，戦前の制度的影響を受けている。

▷3　**フランス社会学**
特にエミール・デュルケム（1858～1917年）の『社会分業論』（1893年）は，連帯主義思想に影響を及ぼした。

策実践に適用することで，社会立法の実現をもたらした。彼の主張で特筆すべきは「社会的負債」の概念であろう。ブルジョワによれば，人間は同時代の他者によって提供される財やサービスから利益を得るとともに，過去の世代によって蓄積された遺産や資本も享受している。よって人間は常に社会に対する負債者であり，この社会的負債を人間が認識して返済した時に公正が実現する。そのためには，全ての人間が団結してリスク（疾病，事故，老齢など）からの保護に要する費用（リスクが現実化した際の補償費用）を相互に負担することが不可欠である。社会正義や公正の観点から，諸個人が相互に支え合うことを義務とみなすブルジョワの主張は，時代や国を越えて今日の私たちにも強く訴えるものがあるように思われる。

図Ⅳ-11　レオン・ブルジョワ

出所：https://commons.wikimedia.org/wiki/File:L%C3%A9on_Bourgeois_1917.jpg?uselang=ja

③ 産業界主導の福利事業

　産業界も独自の方法で労働者の福利向上に関わった。19世紀の工業化は市場経済の進展を伴った結果，労働者階層の困窮を際立たせ，彼らの生存基盤を揺るがしていた。そうしたなかで，特に第3共和政期には製鉄・鉱山業の大企業（シュネーデル社やポン＝タ＝ムソン社など）を中心に，従業員の待遇改善への取り組みがみられた。経営者のあいだで強く自覚されたのは，労働に関わる自由競争の弊害（低賃金労働や不況時の即時解雇など）とその是正である。「従業員の日常生活や一生涯をいかに支援するか」，あるいは，「従業員に解雇の不安を感じさせない労働環境をいかに整えるか」といった課題への対応として，従業員向けの多様な産業福利事業が実施された。具体的には，疾病・労災支援，貯蓄金庫，労働者住宅建設，消費協同組合，企業年金制度などである。

　たしかに，こうした産業界の姿勢は，経営者の絶対的権威を前提とする点で限界を持っていた。また，労働・社会立法に関する国家介入・強制化を回避する思惑や，労働力の調達・育成をめぐる経営上の現実的利害が存在した点も忘れてはならないだろう。とはいえ，公的な社会保障制度が未整備の段階で，私企業が従業員の生存保障に率先して関わったことは注目に値する。そもそも私企業は私的領域の活動主体の1つにすぎない。そうした企業が存在自体を高く評価されるためには，単なる採算性確保や利潤追求とは異なる行動規範を自発的に示さねばならなかった。それは社会の運営に関与する経営者の自負心の表れであったともいえるだろう。21世紀の私たちが「企業の社会的責任」を考えるうえでも，第3共和政期の経営者たちの行動は示唆に富んでいるのではないだろうか。

（齊藤佳史）

参考文献

齊藤佳史『フランスにおける産業と福祉——1815-1914』日本経済評論社，2012年。

廣澤孝之『フランス「福祉国家」体制の形成』法律文化社，2005年。

Ⅳ　第3共和国成立から「ベルエポック」へ

9　百貨店と消費社会

1　楽しくない買い物

　みなさんは買い物が好きだろうか。実は19世紀前半のフランスの庶民にとって，商店での買い物は決して楽しいことではなかった。その理由は次のような商取引の慣行にあった。①入店したら必ず何か買わねばならない暗黙のルールがある。②ショー・ウインドーがないので，外からは店の品揃えがわからない。③定価表示がないので，毎回価格交渉をせねばならない。④商店間の競争がほぼ存在しなかったため，売り手側のサービスの質が悪い。一般庶民向けの商店はこうした状態であったから，多くの人々にとって買い物とは絶対的な必要性に迫られて行うものにすぎなかったのである。

2　新たな商法の登場

　こうしたなかで復古王政期後半のパリでは，女性用布地を中心に扱うマガザン・ドゥ・ヌヴォテ（「流行品店」という意味）が登場した。その特徴は，明るく大きなショー・ウインドー，広い店内，整理された商品棚，定価表示などに要約される。さて，ここでノルマンディ地方出身のアリスティッド・ブシコ（1810～77年）が登場する。1820年代後半に上京した彼は，パリの「プティ・サン＝トマ」でマガザン・ドゥ・ヌヴォテの手法を学び，マルグリット・ゲランとの結婚後，1850～60年代にマガザン・ドゥ・ヌヴォテ「ボン・マルシェ」の経営権を取得した。このボン・マルシェは世界初の百貨店ともいわれている。

図Ⅳ-12　ボン・マルシェ百貨店全景

出所：https://commons.wikimedia.org/wiki/File:Le_Bon_March
%C3%A9_015.jpg?uselang=ja

　ボン・マルシェは，出入り自由，定価表示，現金販売，返品可能といった原則を掲げ，直接仕入れ・直接販売を通じた薄利多売（純利益4～5％）に徹した。薄利多売の実現には不良在庫を抱えないことが不可欠であるが，見込み違いで売れ残ることもある。当時のパリでは，売れ残りを「最新流行品」と偽り，地元事情に疎い観光客に売りつける商法が横行していた。これに対して「誠実さ」をうたうボン・マルシェは30～50％引きのバーゲン・セールによる在庫処分を行った。また，白地のシャツ，肌着，シーツなどを対象とする「白物大売出し」を定期的に開催することで顧客の関心を引きつけた。当時

102

は効果的な洗剤がなく，洗濯方法も原始的であったので，真っ白なシャツや肌着を身に着けることが最高の贅沢とされていたからである。

❸ 百貨店の魅惑

第2帝政期に**オスマンのパリ改造**が進められると，ボン・マルシェは広大な敷地の払い下げを受けて新館建設を開始し，第3共和政期の1887年には全館が完成した。新館の最大の特徴は，鉄とガラスを効果的に使用したことにある。重厚な建築は石造りが基本とされていた当時において，ブシコはギュスタヴ・エッフェル（エッフェル塔の設計者）に新館建築を依頼した。鉄骨が効率的に建物の強度を保つので，内装面では天井をガラスにした広大なホールを作り出すことが可能となった。その結果，ガラスの天窓からは陽光が眩いばかりに降り注ぎ，店内に展示された布地や衣服をきらびやかでオーラに包まれた商品に変えていく。百貨店ボン・マルシェは単なる店舗ではなく，劇場や宮殿の趣さえも漂わせ，そうした魅惑が顧客の心をとらえたのは当然の帰結であった。もはや人々は必要に迫られて買い物に行くのではなく，非日常的な空間で美しさに驚嘆しながら魅力的な商品を買って満足するのである。

❹ 上質なライフ・スタイルの提唱

商品と祝祭空間を結合させることで，ボン・マルシェは人々の潜在的な消費願望を掘り起こしていった。特に高級品（ドレス，毛皮コート，手袋，レース，香水，絨毯など）を品揃えに含めることで，女性顧客の「セレブ願望」をくすぐり，上層中産階級のライフ・スタイルを提唱することで，ブルジョワジー的生活に憧れる新興中産階級が贅沢品を購入するように仕向けた。こうした商法の背景には，産業化進展に伴う中産層の拡大や生活状況の変化があった。それは文字通り「**ベルエポック**」を体現していたといえよう。

さらに，19世紀後半以降のフランスでの**出生率低下**は，新たなビジネスチャンスを生み出した。各家庭の子どもの数が減少すると，親は子どもの世話に多くの時間と手間をかけるようになる。子どものために親の財布の紐が緩むことを見越して，ボン・マルシェは子ども服，玩具，児童書，文具などの売り場を充実させ，店舗入口では子ども向け多色刷りカードを無料配布した。

以上のように，19世紀後半から20世紀前半のフランスでの中産層の急速な台頭を受けて，ボン・マルシェは人々の潜在的な購買意欲を引き出し，消費社会を先駆的に牽引する役割を果たした。20世紀以降は，資本主義の進展に伴う生活様式や消費形態の変化に伴い，人々の価値観や世界観も変容を遂げていく。

（齊藤佳史）

▷1 オスマンのパリ改造
Ⅲ章9節を参照。

▷2 「ベルエポック」
フランス語で「良き時代」を意味し，19世紀末から20世紀初頭にかけての社会の進歩，生活の向上，芸術の興隆といった時代状況を懐古的に表現する言葉。

▷3 出生率低下
フランスの普通出生率は1830年代から30‰を下回り始め，1880年代以降の急速な下落の結果，1910年頃には約20‰にまで落ち込んだ。

（参考文献）
鹿島茂『デパートを発明した夫婦』講談社，1991年。

Ⅳ 第3共和国成立から「ベルエポック」へ

10 公共交通としてのメトロ

1 パリとメトロ

図Ⅳ-13 アンヴァリッドを背景に走るメトロ
出所：https://commons.wikimedia.org/wiki/File:Paris_-_Le_Metropolitain_-_Boulevard_Pasteur.jpg?uselang=ja

パリを訪れる観光客の大半が一度は利用するのは，町を縦横無尽に走るメトロ（地下鉄）である。パリのメトロは駅間が短く，市街地を短時間で効率的に移動するための便利な公共交通である。それは人々の日常生活にも深く根差しているから，メトロに乗るとフランス人の人間模様や生活スタイルをつぶさに観察することもできる。パリの労働者の日常を表現するフランス語として，「メトロ，ブロ，ドド」（地下鉄，仕事，睡眠）という言葉もある。「メトロ」という語は「メトロポリタン（首都の）鉄道」に由来し，今日の日本でも東京地下鉄株式会社の愛称「東京メトロ」として定着している。まさにメトロは都市交通の代表といえるだろう。

2 メトロ計画の遅れ

世界最初の地下鉄が開通したのは，1863年のロンドンである。パリのメトロの竣工は「ベルエポック」に当たる1900年であったから，時期的に遅かったといえるかもしれない。パリのメトロ建設がロンドンに後れをとったのはなぜだろうか。いくつかの理由を挙げておこう。①大英帝国の繁栄は首都ロンドンを世界に比類なき都市に押し上げ，それに伴う**ロンドンの爆発的な人口増加**は抜本的な都市交通対策を急務とした。②19世紀の**パリの人口増加**はロンドンに匹敵する状況にはなかったため，公共交通としては乗合馬車や路面電車が主流であり続けた。③パリでは，ロンドンのようにメトロの路線を個別に認可せず，全体的な基本計画の作成がめざされた結果，着工までに時間がかかった。④基本計画の決定にあたっては，国と事業者だけではなく，パリ市が独自の主張を展開したため，その収拾に時間を要した。

▷1　ロンドンの爆発的な人口増加
ロンドンの人口は1800年に約90万人だったのに対して，1850年には約220万人に達し，1880年代には500万人を突破した。

▷2　パリの人口増加
パリの人口は1800年に約50万人，1850年に約100万人であり，1880年頃に220万人に達した。

3 国と市の対立

第3共和政下のメトロ計画にあたっては，国，県，市の主導権争いが長く続き，特に国と市の対立は深刻であった。当時のフランスの鉄道は，国がインフラを建設する「国家鉄道」と，県または市による「地方鉄道」に分類される。

国は幹線鉄道会社が建設する路線網を優遇し，それぞれの路線をパリのなかで連結しようという「国家鉄道」構想を持っていた。それに対して，パリ市は厳密にパリだけを対象とする「地方鉄道」路線網の建設をめざしていた。長年の論争の末，最終的には1895年に国が譲歩して，パリ市がメトロを「地方鉄道」として建設することを認めた。これはパリ市の事実上の勝利を意味する。

　当時のフランスは強力な中央集権体制を敷いていたにもかかわらず，なぜ市は国に勝利できたのか。最大の勝因は1900年パリ万博の開催にあった。国家の威信をかけた万博の成功のために，国はメトロ建設を急がねばならなかった。そうした弱みにつけ込まれ，国は何を主張しても，ことは市側に有利に進んでしまう。しかも，第2帝政期にパリ改造を遂行した**オスマン**のような公共事業界のリーダーが国にも県にも存在せず，国は市との長期戦を戦い抜くだけの一貫した政策を推進できなかったのである。

▷3　オスマン
Ⅲ章9節を参照。

❹　都市の論理

　1898年にパリ市は，ベルギーのアンパン・グループの子会社である「パリ・メトロ会社」に8路線の設立と経営を認可し，その後「南北会社」という別の会社にも1路線を認可した。歴史的街区保全の観点から地下路線が大半であり，高架路線は騒音対策や景観への配慮を条件に部分的に認められた。

　パリ市は建設工事の4分の3を出資し，会社は線路・アクセス・車両しか負担しなかったので，市は会社に対しても強力な主導権を発揮し，公共サービスの徹底という「都市の論理」を貫徹させた。それは今日のメトロにも形跡を残している。いくつかの事例を挙げておこう。①路線網の緻密性。1914年以前に約300の駅が設置された。②利便性の地域的平準化。駅の設置にあたっては，基本的に市内のどの地点も駅から400メートル以上離れないようにした。③近代性と清潔性。電機産業に支えられた「電気の時代」の到来を背景に，煤煙問題のない電気牽引方式を採用した。④安価で民主的な料金体系。都心住人も周縁部住人も乗車費用が同一となるように均一料金制を採用した。

　当時のパリ市の考えでは，公共交通は資金的・地理的に恵まれない人々を含めて，パリ市の内部的な社会的多様性の維持に寄与しなければならない。したがって，メトロは都市機能に関わる民主的かつ共和主義的ビジョンを体現していた。また，「近代化と伝統的景観の両立」や「経済発展と生活環境向上の両立」といった点で，創造的挑戦が試みられたことも特筆に値するだろう。とはいえ，メトロの開通はパリ市民だけに関することであって，パリ市内部と周辺市町村のあいだのインフラ格差をもたらしたのも事実である。特に20世紀初頭以降，郊外では労働者地区と工業地区が急速に成長しつつあったから，首都圏の公共交通は克服すべき多くの課題を抱え続けることになった。

（齊藤佳史）

参考文献

北河大次郎『近代都市パリの誕生――鉄道・メトロ時代の熱狂』河出書房新社，2010年。
ミッシェル・マルゲラズ／廣田功・権上康男（訳）『20世紀フランス資本主義論――国家・経済・社会』日本経済評論社，2004年。

Ⅳ 第3共和国成立から「ベルエポック」へ

11 「パストゥール革命」と公衆衛生

1 19世紀パリの疫病

　第3共和政期の社会的変化に関する特徴的事象の1つとして、医学の進歩と公衆衛生が挙げられる。それ以前の西洋世界において、医学の有効性は、種痘などの例外を除けば、極めて限定されたものにすぎなかった。医学が病原菌を特定して治療や予防を行うことは不可能であったから、多くの人々が疫病で命を落としていた。たとえば、1832年のパリでは南アジア由来のコレラが流行し、1万8000人以上の犠牲者を出したともいわれる。当時はコンタギオン説（菌との接触による感染に病因を見出す）よりもミアズマ説（不潔な空気や劣悪な住環境に病因を見出す）が優勢であったため、コレラは正確に把握されず、隔離や防疫は徹底されなかった。あるいは結核に関しても、19世紀中葉頃のパリでは風土病化していたが、結核はしばしば遺伝病として認識され、コレラのような劇症性を示さなかったこともあって、適切な対応がされていなかった。当時のパリにおいて、肺結核による死者は10万人当たり400人を越えており、死因の首位を占めていたと推定される。

2 病原細菌学の発展

　こうしたなかで、病原細菌学の本格的な幕開けとなったのは、ドイツのロベルト・コッホ（1843～1910年）による結核菌の発見（1882年）である。彼は1883年にはコレラ菌も発見し、コンタギオン説とミアズマ説の論争に一応の決着がつけられた。一見すると、コッホの業績はドイツ医学・病原細菌学の圧倒的優位を示しているようにも思われるが、実際にはフランスのルイ・パストゥール（1822～95年）の微生物学研究がその土台にあったことも忘れてはならない。パストゥールが感染の実態に関する知識の基礎を築き、コッホが感染症研究の技術的基礎を築いたともいえるだろう。パストゥールは発酵の研究から乳酸菌を発見した人物である。彼は低温殺菌法の開発によってワイン生産発展に大きく寄与し、炭疽菌の発見や狂犬病の予防接種などでも功績を残した。彼の名に由来するパストゥール研究所（パリ）は、現在でも世界的な医科学研究所である。

図Ⅳ-14　パストゥール研究所

出所：https://commons.wikimedia.org/wiki/File:Louis_Pasteur-Institut_Pasteur_%C3%A0_Paris.jpg?uselang=ja

IV-11 「パストゥール革命」と公衆衛生

❸ 「パストゥール革命」の影響

19世紀末のフランスでは、細菌学の発展によって「パストゥール革命」と称される状況がもたらされた。予防法の開発や病気治療に関する有効性の確立が、西洋医学の急速な進歩として展開した。また、科学的知識に基づく公衆衛生の発展に伴い、「清潔に生活すること」や「病気を予防すること」が、個人レベルを越えた社会全体の取り組みとして推進され始めた。

さらに、清潔さをめぐる認識の変化は、上下水道の整備や不衛生住宅の改善にもつながっていった。特にパリの下水道整備に関しては、**第2帝政期の都市改造**以降の進展がみられたものの、各住戸のし尿を下水道に流す配管接続工事は、家屋所有者の抵抗で遅れていた。しかし、19世紀末には労働者も清潔の恩恵に浴したいと考え、賃貸住宅でも水洗トイレを求め始めていた。結果として、大家は賃貸住宅市場での借り手側の動向を無視できなくなり、実態面では水洗化が進行した。さらに19〜20世紀転換期の公衆衛生関連の諸立法にも支えられて、第一次世界大戦前夜のパリでは水洗化率が50％以上に達した。「ベルエポック」の快適な生活は労働者層にも波及しつつあったといえよう。

❹ 結核対策の遅れ

19世紀末の「パストゥール革命」によってフランスの公衆衛生が進歩したのは事実だが、結核に関しては対策が遅れたことも指摘しなければならない。普仏戦争以来のドイツへの反発や対抗意識もあったせいか、フランス医学界はコッホの研究成果を直ちに認めようとはせず、ドイツに倣った**サナトリウム**建設もなかなか進まなかった。20世紀初頭の結核国際会議においても、フランス代表はドイツのサナトリウム療法の先進性に関する評価を意識的に回避するありさまであった。また、病原細菌学が確立してからも、公権力介入を警戒するフランスの医学アカデミーや医師会は、結核の届け出義務化に反対して、曖昧な「任意届け出制」を設定するにとどまっていた。

こうしたフランス医学界に変革を迫ったのは第一次世界大戦であった。戦争遂行のために、国家は結核と正面から取り組まざるを得なくなったからである。政府は、前線で結核に罹患した兵士のための保養施設を創設するとともに、結核を理由に兵役を免除されていた者を兵役に呼び戻すための療養施設を建設した。さらに、戦争終結直後の1919年には、全ての困窮結核患者をサナトリウムに入院させるように義務付ける法律が制定された。政府は県当局に対してサナトリウム建設費を補助し、患者入院費用の一部を負担することになった。こうして、大規模な公衆衛生投資の結果、ようやく民衆はサナトリウム療法の恩恵に浴することになり、フランスでも本格的な結核防遏体制が構築されるに至ったのである。 (齊藤佳史)

▷1 第2帝政期の都市改造
Ⅲ章9節を参照。

▷2 サナトリウム
医師の指導の下で、大気療法・安静療法・食事療法を実践する結核療養所。イギリス人医師ジョージ・ボディントンが1840年に造った結核療養所を起源とし、19世紀後半以降のドイツではサナトリウム療法が発展した。

（参考文献）
大森弘喜『フランス公衆衛生史——19世紀パリの疫病と住環境』学術出版会、2014年。
福井憲彦『世紀末とベル・エポックの文化』山川出版社、1999年。

コラム（歴史博物館④）

ケ・ブランリー美術館

設立理念と独創性

　パリ7区ブランリー河岸（ケ・ブランリー）37番地。エッフェル塔の近く，セーヌ川のほとりにあるケ・ブランリー美術館は，ジャック・シラク大統領在任中（在任期間1995〜2007年）の2006年に開館した。パリには，ジョルジュ・ポンピドゥー国立芸術文化センターやフランス国立図書館フランソワ・ミッテラン館など，大統領の名を冠した施設がある。それらと同様に，「ケ・ブランリー美術館ジャック・シラク」という正式名称は，シラク大統領の文化事業の一環として，その建設に最大規模の資金が投じられたことを示している。

　ケ・ブランリー美術館は「文化の対話」を設立理念として掲げており，その源流は2006年6月20日のシラク大統領の開館演説に求められる。彼は次のように述べている。「我々の思考方法の中心にあるのは，自民族中心主義の拒否である。自民族中心主義というのは，西洋のみが人類の運命を担うという無分別で容認できない主張である。また，我々は誤った進化主義を拒否する。誤った進化主義というのは，特定の人々が人類進化の前段階にとどまっていて，その「原始的」文化は民族学の研究対象や西洋の芸術家に対するインスピレーションとしての価値しか有していないという考えかたである。人々のあいだに優劣がないのと同様に，様々な芸術や文化に優劣は存在しない。そうした世界における文化の平等な尊厳を確信する姿勢こそが，ケ・ブランリー美術館を作り上げたのである」。このようにシラク大統領は西洋中心主義を批判したうえで，文化的多様性の構築を訴えた。「グローバル化が人類の一体性を実現しつつある一方で，市場法則の発達に伴う標準化が席捲しつつある。画一化という脅迫的な影響力に対して人々・芸術の多様性を打ち立てること，様々な文化・文明の対話を進めるために尽力する人々を集結させること。こうした大志は，フランスが自ら獲得してきたものである」。

　こうした趣旨に基づき，ケ・ブランリー美術館は，アジア，アフリカ，オセアニア，南北アメリカにおける非西洋世界の「原始美術（プリミティブ・アート）」として，美術品，生活用品，装飾品，祭祀用具など，約30万点を収蔵している。それらの収蔵品の大半は，もともと人類博物館とアフリカ・オセアニア美術館にあった資料や美術コレクションを移管したものである。したがって，ケ・ブランリー美術館は人類学や民族学に高い比重を置いているが，従来型の学術的博物館とは一線を画している。たとえば，ジャン・ヌーヴェル

図Ⅳ-15　1931年パリ国際植民地博覧会

出所：https://commons.wikimedia.org/wiki/File:Expo_1931_Metropolitain1.jpg?uselang=ja

設計の建物は，巨大なガラスパネルやカラーボックスを現代的に配置し，ジル・クレモン設計の庭園は，収蔵作品が存在した時代の原風景を再現した。また，常設展示室（約3500点の展示品）はワンフロアで広大なオープンスペースとなっており，緩やかに曲がった通路は川を，低い壁の仕切りや休憩用ベンチは土手を模したといわれている。川を中心に各部門を配置する構造は，「文明の誕生」を想起させる。

「文化の対話」をめぐる批判的見解

このようにケ・ブランリー美術館は革新的側面を有する一方で，研究者からは様々な批判も提示されている。そもそもケ・ブランリー美術館の収蔵品の多くは，1931年パリ国際植民地博覧会の際に，当時の植民地からフランス本土に運び込まれたものである。また，フランス民族学・人類学の発展は，特に第3共和政期の植民地支配と強く結び付いていた。その点で，ケ・ブランリー美術館を宗主国─植民地関係の現代的再生産として捉える者もいる。

実際のところ，ケ・ブランリー美術館が主題とする「非西洋世界」に関しては，特にアフリカの比重が大きい。第3共和政期の植民地政策は，アフリカを主な舞台として展開した。第二次世界大戦後に植民地の多くは独立したが，フランスは旧植民地との関係を維持して，アフリカからの移民を積極的に受け入れた。1940年代後半から1970年代前半頃まで，フランスは「栄光の30年」と呼称される経済成長の過程にあったので，移民は当時の労働力不足を補う役割も果たしていた。その結果，現代ではアフリカ出身の系譜を引くフランス人は無視できない比重を占めている。したがって，この美術館の存在意義は，移民が自身の文化的ルーツを再認識することにもあるだろう。

ただし，ケ・ブランリー美術館は西洋文化を展示していないがゆえに，文化的相対化が不十分で，結局の

図Ⅳ-16　1931年パリ国際植民地博覧会における植民地博物館の開館

出所：https://commons.wikimedia.org/wiki/File:Reynaud,_Diagne,_Olivier,_Exposition_coloniale_1931.jpg?uselang=ja

ところ自民族中心主義を乗り越えていないのではないか，という批判的見解もある。つまり，この美術館が掲げる「文化の対話」も，西洋世界からの一方的な目線に立脚したものにすぎないのではないか。また，この美術館を通じてフランス植民地主義の歴史を内省的に考察することは可能なのか。こうした批判や疑問にも耳を傾けながら，私たちはケ・ブランリー美術館の現代的意義を考えてみる必要があるだろう。

（齊藤佳史）

▷1　ジョルジュ・ポンピドゥー国立美術文化センター
ジョルジュ・ポンピドゥー大統領（在任期間1969〜74年）の発案に基づく現代芸術の総合文化施設。1977年に開館した。
▷2　フランス国立図書館フランソワ・ミッテラン館
フランソワ・ミッテラン大統領（在任期間1981〜95年）によるパリ改造計画の一環として建設された。1994年に建物が完成し，1996年に一般公開された。

(参考文献)

中本真生子「ケ・ブランリ美術館──『平等』か『過去の忘却』か」（『立命館言語文化研究』19巻1号，2007年9月）。
清水祐美子「パリのケ・ブランリー美術館を読む──開館記念会議録『諸文化の対話』を手がかりに」（『クァドランテ』11号，2009年4月）。

コラム（記憶の場④）

ペール・ラシェーズ墓地，サクレ・クール寺院，エッフェル塔

ペール・ラシェーズ墓地

　ペール・ラシェーズ墓地はパリ東部20区の丘に位置し，その名前はルイ14世の司祭ラシェーズに由来する。この墓地は19世紀初めにナポレオンの指示で造成され，適切な衛生的処理を施して埋葬する近代墓地であった。以来，ショパン，ドラクロワ，バルザックからエディット・ピアフやイヴ・モンタンに至るまで，多くの作家や芸術家たちがそこに眠っており，今日では世界中からの観光客が石畳の道を踏みしめながら著名人の墓参に訪れる。それらの墓に供えられる花の多さは，この墓地の特徴でもある。

　ペール・ラシェーズのもう1つの顔は，1871年のパリ・コミューンで戦った市民の最期の地である。パリ・コミューン鎮圧のために，ヴェルサイユ政府軍は5月21日にパリ市内に突入すると，5月28日までコミューン派市民を徹底的に弾圧した。ペール・ラシェーズ墓地は，コミューン派市民の最後の抵抗拠点の1つであった。5月27日にヴェルサイユ政府軍はこの墓地に突入し，熾烈な戦いの後，147人のコミューン派市民兵士（連盟兵）を墓地の壁際で銃殺した。この最期の場所は「連盟兵の壁」として現在でも残っており，コミューン闘士を偲ぶ巡礼の地となっている。なお，パリ・コミューンを鎮圧したティエールもこの墓地に埋葬されたというのは歴史の皮肉かもしれない。

サクレ・クール寺院

　サクレ・クール寺院はロマネスク・ビザンティン様式のバジリカ大聖堂である。独特の形をした白亜の寺院は，パリ北部のモンマルトルの丘から街全体を見下

図Ⅳ-17　ペール・ラシェーズ墓地にある「連盟兵の壁」（1900年）

出所：https://commons.wikimedia.org/wiki/File:Eug%C3%A8ne_Atget_-_Mur_des_F%C3%A9d%C3%A9r%C3%A9s_en_1900_-_P%C3%A8re-Lachaise.jpg?uselang=ja

図Ⅳ-18　サクレ・クール寺院（20世紀初め）

出所：https://commons.wikimedia.org/wiki/File:75-Paris-Funiculaire_et_Basilique_du_Sacr%C3%A9-Coeur_de_Montmartre-ND.JPG?uselang=ja

ろすように建っており，観光名所の1つとなっている。参拝のために敷設された2基のケーブルカーを見ても，寺院が急勾配の丘の上に建てられていることがわかるだろう。石灰岩でできた丘は地盤が弱かったため，基礎工事に多くの時間を要した。

歴史的にみると，モンマルトルの丘はパリ・コミューンの際に聖職者たちが犠牲となった場所である。1873年5月に王党派とカトリック教会の連携が実現すると，第3共和政の下での国民の宗教心の刷新が提言された。すなわち，パリ・コミューンの贖罪として，「悔悛したフランス」をキリストの聖心（サクレ・クール）に捧げることが唱えられたのである。サクレ・クール寺院という名称はこうした聖堂建設の理念に由来しており，建設地となったモンマルトルの丘は殉教者が眠る場所とみなされていた。聖堂建設は政府の支援を受けた公共事業であると同時に，社会革命への国民の恐怖心を巧みに捉えていたから，建設にあたっては多くの献金がフランス各地から寄せられた。サクレ・クール寺院は1875年に建設が始まり，1914年に完成した後，1919年に開放された。

エッフェル塔

パリの名所の1つであるエッフェル塔は，タワーを代表するアイコン的存在であり，1年を通じて世界中からの観光客が絶えることがない。エッフェル塔は，フランスの技師ギュスターヴ・エッフェル（1832～1923年）の設計によって，1889年パリ万国博覧会の際に建造された。

1889年万博は，フランス革命100周年を記念する一大行事であった。当時の穏健共和派政府は，ブーランジェ運動のような不安定な要因を抱えながらも，共和主義的諸改革を実現しつつあった。ゆえに，1889年万博は共和政の下での国民統合を内外にアピールする絶好の場であり，高さ約300メートルのエッフェル塔も，共和主義と技術革新を誇示する国威発揚と結び付いて

図Ⅳ-19　1889年パリ万国博覧会でのエッフェル塔

出所：https://commons.wikimedia.org/wiki/File:Aerial_view_of_Eiffel_Tower_and_Exposition_Universelle,_Paris,_1889.jpg?uselang=ja

いた。また，塔建設の背景に，普仏戦争敗北後のドイツへの強い対抗意識があったことも忘れてはならないだろう。

石造りの建造物を基本とする時代において，エッフェル塔は美的観点から批判されることもあったが，1889年万博の目玉としては大成功をおさめた。ただし，その後のエッフェル塔が安泰であったわけではない。鋼鉄製の建築様式の進化は早く，20世紀に入るとエッフェル塔は時代遅れとなって，解体の危機に瀕した。しかし，光学，無線電信，気象学といった分野の研究が進展すると，エッフェル塔には新たな役割が期待されることになった。特に第一次世界大戦を通じて無線電信の重要性が認められると，実験や応用の観点からエッフェル塔の科学的価値は決定的となった。こうしてエッフェル塔は社会的有益性を認められ，現在でも電波塔として機能している。

（齊藤佳史）

参考文献

デヴィッド・ハーヴェイ／大城直樹・遠城明雄（訳）『パリ——モダニティの首都』青土社，2006年。

ピエール・ノラ（編）／谷川稔（監訳）『記憶の場——フランス国民意識の文化＝社会史　第2巻　統合』岩波書店，2003年。

Ⅴ　2つの世界大戦

1　ジョレスとユニオン・サクレ

1　ジョレスの暗殺とユニオン・サクレ

　1914年7月31日の夜，パリのカフェ「クロワッサン」で1人の政治家が凶弾に倒れた。**社会党**の下院議員で機関紙ユマニテの編集長でもあった**ジャン・ジョレス**である。ジョレスは，反戦，平和を訴え，議会では兵役を3年に延ばす法律にも反対していた。その2カ月ほど前にサラエヴォでオーストリアの帝位継承者がセルビア人青年に暗殺され，オーストリアの最後通牒をセルビアが拒否したことで，両国のあいだで戦端が開かれようとしていた。しかも両国はそれぞれ，ドイツとロシアの後ろ盾を期待していたので，ヨーロッパ全土に戦争が広がることになる。かくして7月30日にロシアが総動員令を発し，8月1日にドイツはロシアに宣戦布告し，ロシアと同盟を結んでいたフランスも総動員令を発している。

　このような状況で，8月にパリで開催が予定されていた**第2インターナショナル**の大会にあわせてゼネストの準備をすすめていたジョレスは，ナショナリストの目の敵となって殺害されたのである。そして皮肉なことにジョレス追悼の機運のなかで社会主義者たちが開戦に賛同してしまう。8月4日のジョレスの葬儀は，故人の意思とは別に，全政党の代表が出席する開戦総決起集会となった。「戦闘を余儀なくされたいま，我々は立ち上がり，攻撃をしかけたものを撃退し，歴史が我々に与えてくれた文明の遺産と高潔な思想を守るのだ。」この日，フランスとドイツ両国の議会では，戦時公債が全会一致で可決されている。開戦直前まで反戦運動が盛り上がり，両国の労働者が連帯する動きをジョレスらが主導しようとしていた，その両国で開戦直後に起こったこの現象は，それぞれ「神聖なる団結（ユニオン・サクレ）」，「城内平和（ブルク・フリーデン）」と呼ばれている。

▷1　社会党
正式名称は第2インターナショナルフランス支部SFIO。19世紀末には互いに対立，抗争していたしていた社会主義諸勢力を，ジャン・ジョレスのイニシアチブで1905年に統一して結成した政党。

▷2　ジャン・ジョレス
Ⅳ章5節▷7を参照

▷3　第2インターナショナル
カール・マルクス死後の社会主義運動を指導していたフリードリヒ・エンゲルスの肝入りで1889年に成立した労働者や社会主義者の国際連帯組織。ドイツ社会民主党を中心に，反戦運動を主導したが，第一次大戦に際しては，各国のナショナリズムに抵抗できず，組織が崩壊した。

図Ⅴ-1　ジャン・ジョレス
出所：https://fr.wikipedia.org/wiki/Jean_Jaurès

② 開戦の背景

第一次世界大戦開戦に至る経緯というと、帝国主義列強、とりわけヴィルヘルム2世のドイツ帝国の膨張政策によってもたらされた国際関係の緊張、そしてそれに伴う各国世論でのナショナリズムの高揚によって説明されることが多いが、実態はもう少し複雑であった。まず20世紀初頭の状況であるが、フランスにおける**アルザス・ロレーヌ**奪還の復讐熱はすでに沈静化していた。むしろフランスは、英仏協商によって、ドイツに対する対等以上の地位を回復したという自信が世論にもみられていた。このように一応安定していた国際情勢が急変したのは、1911年の**アガディール事件**からである。さらに1912年から13年にかけての**バルカン戦争**もあって、ヨーロッパ戦争の現実味が生じるなかで、ドイツに続いてフランスでも3年兵制法が成立している。ただし、この状況下でナショナリズムが国民全体を覆ったというのは正確ではない。たしかに、**アガトン・アンケート**にみられるような若者のナショナリズムの高揚は一部に存在したが、むしろ重要なのは、フランス国外に対してそれらの動きが大きく報道されることで、「フランスで対独強硬ナショナリズムがアルザス・ロレーヌ奪還を目指している」ということが、ドイツ側の対仏戦争準備の根拠とされたということであった。

平和主義者たちは、戦争の危機感を当然感じていたが、1914年7月の時点では、だれも戦争が即座に起こるとは予感していなかった。だからこそゼネストを呼びかける動議が可決されたのである。ユニオン・サクレは、祖国防衛のために全フランス人が団結したことを指しているが、政治的には「政党間の休戦」であった。つまり8月26日の内閣改造で社会主義者が入閣したことが象徴しているが、短期間で終わるはずの戦争の期間だけに適用される政治休戦であった。戦争が長期化するなかで、社会党内や労働運動のなかには、反戦運動を唱える動きがあるものの、最後までユニオン・サクレは持ちこたえている。

ただし、注目すべきは、その内部の勢力関係の変化である。当初は、政治休戦からも排除されていた極右ナショナリストや教権カトリック保守派が、途中から入閣するなど発言力を強め、休戦後の総選挙では、**アクシオン・フランセーズ**までもが議員を当選させるなど、保守派が大勝を収めることになる。

(剣持久木)

図V-2　1914年8月の出征のためにパリ東駅に集まった人々

出所：http://www.expo14.com/expo/gare-de-lest/

▷4　アルザス・ロレーヌ
Ⅲ章コラム（歴史博物館③）を参照

▷5　アガディール事件
第2次モロッコ事件。第1次モロッコ事件（タンジール事件）以後、モロッコに対する影響力を強めたフランスに対して、ドイツが軍艦を派遣して挑発した事件。フランスはイギリスと軍事協定を結んで対抗して、全面戦争直前の緊張が高まった。

▷6　バルカン戦争
衰退しつつあるオスマントルコとバルカン諸国とのあいだの第1次戦争（1912年10月〜13年5月）と、その戦後処理をめぐってブルガリアとギリシャ、セルビアの対立から発生した第2次戦争（1913年6月〜8月）からなる。

▷7　アガトン・アンケート
アクシオン・フランセーズ系の知識人アンリ・マシスとアルフレッド・タルドが、ギリシア神話の登場人物の名前をペンネームに実施した意識調査。1910年代前半の若者の意識が、ナショナリズムに目覚め、保守的、カトリック回帰の傾向があると主張し、彼らをアガトン世代と呼ぶこともある。

▷8　アクシオン・フランセーズ
V章6節▷2を参照

参考文献

ジャン＝ジャック・ベッケール、ゲルト・クルマイヒ／剣持久木・西山暁義（訳）『仏独共同通史　第一次世界大戦』（上）岩波書店、2012年。

Ⅴ 2つの世界大戦

2 ヴェルダンとシュマン・デ・ダム

図Ⅴ-3 西部戦線の展開図

出所：フレデリック・ドリューシュ／木村尚三郎（監修）『ヨーロッパの歴史 欧州共通教科書』東京書籍，1994年，325頁。

① 海への競争から塹壕戦へ

8月の開戦とともに出征した農民の兵士たちは，秋の収穫期までには戻れると家族に話していた。誰もが遅くともクリスマスまでには故郷に帰れると考えていた。両軍の参謀たちもドイツ軍は**シュリーフェンプラン**[41]，フランス軍は**プラン17**[42]という短期決戦計画をたてていた。第一次世界大戦は塹壕戦による長期戦というイメージが定着しているが，4年間の戦争で失われた兵士の人命の3分の1は，最初の4カ月のものであった。この時期，両軍は敵の背後に回り込むための延翼作戦，「海への競争」を続け，結局11月にスイス国境からバルト海に達する750キロの戦線が塹壕でつながり，以後は機動戦から陣地戦に移行する。

フランス軍は緒戦のドイツ軍の攻勢をマルヌの戦いで撃退するという戦果をあげるものの，戦線は以後3年間，フランス領内でほぼ固定されることになる。その間兵士たちは，最低の衛生条件の塹壕に潜って敵と対峙したが，とりわけフランス軍の塹壕は完成度が低かったが，これは参謀本部が機動戦しか考えていなかったためであるといわれている。

② ヴェルダンの「大かまど」

一方のドイツ軍もまた，西部戦線での主導権を回復するために，**ヴェルダン**[43]に対する総攻撃をしかけている。1916年2月21日から4日でドゥオーモン要塞を陥落させた。対するフランス軍は退役していたフィリップ・ペタンを総司令官に反撃を開始し，「聖なる道」を補給路に抵抗し，12月にはドイツ軍を撃退している。ヴェルダンの戦闘は，空前絶後の白兵戦であり，多くの神話を生み出している。1つは長らく信じられてきた両軍あわせて70

図Ⅴ-4 ヴェルダンの塹壕跡

出所：筆者撮影。

▷1 シュリーフェンプラン
ドイツ軍参謀総長シュリーフェンが1905年に立案した2正面作戦。ロシア軍が総動員令から攻勢に出るまでの6週間に，中立国のベルギー，オランダを侵攻して反時計回りにフランス北部を制圧し，その後東部戦線でロシア軍と対峙するという作戦。

▷2 プラン17
フランス軍参謀総長ジョッフルが1911年に立案した動員計画。開戦後1週間で40万の兵力を動員してアルザス＝ロレーヌに殺到して失地回復した後ライン川を渡河し，3週間でベルリンに到達する，という計画。

▷3 ヴェルダン
Ⅴ章コラム（歴史博物館

114

万という途方もない戦死者数であるが、実際にはこれは負傷者数を含む数字であった。またドイツ軍司令官が「フランス軍を消耗させるため」と正当化した戦争目的も、事後的な捏造であることがわかっている。ドイツ軍兵士にとって、ヴェルダンとは理解不能な「(兵士を飲み込む)大かまど」であり、前線の苦しみを一顧だにしない最高司令部の破廉恥さの象徴となり、また銃後は兵士の戦争に無関心という「**背後の匕首**」伝説の原型を生み出したとまでいわれている。他方、フランスでは、ヴェルダンの町が戦闘の最中に戦功十字賞が授けられていることが示すように、侵略者に対して国土を守って勝利したフランスの象徴としてその戦闘が記憶に刻み込まれ、2月の戦闘で戦死した**ドリアン中佐**は、モーリス・バレスによって神話化されている。ヴェルダンでのドイツ軍と同様の運命を辿ったのが同時期のソンムでの英仏連合軍であった。1916年は全体として100万の兵士が亡くなった。1917年になっても膠着状態が続き、それを打開しようとした**シュマン・デ・ダム**でのフランス軍の総攻撃が失敗すると兵士たちのあいだで不服従の波がひろがった。4万人が反乱に参加したが、兵士が要求したのは、無意味な攻勢の中止と物質的状況の改善であった。反乱が収まったのは、処罰によってではなく、ペタンが兵士の要求を満たしたからであった。

1918年3月にロシアが戦線を離脱したことで、ドイツ側の立場は一時的に優位になった。ドイツ軍は、参戦したアメリカ軍が戦場に到着する前に決着をつけようと、大攻勢をかけるが連合軍は辛うじて持ちこたえ、8月にはドイツ軍は後退を始めている。オーストリア＝ハンガリー軍の前線が10月に崩壊し、11月3日にキール軍港で水平が暴動を起こし、ミュンヘンとベルリンにも飛び火した。ドイツ帝国宰相は皇帝ヴィルヘルム2世の退位を宣言し、共和国ドイツは11月11日に休戦協定に調印した。

3 強制か同意か

反乱が起きたとはいえ、圧倒的多数のフランス軍兵士たちは4年もの間、なぜ耐え抜いたのだろうか。これについては、軍の規律維持のための厳しい処罰を恐れて、兵士たちは従わざるをえなかったという「強制」派と、兵士に浸透していた国民感情から説明できるという「同意」派とが、今世紀初頭の学界を二分する論争になった。論争の過程で、前者は、軍規違反で処刑された兵士たちなど個々の兵士の心情を掘り起こし、他方後者は、次項で説明する「戦争文化」が果たした役割を明らかにして、それぞれに研究成果をあげている。結果的に、大戦100周年を迎えた現在では、単純な2項対立では説明できないという点で両派のコンセンサスが確立している。

(剣持久木)

図V-5 (ヴェルダンと補給地バルルデュックを結ぶ)「聖なる道」の道標

出所：筆者撮影。

⑤)を参照

▷4 「背後の匕首」伝説
第一次世界大戦のドイツの敗因は、軍事作戦の失敗ではなく、国内の革命運動による裏切りであるという説。

▷5 ドリアン中佐
ブーランジェ将軍の女婿で代議士、ダンリという筆名で知られるナショナリストの作家。1915年12月には、彼が守っている陣地の虚弱さについて司令部に警告していた。

▷6 シュマン・デ・ダム
1917年4月、ニヴェル将軍指揮のフランス軍がもっとも突破が困難であると思われていたシュマン・デ・ダム地区を攻撃することがドイツ軍の不意をつくと考えて、そこでドイツの前線を突破しようと試みている。しかし、5万人以上の戦死者を出してわずか500メートルしか進めず、作戦は失敗した。

参考文献
木村靖二『第一次世界大戦』ちくま書房、2014年。
ジャン＝ジャック・ベッケール、ゲルト・クルマイヒ／剣持久木・西山暁義(訳)『仏独共同通史 第一次世界大戦』(下)岩波書店、2012年。

Ⅴ　2つの世界大戦

3　子どもたちの戦争

図Ⅴ-6　玩具：ドイツ兵に鶏（フランス）が襲いかかっている。

出所：ペロンヌ第一次世界大戦歴史博物館のコレクション
（©Historial de la Grande Guerre）。

▷1　モーリス・ジュヌヴォア
1890～1980年。大戦に従軍した作家。多くの作品を著した。アカデミーフランセーズの会員。

▷2　ジョルジュ・デュアメル
1884～1966年。軍医として第一次大戦に従軍した作家。大戦体験を書いた『文明』でゴンクール賞を受賞。1935年にアカデミーフランセーズ会員。

総力戦

　総力戦というと真っ先に浮かぶイメージは，工場で女性が働いている姿ではないだろうか。働き手の男性が全て兵士として動員され，銃後では男性の職場に女性が入り，国民が総動員されているというのが総力戦の最大公約数である。動員されたのは女性だけではなかった。フランスでは60万もの植民地出身の兵士が動員されている。ドイツやロシアでは，総力戦のために物資の配分を軍隊と軍事産業に優先させたために一般市民が物資の欠乏に悩み，それが革命の遠因になった。フランスでは，一部の兵士が反乱を起こしたものの，革命は起きなかった。そもそもフランスは，大革命によって他国に先駆けて，自由や平等，人権という感覚を国民が共有するようになった国である。それが4年ものあいだ，（兵士の過酷な境遇はもちろん）不自由な銃後の生活にどうして耐えることができたのだろうか。国民の士気を最後まで支えたものは何だったのか。

戦争文化

　これについては，最近の研究では「戦争文化」というキーワードが定着してきている。国民の戦争への動員というと，国家による情報統制や宣伝によって上から一方的になされたという

図Ⅴ-7　パリ市主催戦時福祉事業ポスター

出所：アンヴァリッド軍事博物館コレクション（©Musée de l'Armée）。

イメージがあるが、戦争文化は、戦時下の国民が自ら戦争への参加や敵への憎悪を正当化する、いわば下からの参加を説明している。これは、塹壕のなかで書かれた手紙や日記など個人の著作物、さらには当時大量に販売されていた様々な戦争関連の物品からも裏付けられている。とりわけ注目されるのが、子どもたちの戦争への統合である。教育現場では、教材が全て戦争に関連付けられ、愛国的あるいは敵に対して攻撃的な言説があふれていた。さらに教室外の余暇や遊びにおいても戦争が支配的なテーマになっていった。子どもたちが描く絵は戦争であり、子どもたちも愛国募金活動などへの参加が求められていた。

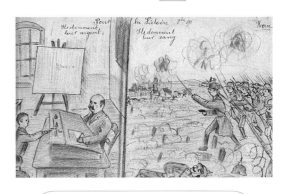

図V-8 子どもが描く戦争「勝利のために子供たちはお金を、兵隊たちは血を提供する」

出所：モンマルトル美術館（ⒸSociété d'Histoire et d'Archéologie Le Vieux Monmartre）。

ところで、このように子どもたちに植え付けられた敵に対する憎悪の言説が、そのまま大人にも押し付けられたのだろうか。たしかに、開戦当初の報道や出版は「誇大宣伝」、プロパガンダにあふれていた。敵の成功が過小評価され、フランスのそれは過大評価され、兵士たちの勇壮さが賞揚されていた。ただし、宣伝の中身を注意深くみていくと、それはしだいに誇大宣伝的プロパガンダから、国民感情を重視し、国民が直面する危機に力点を置く報道に移行していったことがわかる。たとえば（検閲が前提となる）文学作品も、当初の楽観的な作品が、戦争を否定はしないが、より現実的なイメージを与える作品に場所を譲っている。**モーリス・ジュヌヴォア**の『ヴェルダンにて』(1916年) や**ジョルジュ・デュアメル**の『殉教者の生涯』(1917年) などが、その好例である。大革命を経験したフランスでは、**国民国家としての求心性**がもっとも強固に確立し、そこから生まれた愛国心が、厳しい戦争の現実に直面しながらも、国民全体として4年間耐えることを可能にしたのである。

そもそも宣伝やプロパガンダの言説によって愛国心が高揚したのか、あるいは世論の表出としての言説なのか。これについては、後者の方が、より現実に近いというのが、現在の通説になっている。具体的には、「十字軍」あるいは「**文明対野蛮**」という言説が右派はもちろん、左派からも出ていたのである。つまり戦争文化は、宣伝やプロパガンダによって生み出されたのではなく、すでに存在していた戦争文化がプロパガンダとして利用されたのである。もちろん、このような戦争文化の理解に異を唱える研究者も存在する。鶏が先か卵が先か、という議論のなかで最初に宣伝とプロパガンダありき、ということを強調する立場であるが、これは、前節でふれた戦場の兵士についても「同意」より、「強制」を主張する立場とも重なってくる。

（剣持久木）

▷3 国民国家としての求心性
第一次大戦における愛国心の担い手をドイツと比較するとわかりやすい。ドイツの方は、それが知識人やエリートであり、国民一般、特に子供たちを戦争の現実から隔離させようという傾向がみられた。この背景には、両国の国民国家のあり方の違いの他に、フランスは戦場であり、ドイツは（銃後が食糧不足に苦しむにせよ）戦場になることを免れた、という違いがある。

▷4 文明対野蛮
哲学者アンリ・ベルクソンや左派のヴィクトール・ヴァッシュまでもが、「軍国主義や帝国主義からの解放」を訴え、「神聖な戦争」を唱えていた。

参考文献
天野知恵子『子供たちのフランス近現代史』山川出版社、2013年。
ジャン=ジャック・ベッケール、ゲルト・クルマイヒ／剣持久木・西山暁義(訳)『仏独共同通史 第一次世界大戦』(上) 岩波書店、2012年。

V 2つの世界大戦

4 記憶のなかの第一次世界大戦

図V-9 戦場ツーリズム（1925年のポスター）

出所：Nicolas Beaupré, *Les Grandes Guerres 1939–1945*, Paris, p. 198.

1 大戦の傷跡

第一次世界大戦は，フランスでは（第二次世界大戦を経た）現在でも「大戦（グランドゲール）」という呼称が一般的である。これは，唯一無二，空前絶後という記憶をフランス人に遺したからにほかならない。戦死者の総数（植民地出身兵を含め約180万人）は，ドイツ（約200万人）よりも少なかったが，人口比に占める割合は主要交戦国のなかでもっとも重い損失であった。そしてとりわけ，西部戦線がほとんど全てフランスの領土内であったということが，物質的破壊の凄まじさをもたらしている。35万の家屋，11万の公共建築物，250万ヘクタールの農地が破壊された。そして，これに戦争で出費した費用を加算すると，1320億金マルクという，まさにヴェルサイユ条約がドイツに要求することになる天文学的な**賠償金**の額となる。大戦中にフランス領土で打ち込まれた砲弾で不発弾として残ったものは1億発を超え，その影響で現在も立入禁止の地区が存在し，また不発弾撤去作業は，現在のペースでは，なお数百年かかるという，気が遠くなるような爪跡が残されているのである。

物質的被害に加えて精神的傷跡も重くのしかかっている。親族のなかに戦争犠牲者がいない国民は皆無といえるほどの規模だったことは，全国津々浦々全ての市町村に大戦の追悼記念碑があり，戦場に設けられた広大な墓地だけでなく，各地に軍人墓地がみられることからも推し量れる。フランスは戦勝国であったが，勝利を祝うことは稀であり，祝ったとしてもそれは犠牲者に特別の地位を与える形で常に行われていた。1919年7月14日の勝利の行進を先導していたのは，**傷痍軍人**の列であった。

大戦の傷跡を最もよく表しているのは人口動態である。1931年時点でのフラ

▷1 賠償金
ヴェルサイユ講和会議で，フランスは自国向けだけで1320億金マルクの賠償金を主張したが，この金額は，最終的に決定したドイツが支払う賠償金の総額になった。支払い不能のドイツに対して，フランスは，抵当としてルール地方の占領という強硬策に出たが，他の連合国の介入で，賠償金は最終的に大幅に減額されている。

▷2 傷痍軍人
大戦では，破壊力の大きな砲弾の影響と，外科手術の発達があいまって，負傷兵のなかでも，顔面負傷兵（ゲール・カッセ）の存在が特徴的であり，戦後の社会での傷痍軍人の存在感を高めている。

▷3 非順応主義世代
「30年代精神」とも呼ばれた左右横断的な思想刷新をめざした知識人世代。『新秩序』誌や『エスプリ』誌を舞台に活躍したが，30年代後半にはアクシオン・フランセーズ系の青年右翼グループがファシズムに接近している。

118

ンスの人口動態グラフをみてほしい。40代前後の左肩の窪みが戦死による人口喪失であるが、それ以上に衝撃的なのは10代前半が両側、つまり男女両方が大きく窪んでいることである。これは、戦争がなければ生まれていたはずの子供が失われたことを意味している。失われた世代というと、戦場で亡くなった若者の世代のことであるが、実は大戦との関係でさらにもう1つ重要な世代がある。それが、

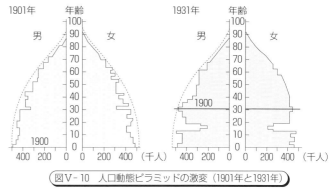

図V-10 人口動態ピラミッドの激変（1901年と1931年）
出典：渡辺和行『フランス人民戦線——反ファシズム、反恐慌、文化革命』人文書院、2013年、33頁。

大戦の時期を10代ですごした、1900年代生まれの世代である。彼らは、1番年長者でも休戦時に18歳、つまり徴兵年齢であり、自分たちの上の世代が戦場で亡くなっていくのを目にして、戦争が長期化するなかで、次は自分の番と感じていた、いわば思春期を「死の控えの間」ですごしていた。強烈な精神体験をした彼らは、危機世代あるいは**非順応主義世代**と呼ばれる知識人として1930年代に頭角を表すことになる。

② 平和主義の台頭

大戦がフランス人に遺した最大のものは平和への願いであった。戦争直後の1919年の総選挙こそ、国民連合が勝利をおさめ、極右のアクシオン・フランセーズまでもが議席を得るように、ナショナリズムが支配的なムードになっているかに見えたが、1920年代前半の政府の、ライン左岸占領のような対独強硬策は、すぐに国民の支持を失い24年には左翼カルテル政権にとって代わられている。いずれにせよ、平和主義がフランスをおおうことになる。もっとも象徴的なのは、大戦中に、反戦を唱えたために事実上の亡命を強いられていた作家ロマン・ロランが文壇の中心の位置を占め、1920年にはノーベル文学賞を受賞していることである。平和主義を支えたのは、「2度と御免だ」というスローガンが象徴する左翼の絶対平和主義であり、ロシア革命に影響を受けた**共産党**系の知識人や哲学者アランの影響下にあった**高等師範学校**の生徒たちも、その中心にあった。さらに平和主義は、右翼や保守派にも影響力を誇っていた。特にその中核を占めるのが退役軍人たちである。退役軍人団体の傾向は愛国主義であるが、フランスでは1920年時点で成人男性の45％が退役軍人であり、彼らの影響力は社会で無視し得ないものであった。彼らの徹底した平和主義志向を象徴する出来事が、1936年のヴェルダン20周年記念行事である。時はすでにナチス・ドイツの対外膨張傾向が明白な時期であったが、フランスの退役軍人たちは、ナチス・ドイツの影響下にあるドイツの同僚たちとの盛大な合同行事に平和への可能性を依然信じていたのである。

（剣持久木）

▷4　共産党
ロシア革命の結果、社会党SFIOから左派が分裂して1921年に成立した、コミンテルン（共産主義インターナショナル）フランス支部。社会党の機関紙リュマニテは、共産党が引き継いでいる。1991年のソ連崩壊まで、「モスクワの長女」といわれるほど、ソ連の政策に忠実であった。

▷5　高等師範学校（エコール・ノルマル）
フランス革命期に設立されたグランゼコール。サルトルやフーコーなど多くの知識人を輩出したことで知られ、受験準備のための高校付設準備級（エコール・プレパ）時代から思想形成がなされている。

参考文献
ジャン＝ジャック・ベッケール、ゲルト・クルマイヒ／剣持久木・西山暁義（訳）『仏独共同通史　第一次世界大戦』（下）岩波書店、2012年。
宮川裕章『フランス現代史　隠された記憶』ちくま書房、2017年。

Ⅴ　2つの世界大戦

5　恐慌とフランス社会

1　世界恐慌の顕在化の遅れ

　1929年10月にニューヨーク証券取引所で株価が大暴落したのを契機に，世界経済は大恐慌期に突入したが，フランスで世界恐慌の影響が顕在化したのは1931年後半以降であった。フランスで恐慌発生が遅れた理由としては，以下の諸点が挙げられる。①1931年春まで農業保護主義（輸入制限の実施や農産物ダンピングへの対抗措置など）が有効に機能したため，農産物価格が維持され，農家所得が国内市場を支えていた。②1926年以後，公共事業や軍備などの政府支出の増加，減税政策による民間投資の刺激策がとられた。③1929年末からの社会資本整備計画の実施も，鉄鋼，機械，建設などの国内市場を支えた。このように，1920年代後半からの農工連帯保護政策は，恐慌の顕在化を遅らせるうえで一定の効果を持っていた。

2　恐慌の顕在化と危機の長期化

　しかし，1932年以降，生産の低下はしだいに顕著となり，国際収支は悪化した。新興国の工業化やアメリカ型標準化への対応の遅れによって，工業製品輸出は減少した。農業に関しても，内外価格差拡大の下で安価な外国農産物の流入が増加し，豊作の影響も加わって，農産物価格が急速に下落し，農家所得は低下した。他国では**金本位制停止**や通貨切り下げが進んでいたにもかかわらず，フランスは1920年代の経験からインフレを危惧して金本位制維持（通貨価値の維持）に執着し，結果として恐慌対策の遅れと危機の長期化を招いた。恐慌対策が遅れた背景には，他国ほど失業問題が深刻ではなかったという事情もあった。とはいえ，イギリスやドイツが1933年から景気回復に向かい，1935〜36年頃には恐慌以前の水準に戻ったのに対して，フランスでは1935年が最悪で，回復の兆しが本格的にみられたのは1938年末のことであった。

▷1　**金本位制停止**
1931年にオーストリアとドイツは為替管理を実施して，金本位制を実質的に停止し，同年イギリスも金本位制停止に追い込まれた。

3　デフレ政策の限界

　1934年初頭まで，フランスでは均衡予算再建と通貨切り下げ回避が恐慌対策の基本となり，本来の景気回復策はとられなかった。政府は自由主義経済を信奉し，管理経済は回復を妨げるものと考えていた。しかし，恐慌の影響を受けた農民層からは保護要求の圧力が強まり，激化した国際競争から国内市場を保

120

護する必要も高まっていた。こうして国家の介入は不可避となり，国家支出は緊縮の意図に反してしだいに増加していった。

1934年に入ると，フランスの不況が長期化の様相を呈したのに対して，世界的には景気回復の兆しが現れていた。世界的傾向と対照的なフランスの回復の遅れは，本格的な恐慌対策の議論を展開させる契機となり，景気回復策としてのデフレ政策がとられ始めた。1934年から1936年にかけて，ドゥメルグ内閣，フランダン内閣，ラヴァル内閣と，政府はめまぐるしく交代したが，いずれも効果的な政策は打ち出せなかった。物価引き下げという政策目標は達せられたものの，経済活動の低下が物価下落よりも激しく，消費の鈍化や事業活動の沈滞によって不況感は広がった。結果として，経済活動の低下に伴う税収の減少額が歳出削減額を上回り，国家財政の赤字は深刻化した。

❹ 農村社会の問題

フランスは1931年時点で農民が人口の49%を占めていたため，工業恐慌よりも農業恐慌の方が広汎な社会的影響を引き起こした。農業に関する政府の危機対策は，農産物価格維持や税負担軽減などを通じて農民層を支えたものの，生産性の低さという根本的問題を解決するには至らなかった。

フランスの農村は電化や水道整備などの点で表面的には近代化されたが，農民は**機械化**[42]に消極的で，**化学肥料の使用**[43]も少なく，生産性は低迷していた。1925～35年の時期に小麦生産は1ヘクタール当たり1.5トンであり，1935～40年の時期でも1.7トンであった。これらの数値は諸外国の約半分の水準にすぎず，結局フランスは食料の輸入に依存せざるを得なかった。両大戦間期のフランス農村の構造的問題としては，次の2点も指摘される。①農産物価格は，物価下落期には工業製品価格よりも大きく下がり，物価上昇期には工業製品価格ほどは上がらなかったから，農民の購買力は常に低迷し，生産近代化も遅れた。②当時の政府が単一作物の大規模経営による生産性向上をめざしたのに対して，農村の現場では家族経営に基づく生産品目の多様化が進行し，人口過剰問題が放置されることになった。

第二次世界大戦後になって，ようやく政府は本格的な農業近代化政策に着手するが，複雑な農業問題の解決にはさらに長い道程を要することになる。

（齊藤佳史）

図V-11 アヴェイロン県の農村での麦打ち作業（1932年）

出所：https://commons.wikimedia.org/wiki/File:Pomayrols_1932.jpg

▷2 機械化
1939年時点でのトラクター普及を比較すると，フランスの600ヘクタールに1台に対して，アメリカ合衆国は70ヘクタールに1台，イギリスは40ヘクタールに1台である。

▷3 化学肥料の使用
1939年時点の1ヘクタールあたりの化学肥料使用量に関しては，フランスは33キロ，ベルギーは125キロ，ドイツは100キロである。

（参考文献）
柴田三千雄・樺山紘一・福井憲彦（編）『世界歴史大系フランス史3　19世紀なかば～現在』山川出版社，1995年。
廣田功『現代フランスの史的形成——両大戦間期の経済と社会』東京大学出版会，1994年。
モーリス・レヴィ＝ルボワイエ／中山裕史（訳）『市場の創出——現代フランス経済史』日本経済評論社，2003年。

V　2つの世界大戦

6　「ファシズムの脅威」と人民戦線

1　ファシズムの時代

1930年代はファシズムの時代といわれている。イタリアではすでに1920年代にムッソリーニが，ドイツでもヒトラーが1933年に政権を掌握している。第一次世界大戦後に独立した東欧諸国でも，多くが独裁政権に移行している。そんな世界のなかでフランスは，反ファシズムの国というイメージがある。しかもフランスに先立って人民戦線政府が成立していたスペインは，フランコ将軍との内戦に敗れてしまう。いわばフランスは，唯一反ファシズムが成功した国であるかのようであるが，実態はもう少し複雑である。

直接のきっかけは，1934年2月におきた街頭騒擾事件である。**スタヴィスキー事件**への疑惑で政府に対する批判が一気に高まり，**アクシオン・フランセーズ**や**火の十字団**などの反体制右翼団体が連日街頭でデモを繰り広げていた。混乱を収集しようと組閣した急進党のエドゥアール・ダラディエの信任投票が行われようとしていた2月6日夜，下院議場とセーヌ川を挟んだコンコルド広場に集結したデモ隊と警察が衝突し，15人の死者を出す事件となった。流血の事態の責任をとってダラディエ内閣は総辞職して，代わって成立したのが右派主導の国民連合政権である。

図V-12　人民戦線（左から2番目がブルム，3番目が共産党書記長モーリス・トレーズ）

出所：https://www.ensemble-fdg.org/content/le-front-populaire-proche-et-lointain

2　人民戦線の誕生

一見，中道左派から右派への政権交代を引き起こした事件であるが，この事件によって「ファシズムの脅威」が現実味を帯びて感じられるようになり，それが2年半後のフランス人民戦線政府，いわば本格的な左派政権の誕生につながることになる。それまで対岸の火事と思われていたファシズムが一気に身近に感じられたのである。そ

図V-13「ファシズムの脅威」：自動車を駆使した火の十字団

出所：パリ政治学院所蔵ラロック文書。

▷1　スタヴィスキー事件
1933年12月に倒産したバイヨンヌ市信金の設立者アレクサンドル・スタヴィスキーの詐欺行為と政治家の関与が明らかになった疑獄事件。当人は自殺したものの「口封じ」と新聞が報じ，内閣は総辞職に追い込まれている。

▷2　アクシオン・フランセーズ
19世紀末のドレフュス事件の際に結成された，反ユダヤ主義で王党派の政治団体。同名の新聞も発行。シャルル・モーラスの指導下，第一次世界大戦前後には保守派の若者たちのあいだで大きな影響力を持っていた。

▷3　火の十字団
1927年に設立された退役軍人団体。指導者フランソワ・ド・ラロック中佐の思想は穏健な中道志向であったが，大量の自動車や航空機も駆使する規律正しい行進や集会は，反ファシズム派の格好の標的となる。国民的英雄のジャン・メルモーズも中心メンバー。

して，1932年以来の知識人によるヨーロッパレベルの反ファシズム連帯運動，**アムステルダム・プレイエル運動**に呼応して**反ファシズム知識人監視委員会**が結成され，政治的には**コミンテルンの方針転換**によるフランス共産党の社会党との統一行動協定の締結，さらには中道政党の急進党の合流があいまって，反ファシズム人民戦線，正式には「人民連合」が結成されることになる。

1936年1月に掲げられた「パンと平和と自由」の綱領をもとに戦われた5月の総選挙では，第2回投票での**デジストマン**と呼ばれる選挙協力が効力を発揮して，過半数を大きく超える議席を獲得した。そして左派政党のなかで初めて第1党になった社会党のレオン・ブルムが組閣した内閣は，フランス全土を覆ったストライキという，政権を後押しする労働者の祝祭ムードに助けられて，週40時間労働，年2週間の有給休暇を含む，マティニョン協定と呼ばれる画期的な労使協定を実現させている。これは，購買力の拡大，生産の増大，失業者の減少をめざした経済政策でもあった。そして1936年秋には，この政策が実を結び景気が回復するかにみえていたが，翌年1月になると期待が外れたことが明らかになった。景気の好循環をもたらすはずだった生産の増大も，企業が設備投資を回避し，労働組合も40時間労働に固執したために逆に悪循環に陥り，6月にはブルム政権は倒れ，実質的な人民戦線の経済政策は短命で終わる。

③ 記憶のなかのファシズム

現在では，1981年のミッテラン政権成立や，冷戦の終結などを経て，史上初めての本格的左派政権としての人民戦線政府の評価は下方修正されているが，フランス人のライフスタイルの根幹であるヴァカンスを労働者がはじめて享受できたことは，今日でも大きな意義を認められている。

ところで，人民戦線成立のきっかけになった「ファシズムの脅威」については実像よりも虚像の方が大きな役割を果たしていた。たしかに1930年代のフランスにも，アクシオン・フランセーズの若者たちのように，ファシズムに親近感を抱く者がいたのは事実である。しかしながら，もっとも人々の記憶のなかで，「ファシズムの脅威」の象徴として存在感があった右翼団体，火の十字団については，2月6日のデモに際しても規律正しく行動し，流血の乱闘には一切巻き込まれていなかった。それでも，彼らの動員力がナチスを連想させ，人民戦線の反ファシズム政策にしたがって合法政党 PSF に衣替えしている。PSF は，その後保守派大衆政党として発展し，戦争によって実施されなかった1940年の総選挙があれば，第1党を獲得していた可能性もあり，戦後のドゴール派との連続性も現在では指摘されている。

実像とかけ離れた火の十字団の虚像がフランスファシズムのイメージを膨らませ，それが皮肉にも1934年以降の反ファシズム結集の案山子の役割を果たしたのである。　　　　　　　　　　　　　　　　　　　　　　　　（剣持久木）

▷4　アムステルダム・プレイエル運動

1932年8月に，アインシュタインやロマン・ロランの呼びかけで，アムステルダムで世界反戦会議が開催され，ついでパリ，プレイエルホールで第2回会議が開催されて始まった，国際的な反ファシズム文化運動。

▷5　反ファシズム知識人監視委員会

哲学者アラン，人類学者ポール・リヴェ，物理学者ポール・ランジュヴァンが中心に，1934年3月5日に結成。3者はそれぞれ急進党，社会党，共産党に立場が近く，人民戦線結成の伏線になった。

▷6　コミンテルンの方針転換

世界革命をめざすコミンテルン（共産主義インターナショナル）の方針は階級対階級戦術であり，各国共産党に他党との協力を禁じていたが，ナチス・ドイツの台頭を前に1935年の第7回大会で方針転換，反ファシズムを最優先に他党との協力を促す人民戦線戦術を採用した。

▷7　デジストマン

フランスの選挙制度は小選挙区2回投票制で，1回目の投票で12.5％以上の得票の候補者が2回目にすすめる。その際，12.5％以上の得票を得ても3位以下になった候補者が，上位の候補者のために立候補をとりやめること。

参考文献

剣持久木『記憶の中のファシズム――火の十字団とフランスファシズム』講談社，2008年。

V 2つの世界大戦

7 マジノ線と奇妙な戦争

1 「卑怯な平和」

フランス人民戦線政府は経済政策で挫折したが，国際情勢にも対応できなかった。反ファシズムを掲げながら，スペイン内戦で人民戦線政府を助けることができなかったのである。共産党は全面支援を主張したが，急進党が反対し，結局ブルムは，イギリスと共に不干渉政策をとっている。これは，ドイツもイタリアも不干渉に同意しているという建前に支えられていたが，ゲルニカ空爆 が象徴するように，実際には両国は反乱軍側を軍事支援していた。内戦は，フランコ将軍の反乱軍の勝利に終わり，フランス人民戦線がスペインを見殺しにしたという結果になる。さらに，1938年3月のオーストリア併合に際しては，ブルムの後継者カミーユ・ショータンが首相を辞任して政府が不在という状況であった。結局ブルムが再登板するも1カ月しかもたず，4月に成立したのが，保守派も糾合したダラディエ内閣であった。これには共産党が完全に決別したために，人民戦線は実質的に消滅している。そして，このダラディエ内閣が直面したのが，ナチス・ドイツによる，チェコスロバキアのドイツ人地域であるズデーデン地方割譲要求である。ダラディエは予備役を招集して戦争を覚悟したが，フランス単独では対抗できず，イギリス，イタリアを交えた4カ国会談になった。これが悪名高いミュンヘン会談である。当事者のチェコスロバキアの参加が許されない異常な雰囲気のなかでダラディエはヒトラーの要求を受け入れざるを得なかったが，ダラディエが驚いたのは，帰国した彼を待ち受けていたのが空港での歓迎であった。ブルムが「卑怯な平和」と名付けたように，単に戦争を先延ばしにしたにすぎなかった。しかもフランスは，12月にはドイツに対して，東欧でのさらなるフリーハンドを認めたともとられかねない協定を単独で結び，対独宥

▷1　ゲルニカ空爆
内戦では共和国側についていたバスク地方の町，ゲルニカは，フランコ反乱軍を支援するドイツ空軍・コンドル軍団に，1937年4月に爆撃されている。パリで空爆を知ったピカソは，すでに共和国政府から依頼されていたパリ万博スペイン館の壁画の主題を，空爆告発と定め，6月に完成させている。絵はその後ニューヨーク近代美術館で保管されていたが，フランコ死後民主化されたスペインに，1981年に返還されている。

図V-14　ミュンヘン会談（左から，チェンバレン英首相，ダラディエ，ヒトラー，ムッソリーニ）
出所：http://la-loupe.over-blog.net/article-accords-de-munich-117295438.html

124

和政策を極めてしまう。さすがに翌1939年３月にヒトラーがチェコスロバキア全土に進駐するに及んで英仏はようやく戦争を覚悟し，ソ連との軍事協定の交渉をはじめるが，時すでに遅し，スターリンはヒトラーとポーランドを分割することを選び，８月には**独ソ不可侵条約**が締結されている。

2　無用の長物，マジノ線

９月１日のドイツ軍ポーランド侵攻に対して英仏は宣戦布告をするが，実質的な軍事行動は起こさなかった。フランスはドイツではなくソ連に対して敵対し，国内の共産党を非合法化し，議員を逮捕し，党員を強制収容所に収監している。

図V-15　マジノ線の外観（アルザス）

出所：筆者撮影。

開戦をしたものの実質的戦闘行動がなかった８カ月間，いわゆる「奇妙な戦争」の期間をフランス軍は，マジノ線と呼ばれる要塞で過ごしていた。第一次世界大戦での泥にまみれた過酷な塹壕戦を教訓に，フランスは1930年代にドイツとの国境線に堅牢な要塞を築いていた。建設提唱者のアンドレ・マジノ陸軍大臣の名が冠されて1936年に完成したこの要塞線は，独仏国境に15キロ間隔で108の要塞とそれをつなぐ連絡通路から構成され，通路には電気トロッコが走り，要塞は厚さ３メートル以上のコンクリートで覆われていた。まさに難攻不落な防御体制で，兵士たちにとっても快適な場所なはずであったが，実際に1940年５月にドイツ軍が総攻撃を開始した際には，マジノ線は迂回されベルギー国境から侵攻したので，文字通り無用の長物になった。その後大戦末期に，ノルマンディ上陸を経た連合軍が反攻する際に，守勢に回ったドイツ軍がこの要塞を防御に使ったことが，唯一の実戦使用ということになった。

奇妙な戦争の期間，フランス国内は主戦論と妥協派で国論が分裂していた。フィンランドを救うことができずに1940年３月に辞任したダラディエの後を襲って首相に就任したポール・レノーもノルウェー支援作戦を失敗し，５月９日に総辞職している。ドイツ軍の総攻撃が始まったのは，まさにその翌日であった。結局再組閣したレノーは，内閣に２人の軍人を登用している。１人は，1930年代に，第一次大戦の教訓から，将来の戦争は塹壕戦ではなく，機動力のある戦車や航空機を駆使した機械化された**電撃戦**であることを予言していたシャルル・ドゴール大佐であり，もう１人はドゴールが一時期部下として仕えたこともある，ヴェルダンの英雄ペタン元帥である。事態は，陸軍次官ドゴールの予言どおりの電撃戦となったが，内閣の方向性を決めたのは副首相ペタンであった。

（剣持久木）

▷２　独ソ不可侵条約
調印した両国の外務大臣の名前から，別名モロトフ・リッベントロップ協定。表向きは相互不可侵と中立義務のみであったが，秘密議定書によって，東欧とフィンランドを独ソの勢力範囲で分割することが定められていた。ポーランド分割，ソ連によるバルト諸国併合は，この秘密議定書に基づいている。

▷３　電撃戦
ドイツ陸軍が，第一次世界大戦での航空機や戦車などの技術革新と塹壕戦の反省から確立した，機動力を重視した戦闘方法。グデーリアン将軍の1940年のフランス侵攻が最大の成功例といわれる。

V 2つの世界大戦

8 国民革命と対独協力

1 ヴィシー体制の成立

「……かつて私が指揮した退役軍人たちの支持と人民全体からの信頼を確信して、私はフランスに対してその不幸を軽減させるためにこの身を捧げたい。……こころが締めつけられるが言わなければならない。戦闘をやめなければならない。今夜、敵に対して、私と兵士同士で、戦いの後名誉のなかで、戦闘を終結させる方法を求める用意があるかどうか、打診した」。5月10日のドイツ軍による電撃戦でフランス軍の前線は突破され、政府も6月10日にはパリから離れている。パリから南に向かう道路は避難住民であふれかえった。映画のなかでは、古くは『禁じられた遊び』、最近では『フランス組曲』のなかで描かれた潰走である。この混乱状態のなかでラジオから流れたのが、冒頭の言葉、6月16日に首相を辞任したレノーの後を継いだ直後にペタンが発した、休戦受託演説である。まさに、この混乱状態のなかで、ヴェルダンの英雄は、救世主として多くの国民に映っていたのである。政府の疎開先として選ばれた温泉町、ヴィシーに召集された上下両院議員は、7月10日にペタンに憲法改正の全権を委任する法案を、賛成569票、反対80票、棄権20票の圧倒的多数で可決している。翌11日には、この全権によって、ペタンは国家主席になり、共和国憲法は停止された。ヴィシー体制の成立である。厳密にいえば、ペタンに与えられた全権は、あらたな憲法を制定する権利であって、共和国を廃止する権利ではないが、事実上、ここで共和国が倒れて、権威主義的な独裁体制が成立したと考えられる。それを象徴するのが、自由、平等、博愛という、国民の権利をうたった標語が、労働、家族、祖国という、国民の義務をさだめた標語にとってかわられたことである。そしてめざすべきは**国民革命**であった。

2 国民革命

ヴィシー体制の成立を、「神聖な驚き」と歓喜したのはシャルル・モーラスである。モーラス自身は、ヴィシー政権に直接関わったわけではないが、彼の影響を受けた人物たちが要職を占めている。法務大臣のラファエル・アリベール、ペタンの官房長アンリ・デュムーラン・ドゥ・ラバルテート、後述する国民評議会に名を連ねる作家アンリ・マシスなどである。モーラスの理想は、軍隊と教会、家族と農民に支えられた君主制であったが、この場合の君主は必ず

▷1 ヴィシー
政府の所在地に選ばれた理由としては、温泉地で政府施設を収容できる建物が多かったこと、非占領地区のなかでは比較的パリに近いこと、さらには、ペタン全権委任可決に向けた立役者であったピエール・ラヴァルの出身地シャテルドンに近かったことが推測されている。

▷2 国民革命
すでに1920年代から、ナショナリズムと革命の統合をめざす意味で使用されてきた用語で、1930年代には青年右翼によって、ファシズムとほぼ同義に理解されていた。ペタン自身はこの用語を好まなかったともいわれるが、1940年7月9日の授権法の趣旨説明文に「歴史上最も過酷な時に、フランスは国民革命の必要性を理解し、受け入れなければならない」とある。

126

V-8 国民革命と対独協力

図V-16 国民革命のポスター（右側が，労働，家族，祖国に支えられたフランス，左側は，愚かさ，デマゴギー，国際主義の上で崩れかかっているフランス商会）

出所：ショアー記念館（© Musée, Centre de documentation juive contemporaine）。

しもブルボンやオルレアンの血統を意味せず，単一の支配者（モナルク）であり，ペタンも条件を満たしていたのである。モーラスの理想を最も実現した組織は，解散した議会にかわって設立された，「君主」ペタンの諮問機関，国民評議会である。これは現代版身分制議会ともいえる職能別代表者会議であった。ペタンが任命した213人の議員の3分の1は旧議員であったが，3分の1が農業，工業部門の職能代表，残りの3分の1はマシスら，いわゆるヴィシー派知識人たちが知的エリート部門を占めていた。評議会は，政治的議論の場ではなく，あくまで諮問機関であるために，全体会が開催されることはなく，専門部会のみであり，また議員の着席場所も，政治的グループ形成を避けるために，名前のアルファベット順に決められていた。

　国民革命の標語「労働，家族，祖国」のなかで，とりわけペタンがこだわったのが，「国家や個人の権利より優越する」家族であった。そして家族保護には飴と鞭があり，出生手当を第1子に拡充する措置が前者であるならば，堕胎の厳罰化は後者であった。堕胎幇助者が死刑になったことは，映画『主婦マリーがしたこと』でも描かれている。さらに，第3共和政時代の政教分離政策との完全な決別も，国民革命の特徴であり，「ミサでは良いことしか学ばない」というペタンの言葉通り，宗教教育が復活し，公教育の中立性は否定されている。

　産業政策では，自由競争や階級闘争を否定するコルポラティスム（協働組合主義）がうたわれていたが，実際に実現したのは農業部門だけであった。これは，主要な産業地帯が占領下に置かれて，食糧事情が厳しいという状況のなかでの対応として実効性があり，農業の協働組合化は，戦後も継続している。他の産業部門では，コルポラティスムは建前にとどまり，実質的には国家による

経済統制が促進され，また労使協調をうたった労働憲章が制定されたものの，実態は労働組合を解散して労働者の権利を奪っただけであった。

国民革命を支えていたのは，復古的モーラス主義者と統制経済を主導する近代主義者で，いわば同床異夢であったが，両者は第3共和政期の議会主導体制への憎悪では一致していた。ヴィシー体制前半には，モーラス派の理想を掲げた復古主義が目立っていたが，後半になると，占領下における物資欠乏への対応や，対独経済協力の進展とあいまって，官僚による統制経済が前面に登場し，力関係が逆転している。結果論かもしれないが，ヴィシーは復古主義者に引導を渡して，官僚統制の時代を先駆けたともいえる。

3 対独協力

「時計をよこせ，時間をおしえてやる」。これは，本来当然持っているはずのものを奪われていたのが，少しだけ与えられるにすぎないという極めて非対称な両者のあいだにおける「協力」関係，つまり対独協力の実態を皮肉った言葉である。ヴィシーの対外政策の柱は，ドイツの勝利あるいは優勢下で戦争が終わる，という1940年夏時点での見通しに基づいた，対等の独仏協力であった。事後的にみれば，このような見通しが誤っていたことは誰もが指摘できることであるが，ドイツ軍の電撃戦の最盛期には，フランスが敗れ，イギリスも続くであろうという予感を多くの人が持っていたことも事実である。大戦全期間を通じて連合国の勝利を疑わなかったアメリカ人も，この時だけは傾向が逆転していたという世論調査もある。

1940年6月に締結された休戦協定は，フランスにとって過酷であった。パリを含む北半分と大西洋岸，全体で6割の領土がドイツ軍の占領下におかれ，150万の捕虜がドイツ側に残され，1日4億フランの占領経費が負担させられている。こうした状況のなかで，休戦協定の規定の緩和やドイツ側の譲歩を引き出すためにも，対独協力はヴィシー体制にとって最初から規定路線であった。対独協力は，政府による公的な政策から，個人の私的な態度にいたるまで多様な形態をとったが，大別すると，政治（外交），経済，軍事，思想，行政の5つのカテゴリーに分類できる。政治的対独協力を象徴するのが，1940年10月のペタン・ヒトラー頂上会談である。直後にはペタンが「私はこれから対独協力の道に入る」と演説し，両

V-17 休戦協定下のフランス

出所：谷川稔・渡辺和行（編）『近代フランスの歴史』ミネルヴァ書房，2006年，196頁．

V-8 国民革命と対独協力

図V-18 モントワールでのペタン・ヒトラー会見
出所：ドイツ連邦公文書館（© Bundesarchiv）。

者が「対等に」面会するイメージ（図V-18）が大々的に宣伝されているが、この会談をお膳立てした副首相の**ピエール・ラヴァル**が12月に失脚（42年4月に復職）したことで、戦後長らく、ペタン擁護派によって、ペタンの面従背反あるいは、「ペタンは盾でドゴールは矛」という主張がなされてきたが、現在では、アメリカ人研究者**ロバート・パクストン**が実証した、ヴィシーの主体的対独協力が定説となっている。

経済分野については、占領期のフランス産業がドイツ向け製品製造のために稼働していたことについて、強制によるやむを得ないものであったのか、利益追求のための自発的な利敵行為であったのかの区別が微妙なケースが多く、戦後の裁判における協力者の追求が最も甘かった分野とも言われている。ただし、フランス全土がドイツ占領下に置かれた1943年以降、ドイツ戦争経済がフランス産業を完璧なまでに搾取できたのは、その前の時期の自発的協力でドイツ向け製品を製造するシステムができあがっていたおかげであることは否定できない。

軍事的協力や思想的協力については、個々の作家や、個人の志願兵がかかわったことで、当事者たちは戦後の裁判の対象となり、対独協力のなかでも目立った現象ではあるが、協力されたドイツにとっての貢献度、という点ではもっとも取るに足らない分野でもあった。

行政的対独協力については、本来、占領体制に、占領された国が行政的に協力するのは、戦争に関する国際法規であるハーグ陸戦規定にのっとった行為であるので、「対独協力」と規定するのは、一見違和感があるかもしれない。しかし、これが人道に対する罪（ユダヤ人迫害）にかかわる場合は、別問題であり、1980年代から裁判での追及の対象になっている（V章コラム（記憶の場⑤）、Ⅵ章2節参照）。

（剣持久木）

▷3 ピエール・ラヴァル
1883〜1945年。元々社会党の政治家だったが、保守派に転向し1930年代には2度首相もつとめている。ペタン授権の際には、議員に対する多数派工作に奔走し、ヴィシー政権のナンバー2の地位を占める。一時失脚の後、1942年4月に復帰して以降、対独従属姿勢を強め、戦後の裁判ではペタン同様死刑判決をうけ、ペタンが終身刑に減刑されるも、ラヴァルは銃殺刑に処されている。

▷4 ロバート・パクストン
1932年〜。コロンビア大学名誉教授。1971年（フランス語版は1974年）に出版された『ヴィシー時代のフランス』は、パクストン革命と呼ばれるほどのインパクトを学界にあたえ、それまで根強かったペタン善玉説を一掃した。また、ユダヤ人迫害へのヴィシー政府の主体的加担についての研究も先鞭をつけている。

（参考文献）
ロバート・O・パクストン／渡辺和行・剣持久木（訳）『ヴィシー時代のフランス――対独協力と国民革命1940-1944』柏書房、2004年。

Ⅴ 2つの世界大戦

レジスタンスと解放

① 6月18日のラジオ放送

「……たしかに，我々は敵の陸，海，空軍によって圧倒された。……しかし敗北は最終的なのだろうか。否！我々を打ち負かしたと同様の手段でもっていつの日か勝利を得ることは可能である。なぜならフランスは1人ではないからである。……フランスの背後には帝国があり，海洋を支配し戦いを継続しているイギリス帝国と一体となることができる。フランスもイギリスも，アメリカの無尽蔵の工業力を利用することもできる。……この戦争はフランスの戦闘で勝敗が決したのではない。この戦争は世界戦争である。……何が起ころうともフランスの抵抗の炎を消してはならないし，また消えることはないだろう」。ペタンが休戦受託を宣言したラジオ放送の2日後にロンドンのBBC放送を通じてドゴール将軍が行った呼びかけである。このラジオ放送をリアルタイムで受信，聴取できたフランス国民は，当日の電波状況から考えてほとんどいなかったのであるが，この内容はその後繰り返し放送され，またビラでフランスに何度もばらまかれたこともあり，多くのフランス人にとって，ドゴールは「6月18日の男」，つまりフランスで最初に抵抗を呼びかけた人物として記憶されることになる。この記憶をさらに補強したのが，1944年8月にドゴールがパリに入城し，市民の歓呼で迎えられた姿である。ドゴールは，その場で共和国復活の宣言を求められたが，「共和国は一度も存在を止めたことがない」と宣言を拒否している。つまりそれまで4年間存在していたヴィシー政権の正統性を否定し，自らが率いていた自由フランスつまりレジスタンスが共和国を代表し続けてきたという主張である。もちろん，これが実態を反映していないことは，わずか3カ月前には，同じパリ市民がペタンの行幸を歓呼で迎えていた事実からも明らかである。

それでは，抵抗の実態はどうだったのだろうか。当初「抵抗」と呼べるものが存在したのは主にフランス国外であった。1940年夏に植民地を舞台にした自由フランス側の勢力圏拡大の試みがあったが，いずれもヴィシー側に撃退されて失敗している。結局10月時点で，ドゴールの下についたのは赤道アフリカのみであった。自由フランスは，ロンドンでイギリス政府の庇護の下にあったが，ポーランドのような亡命政府の地位を認められていたわけではなかった。フランス国内では，1940年秋に結成された**人類博物館グループ**や，11月の休戦記念

▷1　**人類博物館グループ**
フランス人民戦線設立にも関わった，ポール・リヴェ人類博物館館長の支援の下に組織されたグループで，定期刊行物『抵抗』を発行している。メンバーの大半は，内通者の密告によって検挙され，1942年2月に処刑されている。

▷2　**ペタン派レジスタンス**
ペタンに忠誠を誓いつつも対独抵抗活動に入る者や，途中までヴィシー政権の要職にありながら抵抗運動に転じる者。前者には，ペタンの信頼を得つつ，地下抵抗組織を率いていたPSF総裁のラロック中佐，後者にはジロー将軍同様，捕虜収容所を脱走後，ヴィシーに合流し，帰還捕虜担当のポストを得たフランソワ・ミッテランがいる。

▷3　**ジャン・ムーラン**
1899～1943年。1940年6月の休戦時点で県知事だったムーランは，占領軍への協力を拒否し，拘束され一時自殺を図っている。地下抵抗活動に入って，ロンドンで面会したドゴールに見込まれて，フランス国内の抵抗組織の統一の任を与えられた。全国抵抗評議会結成の1カ月後に密告により逮捕され拷問の末亡くなっている。ムーランは，日本史

130

日に際してのデモのような散発的な抵抗活動はあったものの，抵抗運動と呼べるほどの広がりはなかった。

2 抵抗運動の統一

最初の転機は1941年6月の独ソ戦開始である。共産党の本格参入により，1941年末から1942年にかけて，フランス各地で様々な抵抗グループが組織化されていく。特に北部の占領地区の方が早かったのは，占領軍の存在が愛国心を刺激したということもあるが，南部においてはペタンの国民革命が浸透していたため，曖昧な人心を掌握するのに時間がかかったからでもあった。ドゴールは，これらの組織を統一して自らの指揮下におくことをめざしていたが，軍人ドゴールの権威主義的性格が警戒されて難航する。

図V-19 ジャン・ムーラン
出所：©AFP.

1941年12月の日本軍の真珠湾攻撃は，ヴィシーの対外的正統性を支えていたアメリカの中立を消滅させたことで，状況を大きく変化させることになる。ただしアメリカは尊大なドゴールを嫌い，ドイツ軍の捕虜収容所を脱走してきたアンリ・ジロー将軍を，1942年11月に連合軍が北アフリカ上陸作戦を敢行する際に，抵抗勢力の指導者として期待する。しかしジロー将軍が，いわゆる**ペタン派レジスタンス**であったということが，逆にフランス国内でのドゴールへの信頼を高めることになった。結局ジロー将軍はドゴールとの権力闘争に敗れ，**ジャン・ムーラン**の奔走もあって，1943年5月に成立した全国抵抗評議会CNRがドゴールを唯一の指導者と認めるに至っている。

1943年末になると，**STO**（強制労働徴用）忌避者も加わった**マキ**と呼ばれるゲリラ組織が勢力を増して，各地で占領軍や対独協力民兵に対する戦闘行動がみられるようになっている。1944年6月にノルマンディに上陸した連合軍は，当初はパリを迂回して進撃する予定であったが，8月19日にパリのレジスタンスが蜂起し，ドイツ軍司令官コルティッツがヒトラーの焦土命令を拒否して降伏し，自由フランス軍ルクレール将軍がパリに入城している。ドゴールを徹底して無視したアメリカの大統領ルーズヴェルトも，パリ解放に至る過程でドゴールが熱狂的に歓迎される状況をみて，はじめてドゴールの正統性を認めざるを得なくなった。

（剣持久木）

図V-20 パリ解放時のドゴール（1944年8月26日，シャンゼリゼ大通り）

出所：©Fondation Charles de Gaulle.

における坂本龍馬に匹敵する歴史上の人物として，フランスでの人気は高い。

▷4 STO
もともとドイツ国内の労働力不足を補うために，フランスから自発的な労働者の派遣が募集され，フランス国内より出稼ぎ労働者がドイツの工場に派遣されていたが，必要な労働力を満たすために，1942年からは，戦争捕虜1人を帰還させる代わりに3人の労働者を派遣するという「交替制」が導入されている。それでも不足する労働力を補うために，1943年2月に導入されたのが，STO強制労働徴用である。

▷5 マキ
地中海沿岸の灌木 maquis 地帯に潜伏して警察を逃れることから，STOを逃れた若者たちが集まった抵抗グループを総称するようになった。

参考文献

ジャン＝フランソワ・ミュラシオル／福本直之（訳）『フランス・レジスタンス史』白水社，2008年。

Ⅴ　2つの世界大戦

10　占領下のフランス社会

1　『フランスの村』

占領下のフランス人の姿を描いた『フランスの村』という連続TVドラマが，2009年から2017年にかけてフランスで放映されている。舞台は，非占領地区との**境界線**▷1に接した占領地区に位置すると設定された架空の町で，占領期を様々な立場

図Ⅴ-21　境界線の検問所
出所：『フランスの村』シーズン1。

ですごした登場人物から構成される群像劇である。まず町長と郡長，彼らはフランス側の行政官であるが，前者は占領下の物資欠乏の市民の日常生活に気を配る人物，後者は中央主権的地方行政の末端官吏として，ドイツ占領当局との交渉の最前線で対応している。町の警察署には，ひそかにレジスタンスに通じる署長と，職務に忠実にレジスタンス狩りをする部下もいる。町工場の主人は，ドイツ軍のために製品供給をすることで利益を得る対独経済協力者であるが，従業員の共産党員を匿っている。ドラマのなかで最も頻繁に登場するのが，町の小学校である。学校の敷地の一部が占領軍の施設として接収され，1942年のユダヤ人移送の際には，一時収容施設として活用され，44年の解放に際しては粛清裁判の場になっている。また，ドイツ占領当局には，典型的なプロイセン軍人の司令官と，保安担当のこちらも典型的なナチ親衛隊将校が配置されている。

2　「沈黙」から「適応」へ

このドラマの内容自体はフィクションであるが，毎回の放映に際しては，占領期を経験した人々の証言インタビューと，全編を監修した歴史家の解説がついており，専門の歴史家の評価も高い。一言で言えば，占領下のフランス人の姿をバランスよく伝えているという評価である。占領期のフランスについては，戦後長くレジスタンス神話が支配的であった。それが，1970年代からは，「対

▷1　境界線
休戦協定に基づいて引かれた占領地域と非占領地域の境界線。通行には占領当局が発行する身分証明書（アウスヴァイス）が不可欠。ヴィシー政権の閣僚のなかでも常時通行証を所持できたのは，ピエール・ラヴァルと占領地区フランス政府代表のフェルナン・ド・ブリノンのみであった。1942年11月の連合軍北アフリカ上陸に対応したドイツ軍の南部占領によって境界線は消滅したが，境界線上の主要な検問所は存続している。

132

V-10 占領下のフランス社会

独協力」の実態が明らかになり，さらに1980年代末からは，戦犯裁判を通じてユダヤ人迫害へのフランスの加担も知られるようになったことで，占領下のフランス人には，レジスタンスだけでなく対独協力者が存在したことは誰もが認めざるを得なくなっていた。しかしながら，圧倒的多数のフランス人については，沈黙つまりじっと我慢していたというイメージで説明されてきた。それが1990年代頃から，新たな表現「適応」が使用されるようになってきた。これは，文字通り，占領下のフランス人が，占領下の状況にたくましく適応して生き抜いたということであるが，注目すべきは，「沈黙」という表現には，「心のなかでは抵抗」というニュアンス，つまり，抵抗と協力の善悪2元論が反映していたのに対して，「適応」は，協力行為も含めてありのままの姿を受け入れるという表現であるということである。これは，占領期を描いた映像作品のなかにもしだいに反映されるようになり，まさにその集大成ともいえるのが，「フランスの村」である。ドラマのなかでは，たしかにレジスタンス，対独協力など，登場人物が様々な立場をとっているが，その描き方が善悪2元論的でも固定的でもない，つまり1人の人間が，時と場合によって様々な態度をとることがあること，また対独協力者やレジスタンスを弾圧する側の人間についても単純な悪とは描いていない点が特徴的である。たとえば，小学校の校長は，当初は典型的なペタン派であったが，地下抵抗組織との接触を通じて自ら抵抗運動のなかに入っていく姿が描かれている。また，占領期の最大の悪役イメージがある，対独協力民兵，ミリスについても，一部狂信的な隊員も描かれるも，隊員たちの人間的な側面も丁寧に描かれている。ドイツ人との恋愛関係に落ちる女性たちについても，一人一人の心模様が，粛清時の丸刈り制裁に至るまで丁寧に描かれている。特に秀逸なのは，ヴィシー政府の末端官僚として，ドイツ占領当局の理不尽な命令を遂行する郡長の微妙な心の襞まで描かれていることである。

もちろん，全てのフランス人が適応していたわけではない。ドラマのなかに描かれているように，フランス国籍を持たないユダヤ人は，ヴィシー政権の警察によって一斉検挙され，アウシュヴィッツ行きの貨車に詰め込まれている。また，1944年6月には，オラドゥールの虐殺もあり，これには加害者側にアルザス出身兵が含まれていたことで，戦後長く傷跡を残すことになる。

（剣持久木）

▷2 沈黙
占領下のフランス人の心情を表現する「沈黙」については，抵抗文学の代表作，ヴェルコール『海の沈黙』(1942年) がある。

▷3 ミリス
ジョセフ・ダルナンが1941年8月に創設していたSOL（戦士団保安隊）を拡張し，レジスタンスを取り締まる民兵組織として1943年1月に創設。ゲシュタポの補完組織として活動。ダルナンをはじめ関係者の多くは解放後に死刑になっている。

▷4 丸刈り
VI章2節を参照。

▷5 オラドゥールの虐殺
VI章2節を参照。

参考文献
剣持久木「映像の中での公共史——『フランスの村』にみる占領期表象の現在」剣持久木（編）『越境する歴史認識——ヨーロッパにおける「公共史」の試み』岩波書店，2018年。

図V-22 一時収容施設に到着したユダヤ人
出所：『フランスの村』シーズン4。

コラム（歴史博物館⑤）

2つの大戦の博物館

　軍事博物館のなかでは老舗の帝国戦争博物館（ロンドン）が設立されたのが，第一次世界大戦の最中だったことが示すように，そもそも戦争博物館には国民の戦意を高揚させる，あるいは自国の栄光を称揚する性格があった。そして現在でも世界中の多くの戦争（軍事）博物館には，そのような側面があることは否定できない。そんななかでも近年注目されるのが，国境を越える試みの博物館である。

ペロンヌ第一次世界大戦歴史博物館

　フランス，ドイツ，イギリスの歴史研究者が協力して，1992年に大戦の激戦地の1つ，ソンム地方の小都市ペロンヌに設立された同博物館の国際的な性格は，歴史上はじめての国境を越える歴史教科書である，仏独共通歴史教科書お披露目の会場になったことが象徴している。展示内容も，通常の戦争博物館にある兵器類は少なく，兵士や銃後の住民の生活など，戦争文化に力点が置かれている。博物館設立に関わった研究者たちは，4年に及ぶ戦争を兵士や住民が耐えた背景を，日常生活のなかに戦争が浸透した有り様から考察し，ペロンヌ派として知られている。とりわけ，現在同博物館付設研究センターの所長を務めるステファヌ・オードワン=ルゾーの，子どもたちの世界への戦争文化の浸透の研究には，同博物館が収集した大戦期の玩具のコレクションが貢献している。

ヴェルダン記念館

　第一次世界大戦最大の激戦地ヴェルダンは，その広大な墓地の中心にある慰霊塔の前で，1984年にミッテラン大統領とコール西ドイツ首相が手をとりあったことで，仏独和解の場所としても歴史に刻まれている。1967年に建設された記念館は，当初は戦闘の記憶を伝

図V-23　ペロンヌ第一次世界大戦歴史博物館

出所：筆者撮影。

図V-24　ヴェルダン記念館

出所：筆者撮影。

134

図V-25 カーン平和記念館
出所：筆者撮影。

図V-26 レジスタンス・移送歴史研究センター
出所：筆者撮影。

える大型兵器や車両，軍服が中心であった。近年，訪問者の中心が遺族から観光客に移行するなかで，根本的な展示改革が志向され，100周年の機会に大規模な改修が行われた。学術委員会にはペロンヌの研究所副所長も務めるドイツ人研究者ゲルト・クルマイヒも参加し，ドイツ側の視点にも配慮する，国境を越えた博物館に生まれ変わっている。

カーン平和記念館

　第一次世界大戦に関する博物館はフランス各地に無数にあるが，第二次世界大戦の博物館は少ない。そんななかで例外的に大規模な博物館がカーン平和記念館である。史上最大の作戦の舞台であったノルマンディの地に1988年に創設された記念館は，最初から国際的な博物館であったが，展示手法においても，20世紀の歴史を来館者が追体験しつつ冷戦の終結まで辿るという，「テーマパーク型」歴史博物館の先駆けになっている。博物館構想の発端は，上陸作戦の際の空爆を受けたカーンで赤十字の救援活動に従事していた，当時18歳のジャン＝マリー・ジロー（のちに上院議員）に由来する。連合軍の上陸地点やその周辺に広がる広大な軍人墓地には，毎年多くの英米の退役軍人たちが訪れている。ちなみに，10年おきに盛大に開催されている上陸記念式典に，2004年にはじめてドイツの首相（シュレーダー）が招かれている。

レジスタンス・移送歴史研究センター CHRD

　解放から20年を迎えた1965年，フランス南部の町，ドゴール将軍が「レジスタンスの首都」と称えたリヨンに設立されたレジスタンス・移送博物館は，1980年代のバルビー裁判による集合的記憶の活性化を機会に改組され，1992年に新装開館している。建物は，19世紀末に建てられた陸軍保健学校であり，占領下ではゲシュタポの本部が置かれ，ここでバルビーの拷問でジャン・ムーランが亡くなっている。現在は，研究センターのほか，リヨン政治学院も置かれている。

（剣持久木）

参考文献

ステファヌ・オードワン＝ルゾー「第一次世界大戦の博物館展示――ペロンヌ大戦歴史博物館（ソンム県）の事例」末次圭介（訳）／剣持久木（編）『越境する歴史認識――ヨーロッパにおける「公共史」の試み』岩波書店，2018年。

コラム（記憶の場⑤）

ドランシーとヴェルディヴ

アウシュヴィッツの控えの間

「ドランシー収容所は，約7万人のユダヤ人が，アウシュヴィッツをはじめとする絶滅収容所に送られる

図V-27　ドランシー収容所の建物
出所：筆者撮影。

図V-28　ドランシー記念館
出所：筆者撮影。

まで着の身着のままで仮収容された場所なのだが，いまでは首都圏高速鉄道の駅名となっている。この駅のまわりには，最近建てられた大きな団地の建物がいくつかならんでいるが，そのなかにはかつて収容所として使われた建物もいくつか残っており，一風変わったモニュメントがそのことを証言してくれる。だが，景観は市街化されて一変してしまい，記憶はすでに風化している」。これは，『記憶の場』という1990年代にフランスで出版された歴史書の一節である。ここでは「ドランシーの記憶」つまりユダヤ人迫害の記憶は，「風化」しているとあるが，このテキストが書かれた数年後に事態は劇的に変化している。1995年7月16日に，時の大統領ジャック・シラクがユダヤ人迫害へのフランスの加担を公式に謝罪したのである。「フランスは，その日取り返しのつかない過ちを犯しました」。じつは，その数カ月前まで大統領だった前任のフランソワ・ミッテランが頑なに拒んでいた公式謝罪が実現し，これをきっかけにユダヤ人犠牲者への賠償の受け皿としてショアー財団が設立され，パリ中心部にはショアー記念館，そして，長年，集合住宅のまま放置されてきたドランシー収容所跡に，記念館が設立されることになったのである。

　ドランシー収容所に使用された建物は，もともと1930年代に当時としては最先端の近代的集合住宅として建設されている。ただし，竣工時にはすでに第二次世界大戦の開戦が迫っていたために，軍が宿舎として転用し，さらに休戦後には，ドイツ占領軍が捕虜収容所として接収していた。それが1942年夏以降，ユダヤ

図V-29 ヴェルディヴ記念碑

出所：筆者撮影。

人の一時収容施設，いわば「アウシュヴィッツの控えの間」としての供用が始まっている。戦後は，本来の用途である集合住宅として使用され，記憶は封印されたが，1970年代以降，少しずつ「記憶の場」として認知されるようになった。1976年にはユダヤ人彫刻家によるモニュメントが，1988年には「移送」を象徴する貨車が設置されている。2001年には国家遺産に指定さ

図V-30 ヴェルディヴ慰霊碑の前で献花するマクロン大統領

出所：http://www.lejdd.fr/politique/le-discours-de-macron-au-vel-dhiv-critique-par-melenchon-et-lextreme-droite-3391313

れ，2012年には集合住宅の向かい側に記念館が竣工している。ドランシーは，冒頭の引用にあるように首都圏高速鉄道（RER）の駅名にもなっているが，パリからのアクセスは，地下鉄5号線の終点ボビニーからバスで行くのが便利である。また，毎週日曜の午後には，パリ中心部のショアー記念館から運行されている無料シャトルバスを利用することもできる。

ヴェルディヴの2つの碑

また，シラク大統領が公式謝罪を発した場所は，セーヌ河畔のヴェルディヴ記念碑の前である。占領下のフランスからアウシュヴィッツに移送されたユダヤ人は7万5000人あまりであったが，なかでも7月16日一晩で1万3152人，そのうち子どもが4115人がフランス警察の手で検挙され，ヴェルディヴ（冬季競輪場）に5日間収容され，その後ドランシーなどを経由して絶滅収容所に送られている。

ヴェルディヴは，建物がそのまま残っている（そして住民が住んでいる）ドランシーとは対照的に何も痕跡は残っていないが，地下鉄6号線のビアアケム駅のわきに建物のあった場所を示す慰霊碑，さらには歩いてすぐのセーヌ河畔には，ミッテラン大統領時代に建てられた記念碑がある。ヴェルディヴ事件については，関連映画『黄色い星の子供たち』，『サラの鍵』が，2010年に相次いで公開されている。7月16日には毎年記念式典が行われているが，2017年はマクロン新大統領がイスラエルのネタニヤフ首相と共に追悼行事を行っている。

（剣持久木）

Ⅵ　第4共和国

 戦後政治の出発

フランスの解放

　1944年6月，連合国軍によるノルマンディ上陸作戦が始まり，ついに8月，パリは解放された。パリに帰還したドゴール将軍は敗走するドイツ軍を追撃する戦いを続ける一方，対独協力者の逮捕・処罰や，共産党の愛国民兵組織の解散など，国内の秩序回復に努めた。11月にソ連から帰国した共産党書記長トレーズは革命を試みず，ドゴールの方針を受け入れる。こうして解放期のフランスはドゴール首班の臨時共和国政府によって歩み始める。

　1945年5月，ドイツは降伏し，ヨーロッパでの戦争は終わるが，フランスの解放は新しいフランスの建設でなければならなかった。戦後フランス社会の構想は戦時中に**全国抵抗評議会（CNR）**の綱領で示されていた。これに沿ってまず北部炭鉱，ルノー自動車会社，フランス航空などの企業が国有化され，その後国有化はフランス銀行，4大預金銀行，保険，電力，ガスなどの基幹部門へと波及していく。社会保障が確立され，対独協力者は追放された。

　政治秩序も一新される。同年10月，議会選挙と同時に国民投票が行われた。この選挙によって生まれる議会を制憲議会とするか否かが問われた。投票者たちは9割以上の圧倒的多数でそれを肯定した。フランス国民は第3共和政の復活を拒否し，新しい共和政の建設を求めたのである。

　議会選挙は初めて女性参政権を認め，比例代表制によって行われたが，161議席を獲得して第1党に躍り出たのは共産党（PCF）である。国内レジスタンスにおいて最大の犠牲を払った共産党は「愛国者の党」として強い権威を持った。それとほぼ同程度の議席を得たのが社会党（SFIO）と人民共和運動（MRP）である。MRPはレジスタンスから生まれたカトリックの新党であり，ドゴールに最も近い政党であることをアピールし，保守的有権者を引きつけた。

　これらの3党は共にレジスタンスを闘い，議会ではほぼ同規模の議席をもち，合計で議会の8割以上の勢力となった。しかもこれら3党は都市部・農村部で大衆を組織する相当に強力な組織政党であった。これまで議員中心で組織の弱体な小党が多数分立してきたフランスの議会状況は，レジスタンスの経験を経て一新された。これは国民の改革要求の反映である。

　だがレジスタンス勢力の団結はすぐに崩れる。1946年1月，ドゴール首相は軍事予算の削減を要求する社会党と対立して辞任する。ここからドゴールなき

▷1　**全国抵抗評議会（CNR）**
第二次世界大戦中のフランス国内の対独抵抗運動の全国組織。内部では共産党が最大勢力。その綱領の第2部では，基幹的生産手段の国有化，国民購買力の保障，労働者の経営参加，労働組合の自由，社会保障の確立など，解放後のフランス経済・社会のあり方を構想している。

「3党政治」（1946〜47年）が始まる。

② 3党政治

1院制議会を構想した第1次新憲法草案は4月の国民投票で否決され，6月の選挙から生まれたMRP主導の制憲議会が提案した第2次草案（国民議会と参議院の2院制）が10月に可決された。第4共和国憲法は国民議会に強い権限を認める一方，政府の議会解散権を強く制限し，結果的に第3共和国と同様に議会主権的な政治体制をつくり出す。

短命な連合政権が相次いだ第3共和政の欠陥は認識されていたが，レジスタンス勢力は戦後に構築されるべき新しい政治体制について合意をもっていなかった。社共両党は執行権の独裁を恐れるがゆえに議会に強大な権限を与えることを好んだ。ドゴールのように強力な執行権力を持つ大統領制を望む者もいたが，戦時中のヴィシー独裁体制を経験した直後では，やはりその反動で議会中心的体制が選ばれた。とはいえ，賛成，反対，棄権がほぼ3等分された国民投票の結果からもわかるように，この憲法の民主的正当性は十分ではなかった。

11月の選挙で共産党はMRPから第1党の座を奪い返すが，この間一貫して社会党は得票を減らし続けた。議会の大多数を制する3党が協調できれば第4共和政の体制は安定的に機能したであろう。だがこの憲法草案および政府構成をめぐって共産党とMRPの対立は明確であった。

また国内外の環境が社会党と共産党の協力関係をつぶしていった。社会党が経済復興のためにアメリカからの借款を受け入れたことは共産党との対立を生んだ。また1947年3月，同時期のインドシナ戦費の支出にも共産党は反対する。同時期にアメリカは**トルーマン・ドクトリン**[42]によって冷戦政策を公然化させ，ポール・ラマディエ社会党内閣に反共的圧力を強めていく。

「生産の闘い」を掲げる共産党と同党系のフランス労働総同盟（CGT）はこれまで賃金凍結政策を支持してきたが，同年4月にルノー工場で始まった賃上げ要求ストを抑えられず，支持するに至る。5月，共産党が政府の賃金政策に反対票を投じるや，ラマディエは共産党閣僚を罷免し，3党政治は終わる。

共産党にとってこの下野は政権参加よりも労働者の支持の維持を一時的に優先する戦略的行動のはずだったが，同年6月の**マーシャル・プラン**[43]，9月の**コミンフォルム**[44]の結成など，世界規模で冷戦は昂進し，共産党は明確に路線転換する。同年11月にフランス全土に吹き荒れた政治的・暴力的ゼネストを共産党・CGTは支持するが，政府はスト鎮圧で応え，CGTに反発する反共的潮流は離脱して「労働者の力」派（CGT-FO）を結成する。共産党勢力の反体制化は決定的・不可逆的となる。こうして政党・労働運動の両方において，左翼陣営の分裂と混迷はこれ以後長期にわたって続くのである。

（藤井　篤）

▷2　トルーマン・ドクトリン
アメリカ大統領H.トルーマンが1947年3月に連邦議会に提出した特別教書。共産主義に自由を脅かされたギリシャ，トルコを防衛するために同国へ4億ドルの経済援助や軍事顧問団派遣を承認することを求めた。反共のためにアメリカが国際秩序に積極的に関与することを宣言した画期的な外交政策。

▷3　マーシャル・プラン
アメリカの欧州復興計画。提案者の国務長官G.マーシャルの名前にちなむ。1948年から1952年までアメリカは資金と物資を援助した。フランスを含む西欧16カ国がこの援助を受け入れたが，ソ連・東欧諸国は参加せず，欧州の分裂と西欧の統合を促進することとなった。

▷4　コミンフォルム
共産党・労働者党情報局。1947年にアメリカの反共世界戦略に対抗し，各国の共産党の情報交換と活動調整のために結成された。ソ連の影響下にある組織だが，ソ連・東欧の共産党，労働者党のほか，西欧からはフランスとイタリアの共産党が参加した。1956年に解散した。

（参考文献）
中山洋平『戦後フランス政治の実験――第四共和制と「組織政党」1944-1952年』東京大学出版会，2002年。

Ⅵ 第4共和国

2 占領期をめぐる裁判

1 粛清裁判とオラドゥール事件

　フランスの解放前後の時期は，ヴィシー側と抵抗勢力が攻守を交代する内戦の様相を呈していた。解放前の，ゲシュタポのフランス版ともいうべきミリスによる，抵抗勢力狩りが，解放後には抵抗勢力による（ミリス残党を含めた）対独協力者狩りにとって代わられたのである。そして，当初は正式な裁判手続きを経ないリンチや**女性に対する丸刈り**が頻発していた。解放期に実施された粛清裁判の全体像には不明な部分もあるが，一般の裁判所では7000件の死刑判決があり，そのうちおよそ1割が執行され，さらにほぼ同数の軍法会議での死刑執行という記録が残っている。対独協力で処刑された著名人のなかには作家ロベール・ブラジヤックがいるが，彼の処刑をめぐっては賛成派のサルトルらと，「過ちを犯す権利を認めるべき」と主張するジャン・ポーランらとに，抵抗派の作家たちの対応も割れている。また，政府高官については，特別高等裁判所が設置され，ペタンを含む18人が死刑判決をうけ，執行されたのはラヴァル，ド・ブリノン，ダルナンの3人であったが，ペタンについてはドゴールの恩赦で終身刑に減刑されている。粛清裁判は，全体としては初期が厳格で，時間の経過とともに緩くなっていく傾向があり，占領下で最も激しい反ユダヤ主義書物を書いていたリュシアン・ルバテが当初逃げていたために，結果として死刑を免れたことは，ブラジヤックの運命と対照をなしていた。
　粛清には，大規模な公職追放が伴っていたが，1950年代に実施された特赦法で，懲役での収監者を含め大半が解除されている。このあたりの経過は，戦後の日本とよく似ている。ただ，フランスの場合，内戦の傷が再燃する裁判が1950年代に行われている。オラドゥール裁判である。1944年6月ノルマンディに上陸した連合軍への反撃のための増援で移動中の武装親衛隊の部隊が，途中でレジスタンスを匿っているという口実で，1つの村，**オラドゥール**の住民を皆殺しにしたという事件である。1953年にボルドーで開廷した裁判では，被告のなかに14人のアルザス出身者がいたことが注目され，判決では13人は不本意

▷1　女性に対する丸刈り
解放に際して，占領期にドイツ兵と親しくなり子供をもうけた女性や，隣人を密告したと告発された女性が公衆の面前で髪を剃られて街中を引き回されるということが横行した。その数は2万人にのぼるといわれている。

▷2　オラドゥール
Ⅵ章コラム（記憶の場⑥）を参照。

図Ⅵ-1　シャルトルの丸刈り女性（撮影・ロバート・キャパ）
出所：https://tonduechartres.wordpress.com/2009/11/29/la-photo-de-la-honte/

召集兵として5年から12年の懲役刑，1人については志願兵と認定し死刑が宣告された。この判決にはアルザスから即座に猛反発があり，国民議会は恩赦を決議し，13人の不本意召集兵は釈放，死刑判決被告も懲役刑に減刑（のちに釈放）された。これには今度は，オラドゥールの地元リムーザン地方が反発し，地域対地域の記憶をめぐる内戦が，以後長く続くことになる。

図Ⅵ-2　オラドゥールの廃墟

出所：筆者撮影。

2　人道に対する罪

占領期をめぐる裁判は，1964年の戦争犯罪の20年の時効が区切りになるはずであったが，1980年代にも再燃する。**人道に対する罪**の裁判である。当時，軍事政権が民主化したことでボリビアから1983年に送還が実現した元リヨン地区ゲシュタポ司令官のクラウス・バルビーは，レジスタンスの英雄，ジャン・ムーランを拷問死させたお尋ね者であったが，実際の裁判では，ユダヤ人の子どもたちを絶滅収容所に送った罪が問われることになり，ここにフランスではじめての人道に対する罪の裁判が開廷する。そして，1994年には，元ミリスの隊員で，戦後カトリックの教会に匿われていたものの，ポンピドゥー大統領の恩赦の対象になったことがやぶ蛇で，再度潜伏していたところを発見されたポール・トゥービエの裁判が，さらに1998年には，占領期にはジロンド県事務総長としてユダヤ人移送に関わっていたものの，戦後はパリ警視総監や財務大臣まで上り詰めたモーリス・パポンの裁判が実現している。前述の**シラク大統領の公式謝罪**は，まさに，人道に対する罪へのフランスの加担が明らかになった1990年代の状況を象徴したものである。

（剣持久木）

図Ⅵ-3　モーリス・パポン（懲役10年の刑に服するも3年後に健康上の理由で釈放）

出所：https://www.over-blog.com/Maurice_Papon_biographie-1095203994-art83884.html

▷3　人道に対する罪
「国家もしくは集団によって一般の国民に対してなされた謀殺，絶滅を目的とした大量殺人，奴隷化，追放その他の非人道的行為」と定義され，第二次世界大戦後のニュルンベルク裁判に際して国際軍事裁判所憲章ではじめて規定され，ナチス・ドイツのユダヤ人大量虐殺に適用された。フランスにおいては，当初は同罪の適応者はいなかったが，殺人罪の戦後の時効20年が切れる目前の1964年12月26日の法によって，同罪の時効廃止を確認している。

▷4　シラク大統領の公式謝罪
Ⅴ章コラム（記憶の場⑤）を参照。

参考文献

藤森晶子『丸刈りにされた女たち』岩波書店，2016年。

Ⅵ　第4共和国

3　国有化と計画化

1　解放後の経済改革

　解放後のフランスで進められた大規模な改革は，政治面のみならず経済面にも及んでいた。経済面では「構造改革」とも称すべき一連の制度改革が実施され，戦後復興期に経済体制は大きな変容を遂げた。特に1940年代後半の経済改革は，レジスタンス運動の戦後改革を理念的に継承しており，国有化と計画化を中心的課題としながら展開した。

2　国有化

　国有化は2つの段階を経て実現された。第1段階は「熱い国有化」とも呼称されるもので，民衆の圧力に呼応した社会的・愛国的動機からドゴール臨時政府の下で実施された。具体的には，1944年末から1945年5月にかけての北部炭鉱や**ルノー自動車会社**[*1]の国有化が挙げられる。その背景には，対独協力企業の懲罰を求める社会的圧力があった。これに対して，第2段階の国有化は「冷静な国有化」として，生産設備と生産方法の近代化・合理化という近代主義的・技術的目標を持っていた。1946年に相次いで行われたフランス銀行，大預金銀行，保険会社，電力・ガス，石炭の国有化がこれに該当する。この近代主義的目標の達成は，労働者の企業管理体制改変の要求と結び付き，社会平和の確立を媒介として実現をめざした。

　しかし，1946年6月の総選挙において，国有化に消極的な人民共和派が躍進すると，国有化は停止された。これには国有化に対する労働者の期待が急速に衰えたことが影響していた。労働者は国有化による企業内での地位向

▷1　ルノー自動車会社
1945年の国有化によってルノー公団となったが，1990年に株式会社に改組され，1996年には完全民営化に移行した。

図Ⅵ-4　パリ郊外スガン島にあった頃のルノー自動車工場

出所：https://commons.wikimedia.org/wiki/File:Ile_seguin.jpg?uselang=ja

上を期待していたが，実現せずに焦燥感を強めていた。共産党と**労働総同盟**（CGT）は生産闘争を展開したが，国有化の成功条件として労働者に規律維持と秩序を要求したため，より闘争的な下部労働者からの反発を受けた。他方で技術者や職員層は，経営に対する労働者の過度の関与を「権威の危機」とみなして警戒し始めていた。また，累積する経済的・財政的困難のもとで国家介入に対する批判が高まるにつれて，国有企業に対する世論の人気も低下していった。

とはいえ，この時期の国有化に関しては，次のような意義を指摘できる。①基幹的セクターにおいて，設備投資の拡大，技術革新に消極的な経営者の更迭，分散的企業構造の克服などを実現し，競争力強化に寄与した。②1950年代以降の大量生産・大量消費体制を導くうえで，牽引的な役割を果たした。③伝統的な「家族主義的経営」に代わって「専門的経営」が本格化する契機となった。

❸ 計画化

すでに両大戦間期から計画経済は様々な形で提唱されていたが，戦後の経済計画は従来の計画理念の単なる延長ではなかった。その出発点となったのは，ジャン・モネ（1888～1979年）による第1次経済計画（近代化＝設備拡充計画），通称モネ・プラン（1947～52年）である。計画は近代化政策と輸入計画を結合するものであった。モネにとって近代化は機械・物資輸入と外貨獲得を条件としており，**アメリカ合衆国の援助**なしには実現不可能であった。援助を獲得するためには，それが計画的に活用される根拠を示す必要があったのである。

他方，モネ・プランの作成過程においては，各セクターに設置された「近代化委員会」が近代化のための具体的措置を検討した。この委員会は様々な計画主義者と近代化論者を含んでおり，計画化が国民的合意を獲得する基盤となった。委員会での審議はフランス経済の構造的欠陥を指摘し，近代化達成を長期的課題として示した。その結果，資源輸入・援助獲得計画として構想されたモネ・プランは，より長期的な近代化計画の形をとることになった。モネ・プランは石炭・電力・鉄鋼・運輸・セメント・農業機械の6つの基礎的部門を設定し，基礎的部門への資金・資源の重点的配分（一種の傾斜生産方式）を通じた発展をめざした。

以上のような国家主導の再建政策によって経済復興は進み，輸出の回復や貿易収支の改善がみられた。計画期間中，国有企業は国内設備投資の約半分を占め，近代化の推進主体となった。しかし他方で，国家支出増大に伴ってインフレ傾向が顕在化したことや，強力な国家介入が西欧世界の自由主義的政策と対立したこともあって，この過程は次第に弱点を露呈していくことになった。

（齊藤佳史）

▷2 労働総同盟（CGT）
Ⅳ章7節を参照。

▷3 アメリカ合衆国の援助
1947年6月に，アメリカ合衆国の国務長官ジョージ・マーシャルは，ヨーロッパの戦後復興に向けた大規模援助の供与を発表した。この欧州復興援助計画はマーシャル・プランとも呼ばれる。

（参考文献）
原輝史・工藤章編『現代ヨーロッパ経済史』有斐閣，1996年。
廣田功『現代フランスの史的形成——両大戦間期の経済と社会』東京大学出版会，1994年。

VI 第4共和国

 4 不安定な中道政権の復活

1 第3勢力の浮上

1947年は冷戦が本格化し，3党政治が解体するとともに，アメリカ資金をテコにしたフランスの経済復興が開始される年でもあった。同年に修正された**モネ・プラン**(41)に基づいて，フランスは鉄鋼，機械，化学など基幹産業部門を中心に近代化を果たしていく。1949～50年に工業生産は戦前水準を回復し，それ以後フランス経済はさらなる成長段階に入る。「栄光の30年」の歩みである。

下野した共産党および CGT は共に勢力を急激に減退させる。CGT は依然として最大の労働運動のセンターであり続けるが，その組合員数は1947年の540万人から1951年には300万人，1954年には210万人へと低下の一途を辿った。共産党は1945年の100万人党員を1948年に80万人，1950年代には30～40万人まで減らしながらも，第4共和政を通じて20％以上の得票率を維持し，最左翼の反体制政党として独自の地位を保った。

他方，右翼の側にも新しい動きがあった。1947年春に在野のドゴールが創設したフランス人民連合（RPF）は，反共主義と憲法改正を掲げる新党として急速に支持を拡大し，10月の地方選挙では主要13都市で勝利する。それは共産党に対抗できる，もう1つの都市的・青年的な反体制政党であった。

こうした状況下では，左右両翼の共産党と RPF に挟まれた残りの勢力（第3勢力）に政権基盤を求めるしかない。その結果レジスタンス勢力の社会党・MRP だけではなく，戦時中の対独協力によって権威を失墜させていた中道・右翼の急進社会党や共和右派（モデレ），その後には元 RPF にも出番が回ってくる。これが1940年代末から1950年代にかけての政権運営の姿である。

乏しい政権基盤を人為的に拡大するために選挙法も改正された。選挙連合（アパラントマン）を組む政党が過大に代表されるように比例代表制に修正が加えられた。これに基づいた1951年6月の議会選挙では，予想以上の健闘で RPF が120議席と第1党に躍り出る一方，共産党と MRP は共に激減し，社会党と同程度の100議席前後の勢力に収縮した。他方で，これまで没落していた急進社会党と共和右派が各々100議席近くを得て堂々復活する。かくて6政党がほぼ同程度の議席を占め，安定的多数派の形成が困難な議会状況が生まれた（「6角形議会」）。第3勢力の人為的拡大の狙いは十分には実現しなかったのである。

そればかりではない。第3勢力の内部でも争点によって異なる対立軸が生ま

▷1 モネ・プラン
近代化および設備拡充計画（1947～52年）。戦後フランス経済の復興と成長を国家主導で行う計画であり，発案者の計画庁長官ジャン・モネの名前にちなむ。石炭・電力・鉄鋼・セメントなど基幹部門に重点的に投資することで，生産力を飛躍的に向上させることを狙い，成功した。計画の出発点は CNR 綱領であるが，修正されてマーシャル・プランの受け皿となり，アメリカ資金に依存した経済復興を実現した。

144

れた。経済・財政政策では、国家主導経済や拡大政策を進めようとする社会党・MRPに対して、自由主義経済を望む急進社会党・共和右派は抵抗した。また教育政策では、カトリック系私立学校への国庫助成を認めようとするMRP・共和右派に対して、社会党・急進社会党は**政教分離**の立場から強く反対した。さらに欧州防衛共同体（EDC）問題への対応では、左右両翼の共産党・RPFが一致して反対したのとは対照的に、第3勢力ではどの政党内でも賛否が割れた。

▷2　Ⅳ章5節参照。

こうした状況下では、政府は争点ごとに組み合わせの異なる議会内多数派をその都度形成して対応するという統治スタイルをとらざるをえない。それは多党分立議会の下、決然たる政治的革新を行えない、短命で不安定な連合政権のたらい回しであり、戦前の第3共和政の政治の再現であった。

❷ 中道右派体制の光と影

1950年2月には賃金政策をめぐる対立ゆえにビドー内閣から離脱した社会党は、1951年選挙後にはプレヴァン内閣に入閣せず、1956年1月のギ・モレ内閣成立まで野党となる。政権基盤の重心は明確に右に動いた。第4共和政の終わりまで、マンデス＝フランス内閣とモレ内閣を除いて中道右派政権が続く。

1950年代のフランスは、年平均成長率5％を超える経済成長を遂げ、欧州経済統合（共同市場）を開始するなど、着実な業績を上げたが、その進路には抵抗や障害もまた大きかった。経済近代化路線によって切り捨てられていく零細な手工業者、小商人、小農民など旧中間層の困窮や不満は大きく、1953年以降、しばしば彼らによる街頭デモ、バリケード、税務査察妨害などの直接行動が起こり、騒然たる社会状況が生まれるのである。

また第4共和政は初発からインドシナ、次いで北アフリカへと不断に植民地紛争を抱えてきたが、そのために増大する不生産的軍事費は経済成長にとって重荷になった。ダイナミックで目覚ましく成長する経済と相変わらずの退嬰的で不安定な政治という矛盾を抱えながら、第4共和政は混迷を深めていく。

（藤井　篤）

図Ⅵ-5　農民たちの道路封鎖

出所：Philippe Masson, *La IVe République, 1944-1958*, Larousse, 1985, p. 77.

参考文献

中木康夫『フランス政治史』（中）未來社、1975年。

Ⅵ 第4共和国

 インドシナ戦争

1 前史

　19世紀後半からシンドシナへの侵略を開始したフランスは，1887年にこの地域をインドシナ連邦としてまとめ上げ，植民地支配を続けてきた。だが第二次大戦中の1940年にドイツと休戦条約を結び，ドイツ占領を受け入れると，植民地はフランスが国家的威信を保つための政治的資源になった。ヴィシー政府に対抗するドゴールらの自由フランスは次々と海外植民地を手中に収めていくが，インドシナを獲得するには至らない。ここには異なる状況があった。

　インドシナでは日本軍が40年9月に北部仏印（フランス領インドシナ）に，41年7月には南部仏印に進駐し，駐留フランス軍を武装解除する。日本はフランスの植民地体制を認める代わりにフランス人に対日協力をさせ，間接的にインドシナを支配したのである。だが日本の支配も長くは続かない。戦況は徐々に枢軸国側に不利に展開していく。ヴィシー・フランスが連合国側に屈することを恐れた日本は，インドシナの直接支配を考え始める。45年3月に日本軍はクーデタ（明号作戦）を起こしてフランス人を一掃する。

　ヴェトナムの共産主義者たちは41年にヴェトミン（ヴェトナム独立同盟）を結成し，組織を各地に広げていた。ホー・チ・ミンの指導下にヴェトミンは45年8月の日本降伏とともに一斉に蜂起し，ハノイでヴェトナム民主共和国政府を設立し，9月2日には独立を宣言した（8月革命）。

　ドゴールは戦後に「フランス連合」を設立し，その内部でインドシナに自治を与えることを考えていたが，独立など論外であった。フランスのインドシナ復帰のため，直ちにルクレール将軍の部隊がインドシナに向かった。

　独立宣言以後，各地でヴェトナム人とフランス人との衝突が始まっていたが，10月はじめにサイゴンに到着したルクレール師団は46年2月までに南部の平定を一応終えた。

　だが革命政権の本拠地のある北部には中国国民党軍が進駐しており，仏軍の上陸にはフランスとヴェトミンの合意が要求された。サントニー弁務官がホー・チ・ミンとの交渉に当たり，その結果46年3月6日に予備協定が得られた。そこでは，ヴェトナム民主共和国はフランス連合に属する「自由国家」とされたが，外交権は認められず，ヴェトナム3地域（北部トンキン，中部アンナン，南部コーチシナ）の統一は将来の人民投票の決定に委ねるとされた。

さらなる合意を求めて仏越の交渉が7月からフランスのフォンテーヌブローで行われたが，フランス側は熱意を示さなかった。そればかりかサイゴンではインドシナ高等弁務官ダリュジャンリューが親仏派ヴェトナム人を使い，「コーチシナ自治共和国」を設立させた。南部を分離してフランスの支配下に残そ

図Ⅵ-6　フランス軍空挺部隊の作戦展開
出所：http://jacqueline-devereaux.blogspot.jp/2009/04/guerre-dindochine-bataille-de-dien-bien.html

うとするフランス側の意図は明白であった。9月に会談は決裂する。

それ以降フランスがハイフォン港の関税権を接収したことから，各地でヴェトナム人とフランス人の衝突が相次いだ。11月には仏越両軍の間に銃撃戦が起こり，フランス艦隊はハイフォン市街を砲撃するに至る。12月，ホー・チ・ミンは抗戦をヴェトナム人に訴え，インドシナは全面戦争へ突入する。

❷ 親仏派政権の模索と戦争の国際化

開戦当初は兵器と装備において優越する仏軍が圧倒的に優勢であった。だがデルタ地帯の背後の山岳部では，仏軍はゲリラを相手に長期戦を強いられる。

コーチシナ自治共和国の第3代大統領となったグェン・ヴァン・スァンは新たに「臨時中央政府」を組織するが，依然として社会を実効支配できなかった。ヴェトミンを軍事的に壊滅できないフランスが求めたのは，自分たちに忠実でありながらヴェトナムの民心を掌握できる指導者であった。フランスが擁立を試みたのはすでに退位していた阮朝最後の皇帝バオ・ダイである。

フランスはグェン・ヴァン・スァンとバオ・ダイを相手に48年6月にハロン湾協定を結び，ヴェトナムの統一とフランス連合内での独立を約束する。さらに49年3月のエリゼ協定でバオ・ダイに再び統一を約束したうえで，サイゴンで「ヴェトナム国」を発足させる。しかしこうした協定はほとんど無意味であった。フランス側に熱意はなく，親仏派ヴェトナム人の政府は社会を実効支配する人員や財源を持たず，民心を掌握できない名目的な政府であった。

1950年1月，ヴェトミンは反攻に出た。北部山岳地帯の仏軍駐屯地は次々に陥落した。フランスはドラトル将軍に重火器と空軍を使って反撃させ，デルタ地帯を一応確保した。だがそこでフランスは不断のゲリラの浸透に悩まされ，消耗していく。戦争は長期化・泥沼化する。

さらに冷戦の進行は戦争の性格を変えた。49年10月には中華人民共和国が成立するが，その直後に中国はヴェトナム民主共和国を承認し，ソ連・東欧諸国もそれに続いた。50年6月には朝鮮戦争が勃発する。中国はヴェトミンに限定

的だが軍事的・経済的援助を与え，国内で軍事訓練を施した。

　アメリカから見れば，ヴェトミンを背後で操るのは国際共産主義運動であり，フランスがインドシナを失えば，ドミノ倒しのように次々と東南アジアは共産化されると思われた。それゆえにアメリカは対抗してバオ・ダイのヴェトナム国を承認し，積極的に対仏援助を行うようになった。

　50年以降インドシナ戦費は急増するが，フランスの対米依存は増大し，53年には戦費の8割はアメリカの援助により賄われた。こうしてフランスのインドシナ政策はアメリカの反共世界戦略に組み込まれ，インドシナ戦争は冷戦構造に強く結び付けられた。もはや仏越間の紛争ではなかった。

　3党政治はとうに終わり，51年以降は社会党も下野して，フランスがヴェトミンとの交渉による解決を追求する可能性は小さくなっていく。フランスはこうしてアメリカを利用しながら泥沼の戦争にのめり込んでいった。

3　戦争の行きづまりと終結

　インドシナ遠征軍司令官ナヴァールは，53年7月以降一時的に巻き返しに成功し，11月にはヴェトナム北西部ディエン・ビエン・フーに大要塞を建設する。ヴェトミン主力部隊を引きつけて一挙に粉砕する計画であった。だがこの要塞は54年3月からヴェトミンによって砲撃され，包囲され，補給路を断たれて孤立し，ついに5月には陥落する。農民たちを使った人海戦術で武器・弾薬・食糧の兵站を行ったヴェトミン軍の作戦の勝利であった。

　ディエン・ビエン・フーの陥落はフランスの軍事的勝利が不可能であることを強く印象付けた。陥落前からアメリカは地上軍派遣も含めた直接の軍事介入を考え始めており，負担軽減のため単独介入を避け，地上軍の派遣を仏・英・オーストラリア・ニュージーランド等の反共諸国の連合で行う「統一行動」政策を模索していた。だがこの政策は仏英の反対によって挫折する。

　54年4月からジュネーヴでは米英仏ソ中など主要国が参加する国際会議が開かれていた。朝鮮半島問題とともにインドシナ

図Ⅵ-7　塹壕のヴェトミン兵士

出所：http://jacqueline-devereaux.blogspot.jp/2009/04/guerre-dindochine-bataille-de-dien-bien.html

問題は重要議題であった。

インドシナ問題では討議参加資格をめぐって紛糾したが、ディエン・ビエン・フー陥落後にもはやヴェトミンを排除した紛争解決はありえず、その代表のファン・ヴァン・ドンが招待された。彼はフランスによるヴェトナムの主権と独立の承認、一切の外国軍隊の撤退、統一選挙による統一政府の樹立、フランス連合への加盟、即時の軍事行動の停止などを提案した。他方、

図Ⅵ-8 マンデス＝フランスと周恩来
出所：Masson, *op. cit.*, p. 93.

フランスは停戦と一定地域への両軍の引き離しを先議しようとした。

6月、本国では共和右派のラニエル内閣が倒れ、急進社会党左派のピエール・マンデス＝フランスが首相兼外相として内閣を組織する。マンデスは不生産的軍事費の増大こそ経済成長の障害だと考え、インドシナ撤退を主張していた。彼は1カ月以内のインドシナ停戦を公約してジュネーヴに乗り込んだ。

果たして7月20日、ヴェトミン側の大きな譲歩によってインドシナ停戦協定が成立する。ジュネーヴ協定は南北ヴェトナムの軍隊の引き離しを国土の暫定的分割によって行おうとした。南北の境界線は、当初ヴェトミン側は北緯13度線を、フランス側は18度線を主張したが、最終的には17度線で妥結した。国土の4分の3を支配地域するに至ったヴェトミンたちにとっては苦渋の決断である。ヴェトミンたちの譲歩は彼ら以上にアメリカの軍事介入を恐れた中ソの圧力の結果だとされる。

他方ヴェトナムの統一の問題は2年後の全国選挙の結果に委ねられることになった。反共的ヴェトナム国を強化する時間的余裕が与えられた。アメリカはこの協定には参加せず、後のアメリカのヴェトナム介入の道を残した。国際化した紛争は諸大国の関与によって一応の解決が図られたのである。

（藤井　篤）

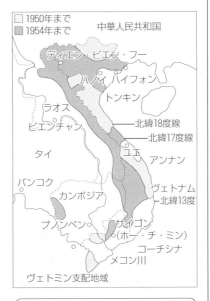

図Ⅵ-9　インドシナのヴェトミン支配地域
出所：松岡完『20世紀の国際政治』同文舘出版、1992年、134頁。

参考文献

桜井由躬雄・石澤良昭『東南アジア現代史Ⅲ』山川出版社、1977年。

白石昌也「第一次インドシナ戦争とジュネーヴ会談」山極晃（編）『東アジアと冷戦』三嶺書房、1994年。

エレン・ハマー／河合伸（訳）『インドシナ現代史』みすず書房、1970年。

VI 第4共和国

6 シューマン宣言と欧州統合の始まり

1 シューマン宣言と欧州石炭鉄鋼共同体

　欧州統合の思想は戦間期から既に見られたが，1950年代に入り，現在のEUにつながる欧州統合が具体的に始まることになる。その際に大きな役割を果たした国がフランスであった。1950年5月9日，ロベール・シューマン（Robert Schuman）外相は，後に「シューマン宣言」と呼ばれることになる有名な宣言を発表した。この宣言はシューマン外相や**ジャン・モネ**（Jean Monnet）たちの構想によるもので，フランスが西ドイツと共に石炭と鉄鋼の共同管理を行う機構を作ることを提案し，その趣旨に賛同する他のヨーロッパ諸国にも参加を呼び掛けるという内容の宣言であった。そしてこの構想は，仏独間で工業資源の共同管理を行うことによって両国間の戦争を防ぎ，それによって両国の長い戦争の歴史に終止符を打ち，ヨーロッパの平和を築こうとするものであった。宣言では「ヨーロッパは，一瞬で実現するわけではないし，また単一の構造体によって成り立つものでもない。ヨーロッパは，具体的な成果を積み重ね，実体的な連帯を生み出すことにより形成される。」とも述べられており，石炭や鉄鋼の共同管理という具体的なステップから，ヨーロッパの統合を実現しようというのが彼らの構想であった。

　この構想は，ECSC（欧州石炭鉄鋼共同体）の創設という形で結実した。1951年4月18日，フランス，西ドイツ，オランダ，ベルギー，ルクセンブルク，イタリアの6カ国によってパリ条約（ECSC条約）が調印され，1952年7月23日にパリ条約が発効し，ECSCが発足した。ECSCの執行機関である「最高機関」の初代委員長にはジャン・モネが就任した。ECSC特徴は，最高機関の権限が強く，加盟国政府の権限が相対的に低い，**超国家主義**の性格を色濃く帯びたものであった。これはモネやシューマンたちの欧州統合観を反映したものであったが，このような急進的な統合のあり方は，国家主権を重視する人々や，統合はあくまでも**政府間主義**で進めるべきと考える人々からの批判を招いた。

2 欧州防衛共同体（EDC）構想の挫折

　超国家主義的なヨーロッパ統合の構想は，防衛の分野でも

▷1　ジャン・モネ
1888～1979年。フランスの実業家，政治家で，シューマン宣言でうたわれた仏独による工業資源の共同管理による欧州統合の構想を考えた人物である。

▷2　宣言では，「……フランス政府は，ヨーロッパの他の国々が自由に参加できる1つの機構の枠組みにおいて，フランスとドイツの石炭および鉄鋼の生産を全て共通の最高機関の管理下に置くことを提案する……」と述べられている。

▷3　超国家主義（supra-nationalism）
加盟国の上に機関を置き，そこに権限を集める形で進める統合のあり方を指す。

図VI-10　シューマン宣言（フランス外務省時計の間）

出所：photos1.blogger.com/blogger/4640/388/1600/Schuman%20plan.jpg

模索されていた。欧州防衛共同体（EDC）構想である。当時のルネ・プレヴァン（René Pleven）首相が提唱したこの構想は、超国家主義的な形で加盟国の軍隊を統合し、いわば「ヨーロッパ軍」を創設しようとする試みであった。この構想の背景にあったのがドイツ再軍備問題である。冷戦とヨーロッパの東西分断という状況が明らかになり、西側の最前線となる西ドイツの再軍備が求められたが、第二次世界大戦の記憶がまだ新しいなかで、再軍備による西ドイツの軍事力を何らかの国際的な枠組みの下に置く必要があった。そのための構想の1つがEDC構想であった。この構想は、欧州防衛共同体条約（EDC条約）として、1952年5月27日にECSCの加盟国と同じ西欧の6カ国で調印された。超国家主義的なヨーロッパを志向する人々は、防衛分野のEDCと経済分野のECSCをもって連邦的なヨーロッパを構築しようと考え、ヨーロッパの政治全般の超国家主義的な統合を進める欧州政治共同体（EPC）の構想を提唱し、1953年にはEPC条約の草案がECSCによって提示された。

しかし、EDC条約はフランス議会による批准の拒否により発効しなかった。フランス議会内のドゴール派および共産党が反対したためであった。とりわけドゴール派は、EDC条約によって国家主権の最も根幹に関わるフランスの防衛が超国家主義的な統合に委ねられてしまうことに強く反対し、この構想の実現を阻んだ。フランス議会の批准拒否の方針により、EDC条約は発効することなく消滅した。自動的にEPC構想も立ち消えとなり、ドイツ再軍備問題は1955年に西ドイツがNATOに加盟する形で解決をみることになる。

フランスはECSCとEDCという2つの構想を提唱し、今日のEUにつながる欧州統合の始まりに大きな役割を果たした。他方で、フランスの主権に強くこだわり、EDC構想の実現を阻んだのもフランスであった。フランスにとって欧州統合とは、外交の地平を広げるものであると同時に、国家主権との葛藤を伴うものでもあった。これ以降、フランスは葛藤を抱えながら西ドイツと共に欧州統合において中心的な役割を果たしていくことになる。

（小窪千早）

▷4 **政府間主義（inter-governmentalism）**
統合をあくまでも加盟国の政府のあいだの緊密な連携と合意のもとに進める統合のあり方を指す。

図Ⅵ-11 ジャン・モネ（左）とロベール・シューマン（右）

出所：one-europe.net/user/files/P0135860007H.jpg

Ⅵ　第4共和国

7　小商人・職人たちの反乱

 プジャード運動の始まり

　1950年代のフランスは輝かしい経済近代化を遂げる一方，そこから切り捨てられていく人々を生んだ。小規模経営の農民，商人，手工業者など低生産性部門で働く旧中間層である。こうした部門では徴税の捕捉率も低かったが，国家は税収確保のために税務査察を強化しており，違反者には高額の追徴金・罰金を課した。それを支払えずに廃業や自殺に追い込まれる零細業者が続出した。

　そうした旧中間層の不満を背景に，全国を揺るがす反税運動が南西部後進農村地帯から始まる。その創始者のピエール・プジャードは王党派の家庭に生まれ，戦前にはフランス人民党系の青年組織に属し，右翼的傾向を持っていた。プジャードは戦後には南西部ロット県のサン・セレ市に定着し，小さな書店兼文房具店を営んでいた。また同市の市議会議員（共和右派）でもあった。

　1953年7月22日，プジャードは共産党市議から税務査察が町にやってくることを告げられる。翌朝，プジャードは査察対象の靴屋の前に様々な職種の商工人を集めて徴税官を撃退した。さらに「もう税金のために死なない」を合言葉に，小規模業者を守るための要求（大企業・チェーン・ストアとの課税の平等，均一の基礎控除，税務査察の廃止など）を掲げて，反税運動を始める。

　11月にプジャードがロット県商工業者連合を設立したことが新聞に取り上げられると，反税運動は南西部，南部，中部の諸県へ一挙に広がった。プジャードの指揮下にこの運動は「商人・手工業者防衛連合（UDCA）」を名のり，各地に組織を建設していく。プジャード運動の始まりである。

　彼らは税務査察通告を受けた商工業者がいると，近隣の仲間たちを集めて立ち入り調査を阻止し，また差し押さえられた店舗・工場の競売を妨害した。徴税官への暴力の行使もしばしばで，税務署への襲撃さえあった。

　UDCAはその名のとおり，商工業者の運動であるが，プジャードは55年以降，類似の名称で農民や労働者の組織もつくった。これらの試みは成功しなかったが，彼が全面的な世直しを指向していたことが窺える。

　UDCAの参加者たちの業種や政治的立場は様々であった。

図Ⅵ-12　演説するプジャード

出所：http://www.telerama.fr/livre/le-poujadisme-est-de-retour-mais-c-etait-quoi-au-fait,150668.php

そこにはしばしば共産党員が含まれ，地方委員会の幹部を務めることもあった。共産党も労働者層だけでなく中間層にも支持基盤を拡大しようと，この運動を支持した。

だが共産党との蜜月は長く続かない。プジャードは組織防衛のために密かに指導部からの共産党員の排除に乗り出し，55年10月にはモロッコ問題で右翼排外主義的立場を表明する。共産党はUDCAを「ファシスト的冒険主義」と非難し，絶縁を宣言した。

❷ 運動の政治化と衰退

この右翼化とともに運動は政治化する。11月の議会解散を受け，プジャードは新党「団結とフランスの友愛（UFF）」を設立して選挙戦に乗り出す。不公正な税制の是正，議会政治と全ての政党への敵対，強欲な大企業への非難，官僚制の腐敗の糾弾，海外領土の防衛などがUFFの主張であった。各地で精力的に大規模集会を開き，全ての既成勢力を敵として煽情的に糾弾するプジャードの運動はポピュリズムの典型である。

果たして56年1月の選挙はUFFに248万票と52人の当選者をもたらした。議会内最右翼勢力の誕生である。だが社会運動から出発して既成政治を拒否してきた素人集団は，共産党と共に恒常的反対派になるしかなかった。

さらに運動の内部には，植民地維持や反共主義に強く固執する極右傾向の政治派と，税制改革や大企業規制など，中小商工業者の職能的利益の擁護に徹しようとする職能派の対立があった。運動の政治化を本来の目的からの逸脱とみなす職能派はプジャードを厳しく批判し，組織からの集団的離脱も引き起こしている。プジャード自身は明らかに極右的信条を持っていたが，商工業者たちの声を無視することはできず，リーダーシップの危機に苦しんだ。

プジャード派に大打撃を与えたのは，58年初頭以来の北アフリカに発する政治的危機の発生である。アルジェリア在住フランス人によるクーデタには現地プジャード派が関わっていたが，それはドゴールの権力復帰というプジャード自身が望まない結果を生んだ。彼はUFF議員団に反ドゴールの投票行動を指令するが，議員たちは従わなかった。11月の議会選挙ではドゴール派の新党・新共和国連合（UNR）が圧勝する一方，プジャード派は全員落選する。以後もUDCAは社会において活動を続けるものの，急速に衰退していく。

プジャード運動は民衆的諸階層の不満を巧みに煽動し，社会運動として急速に勢力を拡大したが，政治の世界に参入した結果，政治的危機に巧みに乗じた別の右翼勢力の登場によって，あっけなく挫折していった。

（藤井　篤）

参考文献

藤井篤「『反税』から『帝国』へ──1950年代フランスのプジャード運動」高橋進・石田徹（編）『ポピュリズム時代のデモクラシー──ヨーロッパからの考察』法律文化社，2013年。

Ⅵ 第4共和国

 ## ドゴールの権力復帰

 終わりの始まり

　ドゴールが1947年4月に創設したフランス人民連合（RPF）は，同年10月の地方選で圧勝し，51年選挙では議会内第1党に進出する。だがまもなく衰退が始まる。急速に膨れ上がったRPFは，選挙での勝利のためにドゴール人気に便乗する保守派政治家を多く含んでいた。52年3月，ピネ内閣への信任をめぐって27人の議員が賛成投票し，反体制政党としての団結は崩れる。

　53年4月の地方選挙でRPFは大敗し，ドゴールは党活動の停止を指令する。残された議員たちは「社会共和派（CNRS）」の名前で活動を続けるが，マイエル内閣の成立を助け，続くラニエル内閣以降，第4共和政末まで政権に参加し続ける政党になった。党内にはあくまでもドゴールの権力復帰と第4共和政の打倒を指向する反体制派もいたが，総裁のジャック・シャバン＝デルマスら主流派は政権参加こそ生き残りの道だと考えていた。ドゴールも55年6月には公的生活からの引退を表明し，56年選挙でCNRSは22人にまで減る。

　ドゴールの権力復帰が現実味を帯びてくるのは，58年初頭に始まる政治危機のなかからである。2月8日，アルジェリア駐留仏空軍はFLNの出撃基地があると目したチュニジア領内の小村サキエト＝シディ＝ユーセフを空爆した。フェリックス・ガイヤール首相も知らない現地軍の独走であった。チュニジア大統領ハビブ・ブルギバは激怒して国連に提訴しようとし，それを避けるためにフランス政府は英米の仲介による解決法を受け入れようとする。

　アルジェリアがインドシナのように国際的圧力の下に失われていくことを懸念したフランス世論は沸騰する。4月15日，政府は議会の信任を失って倒れた。

　この危機の昂進のなかで，一部のドゴール派たちはドゴールの権力復帰と強力な国家権力（「公安政府」）の樹立に向けて行動を始めていた。アルジェリアのフランス人社会を掌握するために，レオン・デルベックが現地入りした。

　現地のフランス人たちは，自分たちが本国政府から見捨てられるという危機感を募らせていた。FLNによって3人の仏軍兵士が処刑されたことも人々の怒りを掻き立てた。10日，現地駐留軍総司令官サラン将軍は，アルジェリアの喪失には軍は耐えられないとする異例の長文電報を大統領に打った。他方，ピエール・ラガイヤルドやロベール・マルテルらの民間右翼は，本国議会にピエール・フリムラン（MRP）が首相叙任をかけて信任を求める5月13日に合わせ

てデモを計画していた。

② 5月13日のアルジェ・クーデター

13日午後，アルジェではゼネストが始まった。市内の商店，企業，学校，役所，公共交通，レストラン，カフェなど全ての機能が停止した。各地から集まった10万人の人々が戦没者記念碑の周辺道路を埋め尽くし，「フランス領アルジェリア」を叫んだ。やがて興奮した群衆の一部が総督府の建物に突入する。それまで事態を傍観していた現地駐留空挺部隊を率いるマシュー将軍らが混乱を収めるために建物に入った。ラガイヤルドらの要請に基づき，14日にマシューを議長とする軍民混成の「公安委員会」が結成される。

現地反乱の報は直ちに本国に届き，議会はフリムラン内閣を信任した。フリムラン内閣の成立を阻止しそこねた「公安委員会」のメンバーたちは動揺した。彼らはいかなる「次の手」も考えていなかった。ここで状況を支配したのは，一足遅れて「公安委員会」に入ったデルベックである。彼はドゴールの権力復帰だけが自分たちの生き残りの道であるとマシューを説得した。

15日にはサラン将軍も，デルベックに促されて総督府のバルコニーから「ドゴール万歳」を叫ぶ。見かけ上はドゴールの権力復帰は40万人の現地駐留軍の意思になった。16日に政府は非常事態法を成立させたが，サランら現地軍を非難せず，中途半端な態度をとった。こうしたなか，19日にドゴールは記者会見を行い，政権担当の意欲を見せながらも，「公安委員会」を否認しなかった。

その後，政治家たちのドゴールへの接触が始まる。ピネはドゴールを訪問し，モレは書簡を送った。これらの行動のねらいは「公安委員会」に権力を渡さず，合法的なドゴールの権力復帰の道をつくることにあった。27日，ドゴールはフリムランとの会談直後に権力掌握の手続きを開始したと一方的に宣言する。仰天するフリムランは辞任するしかなかった。

28日，パリでは共和政防衛の20万人デモが行われたが，盛り上がりに欠けた。CGTのスト指令はあまり守られず，社共の共闘は実現しなかった。人々はアルジェの極右勢力とドゴールの違いを知っていた。

6月1日，ドゴールは議会に登院して信任を受け，半年間の全権付与，議会の一時的休会，憲法改正の発議権を認めさせた。これまでフランスの全ての共和政の崩壊は独裁体制に接続したが，第4共和政の崩壊は辛うじて合法性の枠内で別の民主制（第5共和政）を招いた稀有の体制変動である。　　　　（藤井　篤）

図VI-13　総督府に突入するフランス人

出所：Philippe Héduy, *Algérie française, 1942-1962*, Société de Production Littéraire, 1980, p. 220.

参考文献

渡辺和行『ド・ゴール――偉大さへの意志』山川出版社，2013年。

渡邊啓貴『シャルル・ドゴール――民主主義の中のリーダーシップへの苦悩』慶應義塾大学出版会，2013年。

図VI-14　アルジェのフランス人のデモ

出所：http://cerclealgerianiste2607.fr/Chapitres/CULTURE/HISTOIRE/Histoire%20Militaire/Guerre%20d%27Algerie/13%20mai%201958/13%20mai%201958%2013.html

VI　第4共和国

9　アルジェリア戦争

1　前　史

　1830年以来18年を経てフランスに平定されたアルジェリアは，フランス植民地のなかでも例外的な移住植民地となる。19世紀以来ヨーロッパ各地域から入植が続き，なかには数世代にわたる在住者もいた。ヨーロッパ系住民（フランス人）の人口は1954年当時で約100万人に達し，彼らはムスリム系住民（同年で800万人）に比しても「大きな少数者」であった。このためアルジェリアの脱植民地化はインドシナよりも一層困難になる。

　第二次大戦中の1943年に自由フランス軍を率いるドゴールがアルジェリアに国民解放委員会（CFLN）を設立し，そこをレジスタンスの根拠地とする。同年に穏健派民族主義者のフェルハット・アッバースが起草し，大多数のムスリム議員が署名した文書「アルジェリア人民の宣言」は植民地主義を糾弾し，アルジェリア人独自の民族性と憲法の承認，ムスリムの政治参加，政治犯の釈放を求めた。44年3月にアッバースは「宣言と自由の友の会（AML）」を結成し，フランス共和国と連邦するアルジェリア共和国を構想する。

　45年5月8日，ドイツの降伏でヨーロッパでの戦争は終わった。同日，アルジェリア各地で対独戦勝祝賀の式典が行われるが，コンスターヌ県セティフで突如惨劇が起こる。ムスリム系参加者たちの一部が「アルジェリアに自由を」と横断幕を持って叫び出し，警官の発砲をきっかけに大混乱が起こる。彼らは興奮して手当たりしだいにフランス人を襲撃した。それに対するフランス当局の鎮圧は，空軍まで動員する桁外れに大規模で苛酷なものであった。この事件のムスリムの死者は確定できないが，数千人とも数万人ともいわれる。

　アルジェリア総督府は直ちにAMLを禁止し，大規模な容疑者の逮捕・訴追を行った。46年以降，アッバースはアルジェリア宣言民主同盟（UDMA）を，より急進的なメサーリー・ハージュは「民

図VI-15　仏軍に捕えられたアルジェリア人

出所：http://www.education-et-numerique.org/wp-content/uploads/2014/04/Alger_5_juillet_1962.fin_de_la_guerre_dAlg%c3%a9rie-1024x930.jpg

主的自由の勝利のための運動（MTLD）」を組織して選挙戦を戦うが，そのたびに総督府による猛烈な干渉が行われ，ムスリム議員の多くを親仏派が占めた。

インドシナと違って，北アフリカの民族主義勢力のあいだでは共産主義勢力は極めて弱体であった。アルジェリア共産党（PCA）は民族主義勢力との共闘を何度か試みたが失敗した。PCAはアルジェリアの独立を考えておらず，何よりもムスリムにとって無神論の共産主義は受け入れ難かった。

② 戦争の開始と国際化

1945年の鎮圧以後民族主義運動は長く停滞するが，53年から激化したMTLD内部の対立の結果，急進的潮流が離脱して，「統一と行動のための革命的委員会（CRUA）」を結成する。このグループが独立のための蜂起を準備する。

54年11月1日未明，アルジェリア各地約30カ所で爆破，放火，電話線切断などの破壊行為が同時に起こった。その行動主体は民族解放戦線（FLN）を名のり，植民地主義の廃絶とアルジェリア独立のための闘争を宣言した。

フランソワ・ミッテラン内相は「アルジェリアはフランスだ」と言明し，首相マンデスもアルジェリアはチュニジア，モロッコと違って共和国の一部だと議会答弁している。とはいえアルジェリアの植民地状況を知る彼らは駐留仏軍の増派を行うとともに，土地改革，住宅建設，ムスリムの公職就労支援などの社会・経済的改良プランを用意した。だが急進党内にはマイエルら植民地利益の代表者がおり，彼らの敵対により，55年2月内閣は倒れる。

後継のエドガー・フォール内閣でアルジェリア総督を務めたドゴール派のジャック・スーステルは，同化政策に代えて統合政策を打ち出した。アルジェリアをフランスの不可分の領土とし，総督府や**二重選挙人団制**などの廃止を目標としつつ，アルジェリアの民族的・文化的個性を認め，アラビア語教育などムスリムのエスニシティへの配慮を行うという政策である。だが反乱が激化すると，やはり軍事的鎮圧政策が優先された。55年3月に非常事態法が成立し，8月20日の全土でのFLNの一大反攻の後，PCAは非合法化される。

1956年1月の選挙でアルジェリア停戦を訴えて左翼が勝利し，モレ社会党内閣が成立する。だが2月のアルジェリア訪問で現地フランス人たちからの激しい抗議に直面して，モレは衝撃を受ける。「停戦・自由選挙・交渉」というモレの定式はアルジェリアの独立を論外とするものであった。

モレ内閣下で青年たちの徴兵が始まり，アルジェリア駐留仏軍は40万人へと増大する。この戦争はインドシナ戦争よりもはるかに身近なものになった。

もはやアルジェリアの政治制度の改革なしに紛争の解決がないことはフランスにとっても自明だった。アルジェリアの自治を増大させる基本法がブルジェス=モヌーリ内閣下で挫折し，次のガイヤール内閣期にようやく成立する。しかしこの制度の施行は停戦後とされたから，現実には絵に描いた餅だった。

▷1　二重選挙人団制度

アルジェリアのヨーロッパ系有権者を第1選挙人団，ムスリム系有権者を第2選挙人団に区分して，各々の代表を選出する選挙制度。アルジェリア議会の場合，各々が60人ずつの代表を「平等」に選ぶとされたが，圧倒的な人口の違いを考えれば，ムスリムにとっては極めて不利な制度である。

Ⅵ　第4共和国

図Ⅵ-16　アルジェリア民族解放軍の部隊

出所：Masson, *op. cit.*, p. 123.

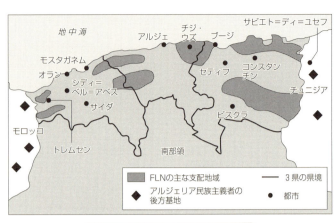

図Ⅵ-17　アルジェリアのFLN支配地域

出所：マリエル・シュヴァリエ，ギヨーム・ブレル（監修）／福井憲彦（監訳）『フランスの歴史』明石書店，2011年，441頁。

　フランスはアルジェリア問題を国内問題だとして国連の管轄権を否定したが，56年以後この問題は国連総会でも討議され，フランスはその対応に苦しむ。FLNが当初宣言したとおり，この紛争は国際化された。

　フランスは西側諸国から支持を獲得するために，「共産主義の脅威」「外部勢力の浸透」を宣伝するが，実情はかけ離れていた。アメリカも北アフリカの状況がインドシナとは大きく違うことを知っていた。アメリカのフランスへの熱意の乏しい支持と「リベラルで公正な紛争解決」の要求は，フランス人の反米感情を強める。58年2月のサキエト空爆以降のフランスの政治危機は仏米関係の危機の頂点であった。

③　ドゴール体制下での紛争の終結

　1958年6月，権力復帰直後にドゴールはアルジェリアを訪問し，「あなた方の言うことはわかった」と演説し，曖昧ながらもアルジェリアの維持の政策を人々に期待させた。しかしこの訪問では彼の口から「フランス領アルジェリア万歳」の言葉は1度しか聞かれない。ドゴールは5月13日クーデタに関与した将校を更迭し，12月には現地政府全権のサラン将軍を解任し，行政長官にポール・ドルヴリエを，駐留軍総司令官にシャル将軍を充てた。

　10月，ドゴールはアルジェリアの社会的・経済的近代化計画（コンスタンチーヌ計画）を発表する。5年間でムスリムに農地，住宅，雇用を提供し，ムスリムの公職就労を拡大し，賃金を引き上げることを目標とした。だがこれはアルジェリアの政治的地位に関わるものではなく，紛争の解決策ではない。

　続いてドゴールは「勇者の平和」を提言する。これは解放勢力に対して停戦

158

の上での交渉を促す提案だが，FLNからは無条件降伏要求として一蹴された。

　FLNは9月にアッバースを首相とするアルジェリア臨時共和国政府（GPRA）を設立し，将来の独立に備えていた。彼らはニューヨークにも代表部を持ち，米国務省とも非公式に接触をしていた。国連では戦争を継続しているフランスへの非難が一層強まり，アメリカは対仏支持に熱意を失っていく。

　第5共和制が発足した後も状況は好転せず，59年9月16日，ドゴールは突如アルジェリアに民族自決権を認めることを発表する。ドゴールの示したアルジェリアの選択肢は分離，フランス化，協同である。当時のドゴールは自身の考えを明らかにせず，協同が独立と矛盾するのかも不明であったが，スーステルらアルジェリア死守派はフランス化を選択しようとしたが，与党UNRではアルジェリア問題は「大統領の留保領域」だとして論争は封印された。

　アルジェリアのフランス人たちはドゴールに幻滅し始めた。彼らの一部は60年1月，アルジェの街頭にバリケードを築いて反乱を起こすが，ドゴールはテレビ・ラジオ放送で反乱を非難し，国民に団結を訴えた。反乱は挫折する。

　アルジェリアの独立を容認する発言を始めたドゴールに対してGPRAも交渉の姿勢を示し，60年6月に最初の交渉が行われるが，すぐに決裂する。

　61年1月，民族自決権の承認について国民投票が行われた。本国では賛成票は75％にも達し，国民の厭戦気分が示された。だがこれに危機感を募らせたサラン，シャル，ゼレル，ジュオーの4将軍が，4月にアルジェでクーデタを試みる。再度ドゴールは軍規の順守を命じ，反乱を挫折させた。サランらは逃走し，秘密軍事組織（OAS）を結成し，秋以降アルジェリア人への対抗テロ活動に走る。

　5月の交渉もサハラの帰属をめぐる対立から決裂するが，本土にまで飛び火したOASのテロ活動は国民の停戦意欲を高めた。ようやく62年3月18日にエヴィアン協定が調印され，停戦が成った。フランスはアルジェリアの国家主権を認めると同時に，期間限定だが仏軍の駐留権や海軍基地の使用権を得た。

　エヴィアン協定の承認をかけた4月の国民投票で賛成票は90％を超えた。7月にアルジェリアでも投票が行われ，アルジェリアは正式に独立する。　　　　　　　（藤井　篤）

図Ⅵ-18　アルジェの戦い

出所：Héduy, *op. cit.*, p. 196.

参考文献

シャルル＝ロベール・アジュロン／私市正年・中島節子（訳）『アルジェリア近現代史』白水社，2002年。

バンジャマン・ストラ／小山田紀子・渡辺司（訳）『アルジェリアの歴史──フランス植民地支配・独立戦争・脱植民地化』明石書店，2011年。

ギー・ペルヴィエ／渡邊祥子（訳）『アルジェリア戦争──フランスの植民地支配と民族の解放』白水社，2012年。

コラム（歴史博物館⑥）

国立移民歴史博物館とオラドゥール記憶センター

国立移民歴史博物館

　国立移民歴史博物館はパリ12区のポルト・ドレ宮にある。1931年の国際植民地博覧会の開催時に建設された建物を利用して、2007年にこの博物館は開かれた。その設立の目的は、19世紀以来200年にわたってフランスが受け入れてきた移民の歴史を記録することにある。

　常設展示では、イタリア、ベルギー、スペイン、ポルトガルなど近隣諸国のほか、ロシア、アルメニア、アルジェリア、モロッコなど非西欧世界からやって来た移民たちの足跡が、生活用品、楽器、人形、工芸品、労働契約書、手紙、写真、デッサン、地図、映像音響資料などを素材にして示されている。

　さらに「定着」、「労働」、「宗教」、「言語」、「生活の場」、「スポーツ」など、様々なテーマごとにパネルがつくられ、その問題の歴史的展開がデータと共に説明される。たとえば「受け入れの地、敵対するフランス」と題したパネルでは、移民たちをしばしば襲った排外主義の歴史が語られる。19～20世紀転換期にユダヤ人、ベルギー人、イタリア人を標的にした外国人憎悪は、その後も大恐慌や戦争の際に再発し、アルジェリア独立以後にはこの国の出身者を苦しめた。

　マグレブ系移民の発生の説明が植民地支配との関連で不十分だと批判する向きもあるようだが、日本では考えられないほどの率直さと公正さで、自国の暗部をも記録しようとする姿勢は高く評価されるべきだろう。

　常設展示のほかに、期間限定の特別展示があり、筆者が訪問した2017年夏には、イタリア人移民を特集していた。イタリア人移民は第一次世界大戦前に40万人に達し、ベルギー人を抜き、フランスでは最多の外国人であった。

図Ⅵ-19　国立移民歴史博物館内の展示

出所：筆者（藤井）撮影。

図Ⅵ-20　国立移民歴史博物館

出所：筆者（藤井）撮影。

図Ⅵ-21　オラドゥール記憶センター

出所：https://fr.wikipedia.org/wiki/Centre_de_la_mémoire_d%27Oradour-sur-Glane

図Ⅵ-22　オラドゥール唯一の生存者を囲んだガウク独大統領（右）とオランド大統領（左）

出所：http://www.liberation.fr/societe/2013/09/04/oradour-attend-la-visite-de-hollande-et-gauck_929268

　この博物館は来館者に対して一方的に歴史を展示するのではない。移民やその子孫に対しては，自分の個人史・家族史をフランス史の一部とするように，遺品や写真の寄贈を勧めている。歴史を記録するために，来館者とのあいだに双方向の関係を築こうとしていることもこの博物館の注目すべき特徴である。

オラドゥール記憶センター

　リモージュの北西に位置するオラドゥール村（Oradour-sur-Glane）の名前は，1944年6月10日のドイツ武装親衛隊第二師団による住民642人の虐殺によって記憶に刻まれている。解放直後に現地を訪問したドゴールによって史跡に指定され現状保存されることになり，現在も当時の姿を伝える廃墟の町がそのまま遺されている（新オラドゥール村はもとの村からは離れた別の場所に再建されている）。解放直後は，フランス国民全体の不幸の記憶の場であったが，1953年のボルドー裁判で状況が一変する。被告で有罪判決を受けたアルザス出身兵が1人を除いて全員恩赦で釈放されてしまったのである。そもそも（3年から12年の有期刑という）判決自体寛大すぎ，全員死刑で当然という不満がくすぶっていた地元の怒りは爆発する。遺族たちは，町への史跡認定，戦功章やレジオン・ドヌールを返上し，犠牲者の遺骨を政府が建てた納骨堂に入れることを拒否し，町の記念行事への政府の代表の参列も拒否し，さらには町の入り口に，国会での恩赦法の採決で賛成投票した議員の名前を刻んだパネルを掲げるに至っている。他方加害者の出身地アルザスも，不本意召集兵も犠牲者であるという立場で，オラドゥールのリムーザン地方とアルザス地方のあいだの軋轢はながく続くことになる。ようやく熱りもさめて，1989年に地元の県議会議長が遺族会の意向を踏まえてミッテラン大統領に記念館設立を提案し，10年後にシラク大統領によってオラドゥール記憶センターが落成している。センターは，オラドゥール村の廃墟の入り口につながっており，廃墟全体が歴史博物館を構成することになった。2013年にはドイツのガウク大統領がオランド大統領と共に訪問し，独仏の和解という象徴的シーンがまた1つ加えられている。

（藤井　篤・剣持久木）

コラム（記憶の場⑥）

植民地に生きた人々の記憶

マルセイユ

　1962年の春以降，アルジェリアの独立を見越して在住フランス人たちの大部分が本国に向けて大量帰国し始める。マルセイユやセートなど地中海沿岸部の港にはフランス人引揚者たちを満載した船が連日のように入港した。その結果，これらの都市をはじめとして南仏地方には北アフリカからの引揚者が数多く定着した。彼らは「ピエ・ノワール（黒い足）」とも呼ばれる。

　マルセイユでは地中海沿いの道路の端に，船のスクリューを模した巨大なブロンズの碑が立っている。船

図Ⅵ-23　引揚者記念碑（マルセイユ）

出所：筆者撮影。

で本国に帰還した引揚者たちの象徴である。この碑は1970年の建立だが，2012年にマルセイユ市から贈られたプレートはこう言う。

　　出自，人種の区別なく勇敢で献身的な人々を長年結び付けた植民地の軍隊へ。彼らはフランスの自由のために血を流して戦ってきた。彼らは栄光ある海外連隊旗をヨーロッパの中心まで持ってきた。自己犠牲された皆様に敬礼。

　ここにあるのは，フランス人は海外植民地で自由のために懸命に戦ったのだという自己肯定であり，汚い植民地戦争を行ったことへの反省は皆無である。

エクサン・プロヴァンス

　近隣のエクサン・プロヴァンスには，1974年に設立されたアルジェリア歴史資料センター（CDHA）がある。このセンターはアルジェリアに生きたフランス人たちの記憶を保存することを目的に，引揚者たちの私文書，植民地時代の新聞，雑誌，書籍，写真，イラストのほか，アルジェリアに関する学位論文や視聴覚資料まで多数収蔵している。CDHAは雑誌『生きている記憶』を発行している。そこには植民地期アルジェリアの社会的・経済的・文化的建設へのフランス人の貢献が詳細に語られているが，植民地支配への反省はみられない。

　この資料館に土地を提供しているエクサン・プロヴァンス引揚者館は，2013年にこの敷地内に「フランス

図Ⅵ-24　引揚者記念碑（エクサン・プロヴァンス）

出所：筆者撮影。

図Ⅵ-26　引揚者記念碑（パリ）

出所：筆者撮影。

図Ⅵ-25　引揚者記念碑（エクサン・プロヴァンス）

出所：筆者撮影。

領アルジェリアの殉教者たち」を顕彰する記念碑を建てた。そこに据えられたレリーフには，後ろ手に柱に縛りつけられ，背中を弓なりにのけぞらせるフランス軍兵士が描かれている。銃殺刑の瞬間だ。このレリーフ像の上には「1962年，あらゆる信仰心をもつ17万人以上ものフランス人がアルジェリアで行方不明になった」とある。アルジェリア独立の前後に多くの在住フランス人が民族解放勢力によって誘拐・殺害されたことを訴えている。脱植民地化の被害者としての自己認識が表明されている。

市内のサン・ピエール墓地には，旧植民地に祖先の墓を残して引き揚げてきた人々を慰撫するために石碑が建立された。ここでも特別に重要な位置を与えられているのは北アフリカからの引揚者だ。ジュアン元帥らを描いたレリーフの飾られた壁面には「国民の記憶」と刻まれている。1965年の建立以来，毎年10月にこの碑の前に引揚者たちが集まる。

パ リ

引揚者たちの記念碑は南仏以外でも見られる。パリ19区のビュト・デュ・シャポ・ルージュ公園にある白い像の足元の石板には，「モロッコ，チュニジア，アルジェリアで1962年までフランスに仕えた全ての人々に敬意を表して」とあり，その左右の石板は，アルジェリア戦争で仏軍に参加した先住民補充兵（ハルキ）と北アフリカの民間人犠牲者をパリ市の名で称えている。

こうした記念碑の建立を一部フランス人の「懐旧」の行動と片づけることはできない。2002年にアルジェリア戦争で「フランスのために死んだ」人々を顕彰する国民記念碑がパリ7区のブランリ通りに建立され，シラク大統領らが除幕式に参列したように，植民地をめぐる「記憶の承認」要求は，現代フランスにおいて無視できない力を持っているのである。

（藤井　篤）

Ⅶ 第5共和国と現在

1 第5共和政の始まり

1 フランス第5共和政の仕組みとドゴール

　1958年9月28日，新しい憲法草案が国民投票において可決され，フランス第5共和制が始まった。第5共和国憲法はドゴールの政治観を色濃く反映したものであり，新しい憲法によってフランスの政治体制は大きく変化した。まず大統領の権限が大きく強化され，大統領の選出方法も改められた。大統領の任期は1期7年と長く，弾劾による以外は罷免されない。大統領は，国家元首であるだけでなく政治の最高責任者であり，首相の任免権を持つとともに，軍の統帥権を持ち，国民議会（下院）の解散権を持つ。そして大統領は，憲法改正案や国家にとって重要と判断した案件について，議会を経ずに直接国民投票にかけて決定する権限を持つ。また，大統領は国家の危機に際しては「非常事態」を宣言する権限を持つ。

　他方，国民議会は首相に対する不信任権を持つため，大統領の党派と国民議会の多数派が異なる場合には，コアビタシオン（保革共存政権）と呼ばれる状況となり，大統領の影響力は制限されることになる。その点でフランス第5共和国の制度は，大統領が強い権限を持ちつつ，他方で首相が大統領と国民議会の双方に責任を負う仕組みとなっている点で「半大統領制」と呼ばれる。コアビタシオンの場合を除けば大統領が非常に強い権限を持ち，大統領の属人的な影響力が政治に直接反映されやすいのがフランス第5共和政の大きな特徴である。

　そして，国民議会の選挙制度が比例代表制から**小選挙区2回投票制**に改められ，フランスの政党システムは従来の多党制から，左右の2大政党制ないしは左右2つのブロックに収斂する穏健な多党制へと変容する。また，第5共和政においては政治エリートとしての政治家と官僚の距離が近くなったのも特徴の1つである。強い大統領によ

▷1　1958年に行われた第5共和制最初の大統領選挙は，国会議員や地方議員などから成る約8万人の選挙人団による選出という形を取ったが，1962年の憲法改正で国民の直接公選による選出に改め，1965年の大統領選挙以来今日に至っている。

▷2　2001年の憲法改正により，2002年以降，大統領の任期は1期5年に改められた。

▷3　小選挙区2回投票制　決選投票の制度を設けた小選挙区制である。第1回投票でいずれの候補も過半数を獲得しなかった場合，有効投票の12.5％以上の得票を得た候補が決選投票に進み，決選投票で最多得票を得た候補が当選する。

図Ⅶ-1　ドゴール大統領
出所：エリゼ宮（大統領府）の公式写真より。

164

るトップダウンの統治の仕組みと，整備された官僚機構により，第5共和政下のフランス政治は従来に比べて安定した。大統領の強大な権限に対し懸念を示す声もあったが，第5共和国の安定した政治体制は，安定を望む当時のフランス社会にとって概ね好意的に受け止められた。

2 フランスとアルジェリア問題

　ドゴールは，憲法制定後の1958年11月の議会選挙でドゴール派の新共和国連合（UNR）を中心に安定多数を確保し，1959年1月には第5共和国の初代大統領に就任し，第5共和政の下で新たに政権を始動させた。ドゴール大統領にとって当面の大きな課題は，新しい政治体制を定着させて国内社会の安定を図るとともに，第4共和政の崩壊の引き金となったアルジェリア問題を収拾することであった。政権復帰直後の1958年6月にアルジェリアを訪問したドゴールは，独立に反対する現地のフランス人に対し「あなた方の言うことはわかった（Je vous ai compris）」と語り，「フランスのアルジェリア万歳」とも語り，入植者であるフランス人たちに歓呼をもって迎えられた。しかしドゴールは徐々にアルジェリアの独立容認へと舵を切っていった。

　ドゴールは軍の掌握を進めながら事態の収拾を図りつつ，他方でアルジェリアの民族解放戦線（FLN）とのあいだの和平を模索する。ドゴールは1959年9月に「アルジェリア人のアルジェリア」を認める可能性を示唆する発言を行った。現地の状況により，アルジェリアの独立はしだいに不可避となっていた。1960年11月，ドゴール政権はついにアルジェリアの民族自決を承認し，1961年1月の国民投票でその承認を得た。しかし，その方針をドゴールの「裏切り」と捉え，あくまでもアルジェリアの独立に反対する勢力による抵抗は根強かった。秘密軍事組織（OAS）によるテロ活動が過激化し，ドゴール政権はOASの抑え込みに腐心した。あくまでも「フランスのアルジェリア」を主張する将軍たちは現地でクーデターを試みたが，ドゴール政権は果断に対処しそれを抑えた。1962年3月18日にフランスとアルジェリア臨時政府とのあいだでエヴィアン協定が調印され，アルジェリア問題はようやく収拾に向かうことになる。

　アルジェリア問題の収束により，フランス第5共和政は軌道に乗り始めることになる。1962年10月の国民投票による憲法改正で大統領の選出方法が国民による直接公選に改められ，また同年の国民議会選でドゴール派が安定多数を得て，ドゴール政権は安定した政治基盤を獲得した。

（小窪千早）

図Ⅶ-2　エヴィアン協定の際のアルジェリア臨時政府代表団

出所：www.radioargerie.d2/ar/images/stories/EVLAN.jpg

Ⅶ　第5共和国と現在

ドゴール外交

1　フランス外交とゴーリスム

　政権に復帰したドゴールは，独自の外交政策を展開した。ドゴールの政策はゴーリスム（gaullisme：ドゴール主義）と呼ばれ，その後のフランス政治にも大きな影響を与えた。

　まず，ドゴール外交の基本にあるのは，フランスの「自立」と「偉大さ」である。ドゴールが「フランスの防衛はフランスのものでなければならない」と述べたように，ドゴールにとってフランスは国際政治のなかで「自立」していなければならず，とりわけフランスの死活的な国益にかかわる国防の問題において，フランスが自らを防衛する手段を自らの掌中に握っておくことが必要であった。同様にドゴールは「フランスは偉大さなくしてフランスたりえない」とも述べており，ドゴールにとってフランスは「偉大」でなければならず，フランスが国際政治のなかで常に「大国」であらねばならないというのがドゴールの考えであった。ドゴールにとって当時の冷戦という二極構造は克服されなければならないものであり，彼はヨーロッパの古典的な勢力均衡に基づく「多極世界」を希求し，米ソのあいだでより自立したヨーロッパを構築することを望んだ。また，1964年に中華人民共和国を承認したり，ヴェトナム戦争に対してはアメリカのヴェトナム政策を批難したりするなど，ドゴールはしばしばアメリカの政策とは一線を画する外交を展開した。

図Ⅶ-3　ドゴール大統領とケネディ米大統領（1961年6月）
出所：www.pinterest.jp/pin/310537336777721928/

2　ドゴール外交と大西洋同盟──フランスの核保有とNATO軍事機構脱退

　フランスの自立と偉大さを希求するドゴールの考えかたは，防衛政策で最も

端的に現れた。その1つの現れが，フランスの核武装であり，もう1つがフランスのNATO（北大西洋条約機構）からの軍事機構脱退である。

フランスの核開発は第4共和政の時期から続いていたが，政権に復帰したドゴールもこれを継続して推し進め，1960年に最初の核実験に成功し，世界で4番目の核保有国となった。フランスにとって自国の核戦力は防衛におけるフランスの「自立」を究極的に担保するものであり，フランスの大国としての地位を担保するものでもあった。またフランスは，自国の核戦力を同盟の枠組みに委ねようとはせず，あくまでもフランス独自のものとして位置付けるとともに，この時期に始まった国際的な核軍縮の動きに対しても，米ソの優位を固定化するものとして加わらなかった。フランスは1963年に採択された部分的核実験禁止条約（PTBT）にも参加せず，1968年から署名が始まった核拡散防止条約（NPT）にも当初参加しなかった。

ドゴール政権下のフランスは，西側同盟の一員でありつつも独自の立場をとり，時にアメリカとは異なる政策を展開した。その最も端的な現れが，フランスのNATO軍事機構脱退であった。ドゴールは政権に復帰した1958年に，米英仏の3カ国でNATOの枢要な決定を行う枠組みを作ることを提案したが，これが米英両国に拒否されて以降，ドゴールは徐々にNATOから距離を置くことになる。そして1966年，フランスはNATO軍事機構を脱退した。それはフランスがNATO自体から脱退するわけではないが，有事にはNATOの統合指揮系統の命令下ではなく対等な協力の下に戦うという形をとったことを意味する。このことはNATOの同盟としての抑止力に実質的な影響を与えるものではなかったが，このような立場はフランスの「自立」を端的に象徴するものとして印象付けられた。

▷1 フランスの核戦略の重要な理論の1つとなったのがピエール・ガロア将軍の理論であり，たとえ少数の核戦力でも十分な第二撃攻撃を持つことによって核抑止力は機能しうるという理論であった。この考えかたに基づき，フランスは核戦力の整備を進めていくことになる。

▷2 フランスは，冷戦終結後の1992年にNPTに加盟した。

3 ドゴール外交と仏独関係

ドゴール外交の成果の1つは，フランスと西ドイツとの和解と協調を進めたことである。ドゴールは政権復帰当初からアデナウアー西独首相と頻繁に会談を重ね，両国の関係改善を大きく推し進めた。ドゴールは冷戦という状況のなかでフランスとドイツをその中核としてより自立したヨーロッパを構築しようと試みた。西ドイツのアデナウアー首相もまた，西ドイツの問題をドイツの頭越しに米ソで決められることを懸念し，ア

図Ⅶ-4　エリゼ条約の調印式（1963年1月22日）

出所：http://pedagogie.charles-de-gaulle.org/2015/10/18/signature-du-traité-de-lelysee-22-janvier-1963/

メリカとの関係だけでなくフランスとの関係強化を重視した。

　この時期の仏独関係の進展を示す大きな成果が，1963年1月に締結されたエリゼ条約（仏独協力条約）である。この条約は仏独両国の外交・安全保障面での協調や人的交流の促進をうたっており，その後の仏独協調の基盤となるものであった。特にこの条約によって進められた青少年交流をはじめとする両国間の人的交流は，長い年月をかけて両国間の融和をもたらし，現在に至る仏独の協調の大きな礎となった。西ドイツでエアハルトが新たに首相になり両国関係は一時停滞を見せるが，ドゴールとアデナウアーの信頼関係の下に，この時期に構築された仏独間の協力関係は，その後の両国首脳によって引き継がれていくことになる。

④　ドゴール外交と欧州統合

　ドゴール外交の特徴は1950年代から始まった欧州統合の流れにも大きな影響を及ぼした。ドゴールはヨーロッパという政治的なまとまりを構築することには積極的であったが，同時にフランスの主権に強くこだわり，ヨーロッパの統合はあくまでも政府間主義の形をとるべきであると主張し，超国家主義による統合のあり方に強く反対し続けた。

　ドゴールは，1960年代初めに，「フーシェ・プラン」と呼ばれる構想を提唱する。これはECSC（欧州石炭鉄鋼共同体）やEEC（欧州経済共同体）と同じ西欧6カ国の政府間で，外交や安全保障政策の協調を行っていくという構想であった。この構想は他の諸国の反対で実現しなかったが，こうした形でドゴールは西欧諸国による政治的な結束を構築しようと試みた。

　また，ドゴールはEECに対し「空席政策」と呼ばれる政策を展開して，その超国家主義的統合を妨げた。これはEECの意思決定にドゴールが不満を持ち，フランスがEECの理事会に政府代表を送らないということを1965年から1966年にかけて約半年間続けたというものである。これによりEECが一時的に機能停止に陥り，1966年1月，EEC理事会の意思決定を事実上の全会一致とする「ルクセンブルクの妥協」がなされた。このように，ドゴールはヨーロッパの構築を希求すると同時に国家の主権に強くこだわり，あくまでも政府間主義によるヨーロッパの構築を希求した。そして，イギリスをアメリカと同じアングロサクソン陣営とみなし，イギリスのEEC加盟申請を2度にわたって拒んだのもドゴールであった。

⑤　ドゴール外交と対東側外交

　ドゴール外交の大きな特徴の1つは，冷戦という二極構造の克服を模索したことである。東西関係の緊張緩和（デタント）に向けて，ドゴールは独自のデタント外交を展開し，東西関係の融和と冷戦構造の克服を模索した。

ドゴールは1964年頃から、ソ連や東欧諸国への接近外交を展開する。それはNATOから距離を置きながら東側陣営との対話を進めるという形で、フランスをあたかも東西両陣営のあいだの「調停者」であるかのように演出する外交であり、それによってフランスの国際的な影響力を高めようとするものであった。そしてそれはドゴールが以前から掲げていた**「大西洋からウラルまでのヨーロッパ」**[▷3]という構想を反映したものでもあった。ドゴールはソ連との接近を始め、1966年6月にはドゴール大統領自らソ連を公式訪問し、仏ソ関係の好転を演出して見せた。そしてドゴールは東欧諸国との関係改善を進め、ポーランドやルーマニアを訪問し、東西欧州の関係改善を進めた。

図Ⅶ-5 フランスのNATO軍事機構脱退に伴う、ロカンクールのNATO基地の閉所式典

出所：http://www.shape.nato.int/page1463252#pretty Photo

これらの外交はヨーロッパやドイツの東西分断という問題の解決を図ろうとしたものでもあった。冷戦時代にこの問題が解決される可能性は現実的に低かったが、ドゴールは「デタント、協商、協力」という考え方を打ち出し、まずは東西関係全体の改善を促し、それによって西欧と東欧がそれぞれ米ソ超大国の影響からより自由な立場を得てヨーロッパの連帯が作られることを希求した。いうなれば東西分断という状況を一時的に認めて東西関係の融和を図り、それによって長期的に東西分断という構造の克服を図るという逆説的な構想であった。こうしたドゴールの外交構想は、1968年の「プラハの春」がソ連の介入によって挫折を迎えたことにより、必ずしも所期の目的を達することはなかったが、独自のデタント外交を展開しようとしたドゴールの外交は、1970年のドイツのブラント政権による東方外交（Ostpolitik）にも一部引き継がれることになる。

6 ドゴール外交とその後の影響

ドゴール外交は、ドゴールの構想力とその傑出した個性によってフランスの「自立」と「偉大さ」を鮮やかに印象付けた。他方で、冷戦という構造のなかで、対米自立を演じ東西の調停者を演じたドゴール外交は、象徴的な性格を強く帯びたものであった。しかし、ドゴールの外交政策はドゴール以降のフランス外交でも党派を超えて色濃く踏襲されることになる。冷戦期においてもまた冷戦後の世界においても、その後のフランス外交は、しばしばアメリカとは一線を画する外交政策を展開し、また伝統的な「多極世界」を希求し自立的なヨーロッパの構築を様々な形で推し進めようとしてきた。その意味でフランス外交におけるゴーリスムの伝統は、その後のフランス外交に極めて大きな影響を与えるものであった。

（小窪千早）

▷3 「大西洋からウラルまでのヨーロッパ」
ドゴールはヨーロッパの東端をロシア（ソ連）のウラル山脈と捉えており、ヨーロッパ全体の紐帯を強調する時にしばしば「大西洋からウラルまでのヨーロッパ」という表現を用いた。

参考文献

川嶋周一『独仏関係と戦後ヨーロッパ国際秩序——ドゴール外交とヨーロッパの構築 1958〜1969』創文社, 2007年。

渡邊啓貴『シャルル・ドゴール——民主主義の中のリーダーシップへの苦闘』慶應義塾大学出版会, 2013年。

Ⅶ 第5共和国と現在

3 レジスタンス神話の盛衰

1 ミズーリ号上のルクレール将軍

　第二次世界大戦の終結が最終的に確認されたのは，1945年9月2日のミズーリ号上での日本の降伏文書調印である。この場に，フランス側は，大戦の戦勝国としてルクレール将軍を列席させている。大戦期間の大半を，日本の同盟国としてすごしたフランスは，1945年3月の**仏印での「戦闘」**によって，戦勝国の座に滑り込んでいたのである。1939年9月の開戦時にももちろん，連合国の一員であったフランスは，キセルで戦勝国になったというと言い過ぎだろうか。いずれにせよ，そのうしろめたさを糊塗するものが，レジスタンス神話であった。つまり，ドイツに占領され，対独協力ヴィシー政権が存在した4年のあいだにも，ドゴールらレジスタンスが正統フランス政府として，戦闘を継続していた，という神話である。もちろん，これが事実に反するのは，ここまで読んできた読者にはお分かりだろう。ここでは，レジスタンス神話の展開を振り返っておこう。解放直後の臨時政府にはレジスタンスの連帯で参加していたドゴール派と共産党であるが，第4共和政になって両者とも相次いで野に下っているが，神話が前面に登場するのは第4共和政末期にドゴールの復帰が待望されてからである。アルジェリアをめぐって混乱する状況の救世主として期待されたのは，「6月18日の男」であった。そしてクライマックスは，大統領になったドゴールが挙行したジャン・ムーランのパンテオン移葬儀式であった。1964年12月の追悼演説は文学者アンドレ・マルローに任されている。「あの日，その顔はフランスの顔だったのです」と締めくくってレジスタンスの英雄を称揚した時，ドゴールの正統性がまさにレジスタンスにあることを誰もが確認したのである。

▷1　仏印での「戦闘」
Ⅳ章5節を参照。日本側は仏印が連合国側につくのを防ぐために1945年3月に軍事行動，いわゆる仏印処理を実行する。戦闘は，日本軍保護下でのヴェトナム，ラオス，カンボジアの独立宣言という形で一旦終結するが，日本の降伏後は，独立を認めないフランス軍が戻り，インドシナ戦争へと続いていく。

▷2　『悲しみと憐れみ』
マルセル・オフュルス監督がフランス国営テレビのために製作したが，完成後にテレビ局の判断で放映ができず，映画館での上映に切り替えられ，1971年に公開。国営テレビの取締役が，引退直後のドゴールに「国民に必要なのは真実ではなく，希望である」と言われたという。同映画の内容については，レジスタンス神話というタブーに挑戦した意義が高く認められる一方で，レジスタンスについての扱いには公平性を欠くという，歴史家の指摘もある。

図Ⅶ-6　ミズーリ号上で日本の降伏文書に調印するルクレール将軍

出所：http://normandie44.canalblog.com/archives/2012/01/15/23245644.html

2 神話の崩壊

しかし，絶頂を迎えた神話の綻びは意外に早く訪れることになる。1968年の5月革命で，戦争を知らない世代の学生たちが，ドゴールの権威主義に抵抗したシュプレヒコールは，「CRS（機動隊）＝SS（ナチ親衛隊）」であった。彼らにはレジスタンスを体現した指導者への敬意はなかった。そして70年代には，映像と学術の2つの世界で神話が挑戦を受ける。占領下のフランスについて当時のニュース映像とインタビューを交えたドキュメンタリー映画『悲しみと憐れみ』とアメリカ人研究者ロバート・パクストンの研究書『ヴィシー時代のフランス』である。両者の相乗効果によって，占領期の対独協力の実態が明らかになることで，神話の崩壊が一気に加速する。さらに人道に対する罪の裁判が行われた80年代後半以降は，ユダヤ人迫害へのフランスの加担も白日のもとにさらされ，最終的に神話に引導を渡したのがシラク大統領の公式謝罪である。ただし，記憶のなかのレジスタンスは依然健在である。シラク大統領の後継者ニコラ・サルコジは，大統領就任早々，17歳で銃殺された**ギー・モケ**の遺書を全ての学校で朗読するよう指示を出している。これは，同じドゴール派でありながら前任者との違いを際立たせたい思惑と，本来共産党の英雄であった人物の記憶を横領することで，国民全体の統合者となろうとしたという思惑とが指摘できる。さらに，次のオランド大統領も，パンテオン移葬者には，**レジスタンスの4人**を選んでいる。神話がなくなっても，記憶のなかのレジスタンスは依然，健在である。

（剣持久木）

図VII-7 『悲しみと哀れみ』で証言するジャック・デュクロ

出所：https://cinepsy.com/film/le-chagrin-et-la-pitie/

図VII-8 ギー・モケ

出所：http://www.fondationresistance.org/pages/rech_doc/portrait-11.htm

▷3 『ヴィシー時代のフランス』
V章8節▷4を参照。

▷4 ギー・モケ
1940年10月に占領軍批判のビラを撒いていたために拘束されていたが，1941年10月のナントでのドイツ軍将校暗殺事件への報復としてリストアップされた27人の人質の1人として銃殺されている。父親が共産党員だったということもあり，戦後共産党はレジスタンスの英雄として祀り上げている。なお，サルコジ大統領の政治利用に反発して，等身大の少年としてのギー・モケを描いたのが，映画『シャトーブリアンからの手紙』である。

▷5 レジスタンスの4人
ゲシュタポに捕まった際に自白を強要される前に自殺したピエール・ブロソレット，ドゴールの姪で戦後は人権活動家として知られたジュヌヴィエーヴ・ドゴール，100歳まで生きた女性人類学者ジェルメーヌ・ティヨンそして，人民戦線内閣で最年少の国民教育相で，ミリスによって殺害されたジャン・ゼーである。

参考文献

スタンレイ・ホフマン／天野恒雄（訳）『革命か改革か　フランス現代史1』白水社，1977年。

Ⅶ　第5共和国と現在

4　68年革命

「68年革命」の勃発と収拾

　1968年は世界的に学生運動が盛り上がった年であったが，フランスも例外ではなく，フランスにおいて1968年は，ドゴール政権の翳りを示す年となった。フランス語ではそのまま「68年5月（mai 68）」と呼ばれ，日本でも5月革命や5月危機と呼ばれる1968年の「革命」は，フランス第5共和政の1つの曲がり角を示すものとなった。ことの発端は，3月のパリ郊外のパリ大学ナンテール校での学生運動であった。ナンテール校で大学の建物が学生たちに占拠される事態となり，運動はパリ中心部のカルチェ・ラタンの学生街に拡大し，学生運動と警察との衝突が頻発した。5月に入ると事態は学生運動だけでなく社会全体の運動へと広がり，特に労組が積極的に運動に加担し，ゼネストが行われるなど，学生運動だけでなく労働運動の性格も帯びるようになった。

　社会の騒擾が広がるなかで，ドゴール大統領が5月14日に国内を離れてルーマニアを訪問するなど，政府は事態を当初それほど重く見ていなかった。5月24日はドゴール大統領が国民投票の実施を公表したが，事態の収拾には繋がらなかった。ミッテランはマンデス・フランスを首班とする臨時政府の組織を主張し，また，ドゴール大統領の行方が一時掴めず，彼がフランスを離れてドイツのバーデンバーデンにあるフランス軍基地に現れるなど，事態は政権転覆の可能性をも窺わせる状況に至った。

　しかし，5月30日にパリに戻ったドゴールが国民投票の代わりに国民議会の解散総選挙を行う方針を公表して以降，事態は次第に沈静化していった。6月に行われた国民議会選挙では，皮肉にもドゴール派が過半数を占め，大きな勝利を収めた。これにより事態は収まったが，事態の収拾と国民議会選挙での勝利を通じて，政権内でのポンピドゥー首相の求心力が高まった。こ

図Ⅶ-9　68年革命の際のポスター

出所：galica.bnf.fr/ark:/12148/btv1b9018074c

うした状況はドゴールとポンピドゥーのあいだの静かな疎隔をもたらし、ドゴールはポンピドゥーに代えてクーブ・ド・ミュルヴィル外相を新しい首相に任命した。

2 「68年革命」の背景

1968年にこうした事態が起こった背景としては、1つは、当時のフランス社会に対する国民の不満である。学生の数が急激に増加したにもかかわらず各大学側の対応が追い付かず、様々な問題が生じていたことへの不満が、騒動の直接の発端となった学生運動として現れた。

図Ⅶ-10 ナンテールでデモを率いる、学生運動の指導者の1人ダニエル・コーン・バンディット
出所：http://etudiant.lefigaro.fr/les-news/actu/detail/article/cohu-bendit-devient-docteurhonoris-causa-de-l-universite-de-nanterre-46-ans-apres-mai-68-10096/

そして、学生だけでなく当時の経済状況に対する不満もその背景となった。ドゴール政権が経済改革を進め、フランス経済の近代化が進むなかで、改革に伴う失業者の増加が大きな問題となっていた。68年革命が学生運動を超えて労組などによる労働運動の性格を帯びたことには、こうした背景があった。

もう1つの背景は、政権復帰後10年に及ぶドゴール政権に対する国民の反発であった。デモにおいても「10年はたくさんだ」というようなスローガンが掲げられるなど、ドゴールの長期政権自体に対する批判があった。大統領の権限が強い第5共和政において、ドゴール大統領がほぼ1人で重要な決定を行う政権のあり方は、国民にはしばしば頑迷で権威主義的に映った。必ずしも戦争の記憶を持たない若い世代が社会に出てくるようになり、第二次世界大戦時の救国の英雄としてのドゴールのイメージは次第に薄れ、国民の主な関心は、ドゴールが掲げるフランスの威信よりも教育行政や雇用など日々の生活に関わるものに移りつつあった。

1968年のこの現象は、この年に世界的な現象として起こっていた市民運動、学生運動の動きと無関係ではない。フランスにおける68年革命は、新しい世代の出現によるフランス社会の空気の変化を強く印象付け、当時のフランスの文化や芸術にも大きな影響を与えた。そして68年革命のうねりは、フランスにおける革命以来の「街頭の政治」の伝統を再び思い起こさせるものでもあった。

これらの事態は、ドゴール大統領の影響力の低下をもたらした。ドゴールは1969年4月に地方制度と上院（元老院）の改革のための国民投票を行うが、その提案は国民投票で否決され、その直後にドゴールは突如大統領を辞任した。その翌年の1970年11月9日、ドゴールは私邸のあるコロンベイ・レ・ドゥ・ゼグリーズにおいて逝去する。ドゴールの退陣は、フランスの1つの時代の終わりを象徴的に印象付けた。同時に、ドゴール時代の翳りを示した68年革命は、戦後のフランスの転機を示すものでもあった。

（小窪千早）

▷1 この時の改革案は各県の上により広域な「地域（レジオン）」を設け、併せて上院（元老院）の選出方法も改革しようとするものであった。この国民投票は約48％対52％で否決され、ドゴール辞任の直接的なきっかけとなった。

Ⅶ 第5共和国と現在

ポンピドゥーとジスカール・デスタン

1 ポンピドゥー政権とドゴール後の第5共和国

　ドゴール大統領が1969年に退陣し，同年の大統領選挙で，ポンピドゥー（George Pompidou）が大統領に当選した。ポンピドゥーはドゴール政権の下で首相を務めた政治家である。ドゴール個人の影響が色濃く現れた第5共和制の下で，長くドゴール政権の中枢にあり，かつドゴール政権末期にはドゴールとの疎隔も経験したポンピドゥーにとって，ドゴール前政権との距離感は難しい課題であった。

　ポンピドゥーは「連続性と開放」を掲げ，ドゴール政権の政策を基本的に踏襲しつつ，社会政策やヨーロッパ政策などで独自の政策を示した。68年革命の教訓を踏まえて労働政策や社会政策においてより開かれた政策を示し，また経済政策ではフランスの工業化をさらに推し進めるとともに，通貨フランの切り下げを断行した。ヨーロッパ政策では，EC（欧州共同体）が新たに拡大と深化の方針を採ったことを受けて，EC拡大容認の政策をとった。頑なにイギリスの加盟申請を拒んできたドゴールと異なり，ポンピドゥーはイギリスのEC加盟を認め，ECの拡大への道筋をつけた。

図Ⅶ-11　ポンピドゥー大統領
出所：エリゼ宮（大統領府）の公式写真より。

　ドゴール時代にはドゴール個人の影響力が非常に強かったのに比べて，ポンピドゥー時代には与党内でもポンピドゥー大統領だけでなく，シャバン・デルマス首相やジスカール・デスタン経済相がそれぞれの勢力を率いて中道右派陣営の内部で影響力を争う状況がみられた。またこの時期には野党の左派陣営において諸派の糾合がなされ，新たに社会党が結成され，ミッテランが党首（書記長）の座に就いた。ポンピドゥー大統領は任期途中の1974年に病気により逝去する。ポンピドゥー政権の功績の1つは，ドゴール後の第5共和政を安定的に軌道に乗せたことで

あるといえよう。

2 ジスカール・デスタン政権の発足

ポンピドゥー大統領の逝去に伴う1974年の大統領選挙では、ヴァレリー・ジスカール・デスタン（Valéry Giscard d'Estaing）が当選した。ジスカール・デスタンは、中道右派に属しつつも非ドゴール派の中道を標榜する政治家であり、新大統領の若く清新なイメージはフランス政治の新しい時代を印象付けた。他方でジスカール・デスタンの党派は国民議会の過半数を占めるには至っておらず、ジスカール・デスタン大統領はドゴール派のシラクを首相に任命した。ジスカール・デスタン政権は実務官僚を多く閣僚に登用して政権運営を行った。国内政策では、成人年齢を21歳から18歳に引き下げ、福祉の拡大などリベラルな一面を示すとともに、経済政策では、高速鉄道TGVの導入を進め、緊縮政策を行うとともに、高度成長の時代から安定成長への時代に対応し、これまでの急速な経済の近代化の歪みに対応すべく、失業体制などを推し進めた。

図VII-12 ジスカール・デスタン大統領

出所：http://fn.wikipedia.org/wiki/Valéry_Giscard_d%27Estaing#/media/File:Val%C3%A9ry_Giscard_d%E2%80%99Estaing_1978(3).jpg

ジスカール・デスタン政権の外交政策は、基本的にはドゴール主義を踏襲しつつ、石油危機を受けて先進国首脳会議の開催を提唱してランブイエで第1回の先進国首脳会議を開催し、またEC（欧州共同体）における首脳会議を欧州理事会として定例化することを提唱するなど、1970年代の国際政治において積極的外交を展開した。この時期のフランス外交は、ジスカール・デスタン大統領とシュミット西独首相との良好な関係にも支えられ、仏独間の良好な関係は欧州統合の進展にも大きな役割を果たした。安全保障政策では、NATOとの関係強化を図りつつ、デタント（緊張緩和）の機運のなかでソ連をはじめとする東側諸国とも良好な関係を構築した。しかし国際情勢がデタントから次第に新冷戦と呼ばれる緊張の時代に再び差し掛かると、ジスカール・デスタンの外交政策は躓きをみせることになる。ジスカール・デスタンが**NATOの二重決定**に対し強い支持をしなかったことや、ソ連によるアフガニスタン侵攻の後もソ連との友好的な関係を維持し、モスクワ・オリンピックにフランス代表の参加を決めたことなどは、内外からの批判を受けた。1981年の大統領選挙において、ジスカール・デスタンは保守陣営がまとまりを欠いたこともあって、ミッテランに敗北することとなった。

ポンピドゥーとジスカール・デスタンによる12年間は、ドゴール後の第5共和国が、中道右派陣営の下でドゴール派と中道の非ドゴール派との葛藤を孕みつつ展開した時期であった。そして第5共和国は社会党のミッテラン政権に引き継がれていくことになる。

（小窪千早）

▷1　NATOの二重決定
NATOの北大西洋理事会が1979年12月に採択した決定であり、ソ連に対し中距離ミサイルの配備撤回を含む核軍縮を求めるとともに、それが実現しない場合にはアメリカの中距離ミサイルの西欧配備を進める内容のものであった。

▷2　決選投票においてシラク率いるドゴール派「共和国連合（RPR）」が必ずしも明確にジスカール・デスタンを支持しなかったことも1つの要因となった。

Ⅶ 第5共和国と現在

6 ミッテラン政権と冷戦終結

1 ミッテラン社会党政権の発足

　1981年の大統領選挙で，中道左派の社会党の候補であったフランソワ・ミッテラン（François Mitterrand）が当選した。フランスで社会党が政権に就くのは第5共和国で初めてのことであり，ミッテラン自身は，第4共和国時代に数々の閣僚を歴任し，第5共和政に入ってからは野党左派の領袖として，長い経歴を持つ政治家である。ミッテラン大統領は，就任直後に国民議会を解散し，与党社会党は議会でも多数派を獲得した。ミッテラン新政権の誕生はフランス政治における左派の時代を印象付けると共に，西側の同盟国からはフランス共産党が閣内に入ることへの懸念も示された。

　ミッテラン政権の初期の政策は，同時期にイギリスやアメリカで新自由主義による経済政策が進められたのとは対照的に，公共投資を増やすとともに産業の国有化を進め，公的部門の雇用拡大や最低賃金の引き上げなどで経済を浮揚させるという，左派政権としての「大きな政府」の路線に沿ったものであった。

　また，この時期のミッテラン政権の政策として，地方分権が挙げられる。フランスは革命以来典型的な中央集権国家であったが，ミッテラン政権が進めた地方分権改革で，広域の枠組みとして地域（レジオン）が設けられ，またそれまで中央の官選であった各県の知事が県議会による選出に改められた。ブルトン語やオック語などフランスの少数言語の地位が見直されたのもこの地方分権改革の結果であった。

▷1　この時の選挙の前にミッテラン大統領は自派の負け幅を減らすべく選挙制度を小選挙区2回投票制から比例代表制に改めた。しかしそれでも社会党は敗れ，次の1988年の国民議会選挙の際には従来の小選挙区2回投票制に戻した。

　ミッテラン政権初期の「大きな政府」による経済改革は十分な成果を挙げることができず，ミッテラン政権への支持は徐々に低下した。ミッテラン大統領は1984年に新たにファビウスを首相に任命し，緊縮財政と減税による新自由主義的な経済政策へと転換した。しかし，フランスの経済状況は容易に好転せず，1986年の国民議会選挙では多数派を失い，中道右派（ドゴール派）のシラクを首相とする最初のコアビタシオンが実現した。初めてのコアビタシオンという状況のなかで，外交・防衛は大統領の専管事項とし，内政は首相が行うという不文律が作られた。

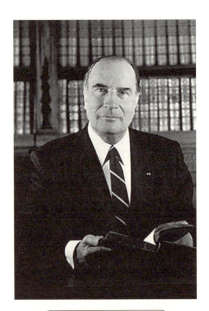

図Ⅶ-13　ミッテラン大統領

出所：エリゼ宮（大統領府）の公式写真より。

2 ミッテラン政権第2期と冷戦終結・欧州統合

　1988年の大統領選挙でミッテランは再選を果たし、また同年に国民議会の解散総選挙を実施しコアビタシオンの状況に終止符を打った。ミッテラン政権の第2期は、冷戦終結という国際政治の大転換の時期であり、またそれに伴い欧州統合が大きく進展した時期でもあった。

　ミッテランの外交安全保障政策は、左派政権でありながらも、西側陣営の一員としての立場を堅持し、またゴーリスムの伝統を踏襲したものであった。またミッテランは一貫して西ドイツとの協力関係を維持した。新冷戦という状況のなかで、ミッテランはアメリカの中距離ミサイル（パーシングⅡ）の配備を支持し、西側陣営の連帯を支持した。また1980年代後半からソ連のゴルバチョフ政権による東西関係改善の兆候が見られると、ミッテランはソ連との積極的な対話を進めた。1989年に東欧革命が起こりベルリンの壁が崩壊し、東西ドイツの統一の可能性が見えると、ミッテランは当初はドイツの統一に躊躇を示したが、コール西独首相と会談を重ね、徐々にドイツの統一を容認する姿勢を取った。また冷戦後のヨーロッパの政治秩序として、ミッテランは CSCE（全欧安全保障協力会議）を中軸に「欧州国家連合（confédération européenne）」という構想を掲げた。これはソ連（ロシア）を含む欧州諸国による緩やかな政治的枠組みを提唱するもので、当時のソ連のゴルバチョフ書記長が掲げていた「欧州共通の家」という構想と似ており、またドゴール大統領がかつて掲げた「大西洋からウラルまでのヨーロッパ」にも通じる構想であった。ミッテランはコール首相や当時の各国首脳たちと共に冷戦後の国際秩序を模索し、また冷戦後の欧州統合を推し進めた。

　ミッテラン政権は2期14年に及んだが、ミッテランは今日でもフランス第5共和政の大統領としてドゴールに次ぐ高い評価を受けている。老獪で晦渋な政治家でもあったミッテランは、左派の政治家としてドゴールを最も強く批判しつつ、大統領に就任してからはドゴールの政治スタイルを最も忠実に踏襲した大統領でもあった。ミッテランはドゴールに次ぐフランスの「国父」として、フランス政治に大きな影響を残した。

（小窪千早）

▷2　この時期の仏独間の交渉において、ミッテランはコールに対し、統一後のドイツがドイツマルクを放棄して欧州単一通貨の枠組みに入ることと、欧州統合のなかに新たに共通の外交安全保障政策を設け、統一後のドイツがその枠組みに入ることを提案した。コールがこれを受け容れたことを以てミッテランはドイツの再統一支持を明確にしている。

参考文献

ミシェル・ヴィノック／大嶋厚（訳）『ミッテラン──カトリック少年から社会主義者の大統領へ』吉田書店、2016年。

吉田徹『ミッテラン社会党の転換──社会主義から欧州統合へ』法政大学出版局、2008年。

渡邊啓貴『ミッテラン時代のフランス』芦書房、1993年。

図Ⅶ-14　パリで1990年に開催された CSCE 第2回首脳会議

出所：http://www.osce.org/mc/66101

Ⅶ 第5共和国と現在

7 シラク政権下のフランス

1 シラク政権の発足と第3次コアビタシオン

1995年の大統領選挙でシラク（Jacques Chirac）が大統領に就任した。シラクはそれまで2度首相を務めた政治家であり，ドゴール派の共和国連合（RPR）の党首を長年務め，ゴーリストの本流を自認する政治家である。シラク政権の主な課題は，失業率の改善と経済回復，そして財政均衡の回復であった。シラクは自由主義的な政策を通じて景気の回復を図った。シラク大統領は，政権基盤を固めるために1997年に国民議会の総選挙に踏み切ったが，逆に野党社会党の勝利という結果をもたらし，2002年までのあいだ，社会党のジョスパン首相とのコアビタシオンを経験することになる。

ジョスパン内閣は，雇用や経済の問題に対し社会民主主義的なアプローチによる解決をめざし，週35時間労働法の制定や，公的部門における雇用の拡大，移民政策の緩和などの政策が推し進められた。ジョスパン内閣のこれらの政策は一定の成果を挙げたものの，2002年の大統領選挙ではシラクが再選を果たした。この時の大統領選挙では極右政党・国民戦線（FN）のジャン・マリー・ルペン候補が決選投票に進み，「ルペン・ショック」と呼ばれる衝撃をもたらした。同年の国民議会選挙では**大統領与党連合（UMP）**が過半数を獲得し，第2期シラク政権は大統領主導による政権運営が行われた。

図Ⅶ-15 シラク大統領
出所：エリゼ宮（大統領府）の公式写真より。

▷1 大統領与党連合（UMP：Union majoritaire présidentielle）
与党中道右派の共和国連合（RPR）に中道政党のフランス民主連合（UDF）の一部が合流したもの。2002年の国民議会選挙後に，国民運動連合（UMP: Union pour un mouvement populaire）として新党を結成した。

2 シラク政権の外交安全保障政策——イラク戦争と米仏対立

シラク政権の外交政策は，米欧同盟を重視しつつも，ヨーロッパの影響力を高めようとするものであった。シラク大統領は，当初NATO軍事機構への復帰を模索するとともに，EUの共通安全保障政策の始まりに大きな役割を果たした。1998年12月にシラク大統領はブレア英首相とサンマロで会談を行い，EUが紛争に対する危機管理能力を持つことに合意した。これによりEUの共通の安全保障政策である**ESDP**が作られたが，フランスはその推進に主導的な役割を果たし，外交安全保障における自立したヨーロッパの構築を模索した。

第2期シラク政権のフランス外交を印象付けたのは，フランスの「自立外交」と米仏対立であった。2001年のアメリカの同時多発テロ（9.11）の際には

178

フランスはアメリカを強く支持したが，2003年のイラク戦争の開戦に際して，フランスはドイツなど一部の欧州諸国と共に開戦に強く反対し，アメリカと対立した。かつてドゴールが冷戦期の米ソによる二極構造に強く反発したように，シラクは冷戦後のアメリカによる一極構造に強く反対し，「多極世界」という言葉をしばしば演説で用いて，多極による均衡に基づく冷戦後の世界を希求した。フランスおよびヨーロッパの「自立」と多極世界を希求したシラクの外交政策は，ドゴールの外交を強く意識したものでもあった。

図Ⅶ-16 ドヴィルパン仏外相とパウエル米国務長官
イラク戦争開戦時，両国の意見は大きく分かれた

出所：http://upload.wikipedia.org/wikipedia/commons/f/fc/powell_villepin.jpg

3 フランス社会の変化

シラク政権期は，内政においてフランス国内の問題が様々な形で現れてきた時期でもあった。その1つが移民をめぐる問題である。フランスは歴史的に多くの移民を受け入れてきており，特に戦後はマグレブ諸国などの旧植民地からの移民が増えていた。フランス社会における移民の増加に伴い，移民に対する反発が現れるとともに，2世以降の移民系の若者が社会に対し疎外感を抱き不満を募らせるという状況が現れ，移民をめぐる問題が徐々に認識されるようになった。移民系の住民がまとまって住む都市郊外（バンリュー）の問題が注目されるようになり，2005年10月には，移民系の若者の不満に端を発する「暴動」がパリの郊外からフランス全土に広がるという事件が起こり，大統領は非常事態宣言を出して事態の収拾に迫られた。

同様にフランスの社会モデルが改革を迫られるようになるのもこの時期である。フランス社会は労働者に対する手厚い保護がある一方で，それが労働市場の硬直化をもたらしており，フランス社会における高い失業率は依然として大きな課題であった。特に若年層の失業率の増大は深刻な課題であり，政府はCPE（初期雇用契約）という新しい法案で状況の打開を図ろうとしたが，この法案は学生や労組からの激しい反対を招き，法案は廃案を余儀なくされた。

シラク政権下の12年間は，冷戦後のフランスの内政・外交のあり方を模索した時期であったとも言える。シラクは外交面ではゴーリスムを強く意識した外交政策を展開し，また欧州統合でも大きな役割を果たした。そしてシラク政権が直面した国内の諸課題は，その後のフランス社会にも大きな影を投げかけることになる。

（小窪千早）

▷2 ESDP
欧州安全保障防衛政策（European Security and Defence Policy）のことで，EUによる共通の安全保障政策である。2009年のリスボン条約発効に伴い，CSDP（共通安全保障防衛政策：Common Security and Defence Policy）と改称された。

▷3 CPE（初期雇用契約）
Contrat premier enbaucheの略で，26歳未満の労働者を2年以内であれば解雇できるという内容を含んだ法案であり，その代わりに企業が若年層を多く雇用することを期待したものであった。しかし，若年層を容易に解雇できるという点が逆に若年層をはじめとする国民の反発を招き，この法案は廃案に追い込まれた。

参考文献
軍司泰史『シラクのフランス』岩波新書，2003年。
長部重康『現代フランスの病理解剖』山川出版社，2006年。

Ⅶ 第5共和国と現在

8 欧州統合とフランス

1 フランスにとっての欧州統合

フランスは欧州統合の歴史において重要な役割を果たしてきた。フランスにとっての欧州統合とは，より自立したヨーロッパを構築したいというフランスの希望と，フランスの主権を守ろうとするナショナリズムとのあいだの葛藤の歴史でもある。前述のようにドゴールは欧州統合に対し，ヨーロッパ諸国がまとまることは肯定しつつも，統合はあくまでも政府間主義で進めるべきものとし，超国家主義的な欧州統合のあり方を峻拒した。ドゴールは「諸国家から成るヨーロッパ（l'Europe des patries）」を提唱し，欧州統合を認めつつもあくまでも国際政治の基本は国民国家であるという立場を崩さなかった。

▷1 ミッテランは演説のなかで，「フランスはわれらの祖国，ヨーロッパはわれらの未来（La France est notre patrie, l'Europe est notre avenir）」という有名な言葉を残している。

▷2 ジャック・ドロール 1925年〜。ドロールは1985年から95年にかけて欧州委員会委員長を務め，欧州単一議定書やマーストリヒト条約など，冷戦終結を挟んでEUの創設に至る欧州統合の深化を主導した。

2 冷戦期の欧州統合とフランス

ドゴールの退陣後，ECは1970年代から拡大と深化の方向に進むようになる。ポンピドゥー大統領はイギリスのEC加盟を容認し，EC／EU拡大の道を開いた。1970年代以降，ECにおいて通貨政策が導入されることになるが，ジスカール・デスタン大統領はシュミット西独首相とともに欧州通貨制度（EMS）の創設に貢献し，ヨーロッパにおける金融制度の安定化に寄与した。

また，ミッテラン大統領は当初は社会主義路線による政策を展開したが，次第に政策を転換し，欧州統合の推進を政策の中軸に据えるようになる。1985年にフランスは，西ドイツ，ベネルクス3カ国と共にシェンゲン協定を締結し，域内における人の自由移動を推進した。このシェンゲン協定は，後にヨーロッパの大部分を含む「シェンゲン圏」の形成につながることになる。この時期の欧州委員会委員長は，フランス社会党の政治家でもあった**ジャック・ドロール（Jacques Delors）**であり，ミッテラン政権はドロール委員長の進める欧州統合の推進

図Ⅶ-17 ヴェルダンの無名兵士を共に慰霊するミッテラン大統領とコール独首相．仏独のさらなる和解を印象付けた

出所：http://www.diplomatie.gouv.fr/de/frankreichs-beziehungen-zu-deutschland-osterreich-und-der-schweiz/bilaterale-beziehungen-mit-deutschland/article/handschlag-zwischen-francois-mitterrand-und-helmut-kohl-die-kulissen-eines

180

に積極的に協力した。

フランスが欧州統合で大きな役割を果たした背景には、フランスとドイツとの協調関係に負うところが大きい。冷戦期において、ジスカール・デスタンとシュミット、ミッテランとコールという仏独首脳は緊密な協力関係の下に欧州統合を進め、仏独の協調は「統合のモーター」と呼ばれた。

3 冷戦終結後の欧州統合とフランス

冷戦終結後、マーストリヒト条約によってEUが創設され、欧州統合はさらに進み、統合の領域が拡大する。そしてシラク政権は、防衛政策の分野で装備の研究開発をフランス1国だけでなく欧州レベルで協力する「欧州化」を推し進めるとともに、1990年代におけるヨーロッパの防衛産業再編で中心的な役割を果たした。またEUでは1990年代末から共通の安全保障防衛政策（ESDP、現在のCSDP）が設けられるが、ESDPを最も積極的に推進したのはフランスであった。フランスは2003年から具体的に始まるESDPの作戦に関与し、特にアフリカで展開されるESDPの作戦の多くで主導的な役割を担った。その背景には、安全保障の分野でより自立したヨーロッパを構築しようというシラク大統領の思惑があった。

2000年代に入るとEUの東方拡大が進み、2004年には欧州憲法条約が調印された。2005年5月29日、シラク政権は欧州憲法条約の批准を国民投票に掛けたが否決され、結局欧州憲法条約は批准が揃わず発効しなかった。状況を打開するために2007年6月の欧州理事会において、欧州憲法条約に盛り込まれていた最低限の機構改革の内容を盛り込んだ改革条約を新たに締結するという方針が決まったが、その方針決定に際して当時のEU議長国ドイツのメルケル首相と共に主導的な役割を担ったのが、就任間もないサルコジ大統領であった。2007年12月、改革条約はリスボン条約として調印され、2009年12月に発効した。そして2009年以降の欧州金融危機（ユーロ危機）に際し、EUにおける緊縮政策を進めたのもメルケル独首相とサルコジ大統領のイニシアチブによるものであった。

このようにフランスは欧州統合の歴史において重要な役割を果たしてきた。フランスにとって欧州統合とは、よりまとまったヨーロッパを構築して対米自立を図りフランスの希求する多極世界をつくろうという構想に繋がるものでもあった。それは同時に国家主権との葛藤を伴うものでもあった。フランスは超国家主義的な統合に反対してきたが、欧州統合の進展に伴い、フランスは統合の深化を進める方向に少しずつ舵を切ってきたといえる。

（小窪千早）

参考文献

安江紀子（編著）『EUとフランス——統合欧州の中で揺れる三色旗』法律文化社、2012年。

吉田徹（編）『ヨーロッパ統合とフランス——偉大さを求めた1世紀』法律文化社、2012年。

図Ⅶ-18 ブリュッセルの欧州理事会

出所：http://upload.wikimedia.org/wikipedia/commons/e/ea/Justus_Lipsivs%2C_Eastern_side.jpg

Ⅶ 第5共和国と現在

サルコジとオランド

１ サルコジ政権の発足

2007年の大統領選挙では，中道右派のニコラ・サルコジ（Nocolas Sarkozy）が大統領に当選した。サルコジは選挙戦で「断絶（rupture）」というスローガンを掲げ，従来の政治の刷新を掲げて当選した。ハンガリー系の移民の2世であり，グランゼコールの出身ではなく官僚出身でもないという意味で，サルコジという政治家はフランス第5共和国における典型的な政治エリートに比べて異色の政治家といえる。

サルコジはときに挑発的な言動から，毀誉褒貶の激しい政治家でもある。サルコジが当選した背景は，サルコジが国内社会の閉塞感を打破すべく，大胆な改革を提唱したことである。サルコジは週35時間労働法の緩和を行い，また財政改革に乗り出して公的部門の切り詰めを行った。こうした市場経済重視と規制緩和，自助努力による経済の活性化を図るサルコジ政権の姿勢は，一方で労組などの強い反対を招いた。

図Ⅶ-19 サルコジ大統領

出所：エリゼ宮（大統領府）の公式写真より。

▷１ サルコジの大統領選挙でのスローガンは，「もっと働いて，もっと稼ごう（Travaillez plus, gagnez plus）」というものであった。

２ サルコジ政権の外交安全保障政策

サルコジ大統領の外交の特色は，まず政権発足直後に米仏関係の改善に成功したことである。そして2009年に，フランスは43年ぶりにNATO軍事機構に復帰した。フランスの象徴的な「自立」を端的に示してきた政策の転換には，野党のみならず与党からも反対が出たが，サルコジ政権は，同盟のなかで積極的な役割を果たすことでフランスの存在感を示す戦略への転換を図った。その後フランスはNATOのなかで，リビアへの介入作戦で政治的なイニシアチブを取るなど，積極的な役割を果たした。また2011年にはイギリスとのあいだでランカスター・ハウス条約を締結し，両国間の安全保障協力を進めた。また，欧州統合の分野では，メルケル独首相と「メルコジ」と呼ばれる緊密な関係を維持し，ユーロ危機後のEUの緊縮政策の推進に大きな役割を果たした。

３ オランド政権のフランス

2012年の大統領選挙では，社会党のフランソワ・オランド（François Hol-

182

lande）が現職のサルコジ大統領を破って当選した。選挙の最大の争点は、ユーロ危機以降の緊縮財政に伴う国内の経済財政政策をめぐるものであった。緊縮政策の厳格な遂行を主張するサルコジに対し、オランドは成長戦略には柔軟に予算をつけるべきとして緊縮政策の柔軟な実施を主張した。オランド政権は、緊縮よりも経済成長を重視し、公務員の増加などで失業率の問題に対処しようとした。こうした政策を賄うために、富裕層への増税、付加価値税の増税などの政策を進めた。

オランド政策の外交安全保障政策は、EUによる安全保障政策（CFSP）の拡充を図り、欧州諸国による安全保障協力のさらなる推進を模索するとともに、アフリカ地域、特にかつてフランスの植民地であったサヘル地域や中東地域に積極的な軍事的関与を行ったことが特徴である。こうしたアフリカ地域への積極的な関与は、同地域の不安定化への対処であるとともに、フランスが国際安全保障において大国としての役割を果たしうることを示すものでもあった。

図Ⅶ-20　オランド大統領

出所：エリゼ宮（大統領府）の公式写真より。

❹ オランド政権期のフランス社会──テロの頻発と「戦時」のフランス

オランド政権期のフランスでは、テロの頻発が大きな課題となった。2015年1月のシャルリー・エブド事件をはじめ、とりわけ2015年11月のパリでの同時多発テロは強い衝撃を与えた。オランド大統領は議会での演説で「フランスは戦時にある」と述べて、テロと戦う姿勢を鮮明にするとともに、非常事態を宣言した。2016年3月のブリュッセルでのテロや2016年7月のニースでのテロなど、その後もフランスやヨーロッパ諸国におけるテロは続いており、フランス社会はこれまでにない緊張の状態にある。政府は軍や警察の増員による警備強化を行い、治安対策の強化を進めているが、テロとの戦いには明確な終わりがなく、財政上の制約もあるなかで難しい対応を迫られている。また、テロの問題はフランス国内における移民や難民をめぐる問題にも影を投げかけている。

オランド政権は慢性的な支持率の低迷に悩まされた。緊縮財政というEU全体の枠のなかで、フランスが独自にできることには限界があり、オランド政権は大きな失政はないものの経済成長や財政均衡の点で大きな成果を挙げるには至らなかった。オランド大統領は2017年の大統領選挙に出馬せず、社会党の候補者選びを予備選に委ねた。そして2017年の大統領選挙と国民議会選挙は社会党の深刻な低迷を印象付けることになった。

（小窪千早）

▷2　非常事態は延長を重ね、テロ対策の新しい法律の施行によって2017年11月1日に解除された。

（参考文献）

渡邊啓貴『現代フランス──「栄光の時代」の終焉、欧州への活路』岩波現代新書、2015年。

Ⅶ 第5共和国と現在

 ヴェール禁止法とブルキニ論争

1 スカーフ事件の勃発からヴェール禁止法へ

　20世紀が進むにつれ，カトリックはライシテの枠組みを受け入れるに至り，共和派とカトリックの「2つのフランスの争い」は基本的に収束に向かう。ライシテをめぐる議論は，カトリック系の私立学校に対する補助金として公金を拠出することの是非にほぼ限定されていた。

　ところが，1989年秋の新学期にパリ北郊クレイユの公立のコレージュにムスリムの女子生徒3人が**スカーフ**[41]を着用して登校したのに対し，校長がライシテを理由にスカーフを外すことを求めた事件をきっかけとして，ライシテをめぐる議論はイスラームとの関係に集中する方向へと変わっていった。

　ムスリム系移民は第二次世界大戦後のフランス経済の成長を支える労働力として，主に旧植民地からやってきていたが，最初は出稼ぎの男性単身労働者が多く，必ずしも宗教的な要求を伴っていなかった。ところが，1970年代半ばのオイルショックを境に新規移民の受け入れが大きく制限され，家族の呼び寄せと定住が進むにつれ，イスラームの可視性も高まっていった。

　クレイユのスカーフ事件は世論を二分した。着用禁止を唱える者たちは，共和国の「聖域」たる学校の宗教的中立性を強調した。着用を容認すべきだとする者たちは，女子生徒の信教の自由に訴えたり，スカーフを理由に退学させれば彼女たちから教育の機会を奪うことになると主張したりした。

　当時は社会党のミッテラン政権下で，ダニエル・ミッテラン大統領夫人やジョスパン教育大臣は容認の考えに傾いていた。コンセイユ・デタは，強制的勧誘活動などを伴わなければ，スカーフの着用自体はライシテの原則とは矛盾しないとの見解を出した。ケースバイケースで原則容認の方針である。

　ところが，同じようなスカーフ事件はその後もフランス各地で生じ，退学処分になる女子生徒も出てきた。1990年代のアルジェリア内戦，そして2001年の9・11などを背景として，イスラームやヴェールのイメージは悪化していった。そして，右派のシラク政権は，2003年に招集した**スタジ委員会**[42]の報告書に基づき，翌2004年の法律で公立校でのヴェールの着用を禁止した。

　この過程で，宗教的標章は「慎ましやかな標章」と「これ見よがしな標章」に区別された。前者は容認されたが，大きな十字架，**キッパ**[43]，ヴェールは後者に属するものとされ禁じられた。それまではこれ見よがしな「振る舞い」が規

▷1　スカーフとヴェール
ムスリム女性の髪などを覆うもので，頭髪を隠す一般的なヒジャブ，顔だけ出して全身を隠すチャドル，目の部分だけが見えるニカブ，目の部分も網目状になっているブルカなど，様々な種類がある。「スカーフ」か「ヴェール」かによって，形態の違いを厳密に示すことができるわけではないが，フランス語の語感としては，「ヴェール」には真理から遠く無知蒙昧の状態にあるというニュアンスがある。なお，1989年の事件は主に「スカーフ」事件と呼ばれていたのに対し，2004年法は「ヴェール」禁止法と呼ばれることが多く，イスラームに対する視線自体の変遷を窺わせる。

▷2　スタジ委員会
来るべきライシテについての議論を目的として，シラク大統領が2003年7月に招集した委員会。座長ベルナール・スタジの名にちなむ。12月に提出された報告書は，ヴェール禁止を勧告する一方，宗教的多様性に配慮する提言も含んでいた。

▷3　キッパ
ユダヤ教徒の男性が頭に載せる帽子のようなもの。神への敬意を表すとされる。

184

制の対象だったが，2004年の法律は「もの」を標的にする論理になっている。

❷ ブルカ禁止法，私立の託児所のヴェール，ブルキニ論争

2004年の法律は，まがりなりにもライシテの原則に基づいている。ライシテは，「国家の中立性」と「良心の自由の保護」という両立可能ながらも潜在的に矛盾をはらむ2つの面を持つ。学校でのヴェール禁止は，公立校の中立性を守るとともに，イスラーム共同体の権利要求から子どもの良心の自由を保護することになると判断されたのである。

ヴェールの着用を法律で禁じようとする動きは続く。2009年にサルコジ大統領は「ブルカはフランスでは歓迎されない」と述べ，2010年にはニカブやブルカなど全身を覆うヴェールを公共空間で着用することを禁じる法律が制定された。ところで，この法律の根拠はライシテではない。宗教の自由を保障する原理でもある「ライシテ」では，ブルカやニカブを被る自由を否定できないのである。代わりに持ち出されてきたのは「公的秩序」という概念であった。

他方，2008年には私立の託児所でヴェールを着用した従業員が解雇される事件が起きた。解雇は正当だったとの判決で2014年に結審したが，その前後より私企業でのヴェールを法律で禁じるべきとの声がたびたびあがっている。

2010年のブルカ禁止法はライシテの法律ではないが，フランスの価値やアイデンティティとしてのライシテに訴える傾向が見られる。2015年は1月と11月にパリで襲撃事件が起き，2016年7月にはニースやルーアン近郊でも事件が起きた。対テロ闘争にライシテ概念が担ぎ出されることも珍しくない。

これらを背景として2016年夏にはブルキニ論争が起こった。カンヌをはじめとする南仏の自治体の首長が相次いで，このムスリム女性用の水着を海水浴場で着用することを条例で禁じたのである。8月末にコンセイユ・デタが条例を凍結する判断を示してひとまず収束したが，再燃の可能性も否定できない。

（伊達聖伸）

▷4　ブルキニ
ブルカとビキニの合成語で，ムスリム女性用に開発された水着。顔と手以外の全身を覆うものだが，顔の部分はしっかりと見える。

図Ⅶ-21　ビキニとブルキニ

出所：https://sputniknews.com/europe/201608171044361613-burkini-muslim-france/

（参考文献）

ジョーン・W・スコット／李孝徳（訳）『ヴェールの政治学』みすず書房，2012年。
伊達聖伸『ライシテから読む現代フランス——政治と宗教のいま』岩波新書，2018年。

Ⅶ 第5共和国と現在

11 現代のフランス

① マクロン大統領の登場とフランス政治の転機

　2017年の大統領選挙で，中道候補のエマニュエル・マクロン（Emmanuel Macron）が39歳の若さで当選を果たした。マクロンはオランド政権下で政界入りし，大統領府副官房長と経済相を歴任したが，大統領選挙に際して社会党を離れ，中道路線を標榜する「前進！（En marche !）」というグループを自ら立ち上げて立候補し，当選を果たした。2017年の大統領選挙は，中道右派と中道左派の2つの主要政党がいずれも決選投票に残らなかったという意味で極めて異例の結果であり，フランス政治における既存の主要政党への支持がいずれも低下していることを印象付けた。マクロンと並んで決選投票に残った国民戦線（FN）のマリー・ルペンも存在感を示した。このことは，マリー・ルペン党首による国民戦線のソフト化路線がある程度成功したことや，現下の経済状況に不満を持つ人々が増えていることを印象付けた。

　そしてマクロン新政権は6月の国民議会選挙でも安定多数を獲得した。これまでなかった全く新しい政党がいきなり圧倒的多数を獲得したというのも異例の結果であった。小選挙区2回投票制という選挙制度は，中道左派と中道右派の2つのブロックに緩やかに収斂する多党制を生み出しやすいとされてきたが，中道政党が大きく台頭したことで，フランス政治の政党構造に大きな変化が起こる可能性が考えられる。

▷1　ルペン候補は決選投票で，2002年のジャン・マリー・ルペン前党首の時に比べて約2倍の約1000万票（約33％）を獲得した。
▷2　総議席577議席のうち，マクロン大統領の新党「共和国前進！（La République en marche!）」が308議席を獲得し，同じく中道政党の民主運動（MoDem）と共に与党で350議席の安定多数を獲得した。

　マクロン政権は，経済政策では規制緩和や競争の促進などによる経済の活性化を進めようとしており，その点はサルコジ政権の政策と似ている。社会政策や外交安全保障政策は概ねオランド政権の政策に近いとみられている。マクロン政権は左派でも右派でもない中道路線を標榜し，中道左派と中道右派の政策をいわば「止揚」する形で，フランスが直面する課題を乗り越えようとしているといえる。

図Ⅶ-22　マクロン大統領
出所：エリゼ宮（大統領府）の公式写真より。

② 現代のフランス

　フランスは様々な課題に直面している。まずは

テロの脅威に対抗しフランスの治安を維持することである。テロとの戦いには明確な終わりがないため地道な息の長い対策が求められるが、直接の治安対策のみならず、社会に不満を持つ人がテロリズムに傾倒することを防ぐために社会政策、教育政策など幅広い対応が求められる課題である。

図Ⅶ-23　2015年1月11日、シャルリー・エブド事件の後に行われたテロに反対する行進 "marche républicain"

出所：http://www.gouvernement.fr/en/repblican-march-paris-at-the-centre-of-the-world

そして、最大の課題の1つは、これまでの全ての政権が直面してきた課題でもある経済と財政問題である。失業率を減らして雇用を拡大し、構造改革による経済成長を実現し、かつ財政状態の改善を図る必要があり、これまで中道右派と中道左派の各政権がそれぞれのアプローチで解決を図ってきたが、課題は依然残っている。伝統的に競争よりも連帯を重視し、市場に任せるアプローチを好まないフランス社会において、大胆な経済改革をいかに推進していくかは、引き続き大きな課題である。

そしてフランスの外交・安全保障政策も課題の1つである。国際秩序が変容するなかで、フランスが国際政治において「大国」としての地位をどのように維持するかは、フランスの新たな課題でもある。同様に、フランスはヨーロッパでの自国の立ち位置についても新たに考える必要がある。フランスはドイツとの協調を軸に、欧州統合の進展に大きな役割を担ってきた。そして、冷戦時代の仏独間の協調は、ドイツが分断しているなかで暗黙裡にフランスが政治的に優位に立つ前提で進められてきたが、近年のEUではドイツの求心力が高まり、フランスとドイツの関係は大きく変化し、フランスのプレゼンスは相対的に低下している。国際社会やEUのなかでフランスがいかに存在感を維持するか、フランスの構想力が改めて問われている。

また、フランス国内社会にも様々な課題が存在する。移民系の2世や3世が普通にフランス社会に溶け込んでおり、フランスは課題を抱えつつも移民の包摂や社会統合に一定の成功を収めてきた。しかしながら、これ以上の移民の増加を望まない声も少なからずあり、そしてライシテなどの共和国の理念と移民をめぐる問題が抵触する場合もあり、フランスが自らのナショナル・アイデンティティをどのように捉えていくかは、引き続きフランス社会の根本的な課題である。

これらの課題は相互に結び付いており、フランスはこれらの課題に今後も対処していくことになるが、マクロン大統領の登場は、フランスが大きな転機を迎えていることを象徴的に示す出来事でもあるといえよう。

（小窪千早）

コラム（歴史博物館⑦）

歴史的建造物公開デーとグラン・プロジェ

歴史的建造物公開デー

　フランスでは，例年9月第3土曜・日曜の週末に，歴史的建造物を無料で一般に公開する催しがある。"Journée européenne du Patrimoine"と呼ばれるこの催しは，現在ではヨーロッパ内外の50カ国で開催されているが，フランスで1984年に当時のジャック・ラング文化相の提唱により始まったのがその発祥である。当初は「歴史的建造物公開の日（"Journée porte ouverte dans les monuments historiques"）」という名称であったが，1992年に期間を2日間に延長し"Journées nationales du patrimoine"と改称された。そして，EUや欧州評議会も協賛する形でフランス以外の国にも広がり，現在の名称に改められて今日に至る。

　フランスではこの2日間に，政府の建物や歴史ある教会など，フランス各地で約1万7000カ所もの歴史的建造物が一般公開される。この趣旨は一般の人々，特

図Ⅶ-24　フランス国民議会（ブルボン宮）の本会議場
出所：筆者撮影。

に若者に歴史的文化的建造物に親しんでもらうことにある。興味深いのは，パリでは大統領府（エリゼ宮），首相府（マティニョン館），国民議会（ブルボン宮），元老院（リュクサンブール宮），外務省などの建物やパリ市庁舎など，歴史的な建物を庁舎に用いる政府機関も一般公開されることである。その日は多くの人でにぎわい，各地で朝から長蛇の行列ができる。筆者も以前にその時期に偶然パリに居合わせ，国民議会や外務省の建物を実際に訪ねたことがある。国民議会では本会議場や議会の図書館の史料などを観ることができ，外務省では「シューマン宣言」が発表された「時計の間」や，外務大臣の執務室などを観ることができた。それらの日に大臣以下職員はどこで仕事をしているのかは定かではないが，こうした政府の建物を定期的に国民に公開するというのは，民主主義の観点からも好ましいことであるといえよう。この日に公開される建造物は政府系の建物だけではなく，歴史ある教会の建物や美術館なども公開の対象となっている。普段から公開している教会や美術館なども，この日には普段公開していないところも見せたりすることがあるそうである。

　現在ではヨーロッパ内外の50カ国で行われているこのような催しがフランスから始まったというのは興味深い話である。豊かな文化の伝統を持つフランスは，文化政策を重視してきた国である。とりわけ第5共和政発足直後の1959年に国民教育省から独立する形で文化省が設置され，フランスの文化政策は，広く国民に文化に親しむ機会を提供するとともに，国際社会にお

188

図Ⅶ-25 ルーヴル美術館とピラミッド
出所：www.germanfooclie.com/top-things-to-do-in-paris/

けるフランスのソフトパワーを高める手段として活用されてきた。ドゴール政権時代に初代の文化相を務めたアンドレ・マルローは、「文化の民主化」を唱え、フランス国民が親しく文化芸術に接することができるような政策を積極的に展開した。そして1981年にミッテラン社会党政権が発足すると、文化政策は重点政策の1つとして位置付けられ、文化省の予算が大幅に増額された。この時代の文化政策の指揮をとったのがジャック・ラング文化相であり、歴史的建造物公開デーが始まったのもこの時代のことであった。この催しは、国民にとってフランス各地の歴史的建造物に親しく触れる機会であり、フランスの文化政策の奥深さを垣間見ることのできる催しである。

グラン・プロジェ、パリの再開発

ミッテラン政権の文化政策としてもう1つ特筆すべきは、この時代にパリで新しい都市計画が進められ、現在ではパリの有名なランドマークとして定着しているような数々の新しい建物や施設が建造されたことである。それ以前にポンピドゥー・センターが1977年に造られ、その斬新な建築が話題を呼んだが、1980年代に入ると国家主導で多くの文化施設が造られ、この時期のパリの都市・文化計画は「グラン・プロジェ（大計画）」と呼ばれた。グラン・プロジェによって建造された建築物はたくさんあるが、著名なものとして、ルーヴル美術館の改修とピラミッド、オルセー美術館、新都心ラ・デファンスとグラン・アルシュ、オペラ・バスティーユ、アラブ世界研究所、新国立図書館などを挙げることができる。

創建当時には景観を損ねるとして多くの批判が寄せられたエッフェル塔が現在ではパリの欠かせないランドマークとして定着しているように、グラン・プロジェで建造された建物にも、ルーヴル美術館のピラミッドのように、当初は批判を受けながらも現在ではすっかり観光名所になっているものも見られる。かつてのパリ万博の時の駅舎を改装して建設したオルセー美術館は今やパリでもルーヴルに次いで有名な美術館となっており、アラブの意匠を大胆に取り入れたアラブ世界研究所の建築も高い評価を受けている。グラン・プロジェのそれぞれの建築計画は、その多くがミッテラン大統領のイニシアチブによるものであり、斬新で洗練されたデザインのものが多い。グラン・プロジェはこの時代のパリの都市計画の一環であったと同時に、文化や芸術や建築の分野で、パリの文化都市としての世界的な求心力を再び取り戻す国家プロジェクトであった。そしてこの時代に造られた数々の美術館や建築は、パリの文化芸術や観光の面で大きな資産を残したといえよう。

（小窪千早）

コラム（記憶の場⑦）

コロンベイ・レ・ドゥ・ゼグリーズ

コロンベイ・レ・ドゥ・ゼグリーズ――ドゴールゆかりの村

　パリから東に約260km，シャンパーニュ地方南部のオート・マルヌ県に，コロンベイ・レ・ドゥ・ゼグリーズ（Colombey les Deux Eglises）という小さな村がある。美しい自然が広がる人口約600人のこの村は，かつてドゴールが私邸を構えていたところである。ドゴールが住んでいた頃には人口約350人程であったらしい。パリからは車で約2時間，鉄道では最も近いバール・シュル・オーブ（Bar sur Aube）の駅までパリ東駅から約2時間で，そこからタクシーで約20～30分の距離にある。村はずれの丘の上には，ドゴール派を象徴するロレーヌ十字の巨大なモニュメントが建てられている。

　ドゴールはこの地に私邸を構え，この地をこよなく愛した。ドゴールが生まれたのはリールであり，ここ

図Ⅶ-26　コロンベイ・レ・ドゥ・ゼグリーズ村の教会

出所：筆者撮影。

で生まれたわけではないドゴールがこの静かな村に私邸を構えたのは，障害を抱えていた娘のアンヌに落ち着いた環境を整えてあげるためでもあった。ドゴールは，下野していた第4共和政の時期をこの地ですごし，ここで思索と執筆の時間を持った。そして政権に復帰し大統領に就任してからも，特に予定がない限り週末には必ずこの地に帰り，ここで週末を過ごしていた。厳重な警備を嫌うドゴールに対し，警護の人員が近在の農夫に扮して警備を行うことがあったという逸話も残っている。広場の中心にあるのがこの村の教会であり，この教会の敷地にドゴール夫妻と娘のアンヌの墓がある。そして教会から10分ほど歩いたところにドゴールの私邸（la Boisserie）がある。

　この蔦に覆われたドゴールの私邸は，ドゴールが政権に復帰して間もない1958年にドゴールとアデナウアーの会談が行われた場所でもあり，フランスの歴史を彩った建物でもある。その後もドゴールは度々アデナウアーと首脳会談の機会を持ち，時にはこの私邸が用いられることがあるなど，この私邸はドゴール政権時代にしばしば外交の舞台となった。ドゴールの私邸は1階部分が公開されており，ドゴールが家族とすごした居間や，ドゴールが回顧録を執筆した書斎を見ることができる。書斎にはたくさんの蔵書があり，書斎の窓からは自然あふれる宏壮な眺めが広がっている。ドゴールは私生活においては愛妻家であり子煩悩な父親であったという。ドゴールの私邸では，ドゴール家の生活の様子をうかがうことができ，フランスの偉大な政治家であったとともに温かい家庭人でもあったドゴ

図Ⅶ-27 ドゴールの私邸，この家の2階でドゴール大統領とアデナウアー独首相の会談が行われた

出所：筆者撮影。

図Ⅶ-28 コロンベイ・レ・ドゥ・ゼグリーズの風景。自然の美しい村である

出所：筆者撮影。

ールの一面を垣間見ることができる。ドゴールは1969年に大統領職を辞任してから最晩年をここですごし，1970年11月にドゴールが逝去した時には，この地でドゴールの葬儀が行われ，アメリカのニクソン大統領をはじめドゴールと親交のあった各国の首脳がこの小さな村に集まった。

村の現在とドゴールの記憶

2008年にはドゴールの記念館（Mémorial Charles de Gaulle）が村内に新たに建設され，竣工の際には当時のサルコジ大統領も臨席した。この記念館では，出生時から陸軍士官の時期，第二次世界大戦の際に自由フランスを率いて占領に抵抗しフランスの解放を成し遂げた時期，戦後の下野の時期，政権に復帰し大統領を務めた時期，そして最晩年に至るまでのドゴールの生涯を，臨場感のある展示で辿ることができる。館内の売店ではドゴールに関する土産品とともにドゴールの関連書籍も取り扱われている。そして記念館のなかにはセミナーや会議のための施設もあり，ドゴールに関するセミナーやシンポジウムがしばしば開催され，その際には小さな村が各地からの来訪者でにぎわうそうである。

筆者は2012年9月にこの地を訪ねる機会があり，村内をくまなく歩き，ドゴールの墓のある教会やドゴールの私邸や記念館を訪れた。シャンパーニュの蔵元も村に1軒存在する。15分もあれば端から端まで歩けるような小さな村ではあるが，とても自然が豊かで景色の美しい村で，ドゴールが大統領になってからも週末にはこの地に帰っていたというのは納得できるように思われた。村に住む人々も，今なおドゴールに愛着を感じているようである。散歩の道すがら，たまたま会った村の人と少し話す機会があったが，その後の大統領に比べてドゴール大統領はよかったと，ドゴールのことを語ってくれたのが印象的だった。この小さな村はドゴールの生きた時代にフランスの政治を彩ったのみならず，とても自然の美しい村である。パリからも少し遠く，決して交通の便が良いとはいえないが，是非またいつか機会を得て再訪したいと思う土地である。

（小窪千早）

フランス近現代史略年表

1494年	イタリア戦争（〜1559年）。	1854年	クリミア戦争（〜1856年）。
1519年	フランソワ1世，神聖ローマ皇帝選挙で敗れる。	1860年	英仏通商条約。
		1870年	普仏戦争（〜1871年）。第3共和政成立。
1562年	宗教戦争（〜1598年）。	1871年	パリ・コミューン。
1589年	アンリ4世即位，ブルボン朝始まる。	1881年	フェリー法（初等教育の無償化・義務化・世俗化，〜1882年）。
1598年	ナントの王令。		
1604年	ポーレット法。	1884年	職業組合法（ヴァルデック=ルソー法）。
1635年	30年戦争に参戦（〜1648年）。	1887年	ブーランジェ事件（〜1889年）。
1643年	ルイ14世即位。	1887年	仏領インドシナ成立。
1648年	フロンドの乱（〜1653年）。	1889年	パリ万国博覧会。
1672年	オランダ戦争（〜1678年）。	1894年	露仏同盟。
1702年	スペイン継承戦争（〜1713年）。	1894年	ドレフュス事件（〜1906年）。
1733年	ポーランド継承戦争（〜1738年）。	1900年	パリ万国博覧会。
1740年	オーストリア継承戦争（〜1748年）。	1901年	結社法の成立。
1756年	7年戦争（〜1763年）。	1904年	英仏協商の締結。
1761年	カラス事件（〜1762年）。	1905年	政教分離法の制定。タンジール事件（第1次モロッコ事件）。
1763年	ヴォルテール『寛容論』。		
1775年	アメリカ独立戦争（〜1783年）。	1907年	英露協商（＝英仏露の三国協商の成立）。
1789年	3部会開会・憲法制定議会成立・人権宣言採択。	1911年	アガディール事件（第2次モロッコ事件）。
1791年	国王ヴァレンヌ逃亡・立法議会成立。		
1792年	対オーストリア宣戦布告・ヴァルミーの戦い・国民公会成立と共和国宣言。	1913年	3年兵役法の成立。
		1914年	第一次世界大戦の勃発（7月）。マルヌの戦い（9月）。
1795年	総裁政府成立。		
1799年	ブリュメールのクーデタで統領政府成立。	1916年	ヴェルダン（2〜12月），ソンム（7〜11月）での戦闘。
1801年	コンコルダート。		
1804年	ハイチ独立・民法典公布・ナポレオン皇帝即位。	1917年	アメリカ軍の参戦（4月）。フランス軍兵士の反乱（5〜6月）。ロシア革命（11月）。
1806年	大陸封鎖令。		
1814年	連合軍がパリに入城・「憲章」発布。	1918年	ドイツ軍の春季大攻勢，連合軍の9月総攻撃，休戦（11月）。
1815年	ワーテルローの戦い。		
1823年	フランス王立軍のスペイン革命鎮圧。	1919年	ヴェルサイユ講和条約調印。
1830年	7月革命，7月王政成立，アルジェ占領。	1923年	フランス，ベルギー軍，ルール地方を占領。
1833年	ギゾー法。		
1848年	2月革命，臨時政府成立，男子普通選挙法成立，6月暴動，第2共和政成立。	1924年	教皇庁，司教区信徒団体の結成を認可。
		1925年	ロカルノ条約の調印，仏独関係の和解が進展。
1850年	ファルー法。		
1851年	ルイ=ナポレオン・ボナパルトのクーデタ。	1928年	ケロッグ・ブリアン協定（パリ不戦条約）。
		1931年	パリで植民地博覧会を開催。
1852年	第2帝政成立。	1932年	アムステルダム・プレイエル委員会の創

	設。
1934年	スタヴィスキー事件，2月6日騒擾，反ファシズム知識人委員会結成。
1935年	仏ソ相互援助条約の締結。
1936年	人民連合が選挙で勝利，ブルム内閣が成立，マティニョン労使協定締結。
1938年	ミュンヘン協定の調印。
1939年	ドイツ軍がポーランド侵攻，英仏が対独宣戦布告。
1940年	電撃戦，休戦協定に調印，ヴィシー政権成立，ドゴールが抵抗呼びかけ。
1941年	パリ議定書（軍事的対独協力）を調印。
1942年	ヴェルディヴ事件（7月）。連合軍北アフリカ上陸に対応して全土がドイツ軍占領下（11月）。
1943年	強制労働徴用（STO）の開始（2月）。全国抵抗評議会の創設（5月）。
1944年	連合軍ノルマンディ上陸，オラドゥール事件，共和国臨時政府成立，パリ解放。
1945年	ペタン裁判開廷（7月）。第二次世界大戦の終結（9月）。
1946年	ドゴールが首相を辞任（1月）。国民投票で第4共和国憲法案可決（10月）。インドシナ戦争の開始（12月）。
1947年	ラマディエ内閣から共産党閣僚を追放（5月）。全国でゼネスト（11月）。
1950年	シューマン宣言。
1951年	欧州石炭鉄鋼共同体設立条約の調印。
1954年	ジュネーヴ会議でインドシナ停戦合意（7月）。国民議会が欧州防衛共同体設立条約の批准を拒否（8月）。アルジェリア戦争の開始（11月）。

1956年	チュニジア，モロッコの独立（3月）。スエズ戦争（10月）。
1957年	欧州経済共同体および欧州原子力共同体設立条約の調印。
1958年	アルジェで反政府クーデタ（5月）。ドゴールの政権復帰（6月）。国民投票で第5共和国憲法案可決（9月）。
1960年	最初の核実験に成功。
1962年	エヴィアン協定（3月）。アルジェリアの独立（7月）。
1963年	エリゼ条約（仏独協力条約）締結。
1966年	フランス，NATO軍事機構脱退（2009年に復帰）。
1968年	68年革命（5月革命）。
1981年	大統領選挙，ミッテラン当選。
1986年	国民議会選挙で野党多数，最初のコアビタシオン（保革共存政権）。
1989年	スカーフ事件（スカーフ論争の始まり）。
1995年	大統領選挙，シラク当選。ユダヤ人迫害を公式謝罪。
2002年	大統領選挙，ルペン候補が決戦投票に進出。
2004年	ヴェール禁止法。
2005年	欧州憲法条約の批准をめぐる国民投票否決。
2007年	大統領選挙，サルコジ当選。
2010年	ブルカ禁止法。
2012年	大統領選挙，オランド当選。
2015年	シャルリー・エブド事件（1月）。パリ同時多発テロ（11月）。
2017年	大統領選挙，マクロン当選。

フランス近現代史関連のおすすめ映画

『三銃士』（1948年）
監督：ジョージ・シドニー
主演：ジーン・ケリー

　西洋活劇の定番で，幾度となく映画化されている。ルイ13世治世下のフランスを舞台に，若きダルタニヤンの恋や活躍，リシュリューによる宮廷での陰謀を活写する。リチャード・レスター監督作品（1973年）もよい。

『王は踊る』（2000年）
監督：ジェラール・コルビオ
主演：ブノワ・マジメル

　ルイ14世治世下に活躍した音楽家・舞踏家のリュリが主人公。リュリの王への献身や愛，その苦悩を通じて，権力を獲得していく若きルイ14世の姿が描かれる。当時を再現したダンスや音楽は必見。

『宮廷料理人ヴァテール』（2000年）
監督：ローランド・ジョフィ
主演：ジェラール・ドパルデュー

　コンデ親王は，王の信頼を回復するために，1671年にシャンティイの居城で王を招き3日間にわたる大宴会を催す。その指揮を任された料理人ヴァテールの物語。饗宴を通じて，当時の宮廷の雰囲気がわかる。

『王妃マルゴ』（1994年）
監督：パトリス・シェロー
主演：イザベル・アジャーニ

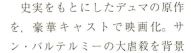

　史実をもとにしたデュマの原作を，豪華キャストで映画化。サン・バルテルミーの大虐殺を背景にマルゴ王妃と騎士ラ・モルの悲恋が描かれる。陰鬱な宗教戦争時フランス宮廷の雰囲気が漂う華麗なる歴史絵巻。

『モリエール　恋こそ喜劇』（2007年）
監督：ローラン・ティラール
主演：ロマン・デュリス

　17世紀ルイ14世の宮廷でも活躍した喜劇作家モリエール。フランス人なら誰もが知っている「町人貴族」，「タルチュフ」等の源泉となった作家の知られざる恋を仮想して作られた洒落たフィクション。

『リディキュール』（1995年）
監督：パトリス・ルコント
主演：ファニー・アルダン

　18世紀絶対王政末期のヴェルサイユ宮殿を舞台に，「リディキュール（物笑い）」になることを避けるゲームと化した宮廷社会の虚飾と腐敗を，干拓工事の助成を受けるため上京した田舎貴族の視点で描く。

『ナポレオン』（1927年）
監督：アベル・ガンス
主演：アルベール・デュードネ

　ナポレオンの半生を扱った無声映画。フランシス・フォード・コッポラの監修で1981年に再発表された。本作のナポレオンは，不遇な少年期をすごし，情熱的に恋をし，不眠不休で働き，普遍的共和理念を信じ，神のごとく兵士を鼓舞する英雄である。

『ラ・マルセイエーズ』（1938年）
監督：ジャン・ルノワール
主演：ピエール・ルノワール

　ジャン・ルノワールはフランスの歴史の意味の考察をとおして，フランスの文化的アイデンティティを構築した国民的映画監督である。本作の主人公は高名な人物ではない。名も無き人々である。しかし彼らがフランス国民を表象している。

フランス近現代史関連のおすすめ映画

『ダントン』（1983年）
監督：アンジェイ・ワイダ
主演：ジェラール・ドパルデュー
　本作でポーランド人監督ワイダはフランス革命の恐怖政治を描きつつ，東欧のスターリン主義を批判した。その政治的主張がわかりやすい図式を必要としたため，ロベスピエールは独裁者として悪玉に，ダントンは民衆の友として善玉に描かれた。

『レ・ミゼラブル』（2012年）
監督：トム・フーバー
主演：ヒュー・ジャックマン
　何度も映画化されているが，これは1980年代にロンドンで上演され，以後ブロードウェイなどで何度も上演された大ヒットミュージカルを映画化したもの。原作の内容を詳しく知るためというより，むしろ19世紀フランス社会の雰囲気を楽しむための映画である。

『グレースと公爵』（2001年）
監督：エリック・ロメール
主演：ルーシー・ラッセル
　革命裁判所に連行されたイギリス人女性の回想録をもとに作られた。本作でヌーヴェル・ヴァーグの巨匠ロメールは，政治的理念ではなく，複雑な人間関係のなかで揺れ動く諸個人の行動そしてそこから発生する未来の予測不可能性に焦点をあてた。

『ゾラの生涯』（1937年）
監督：ウイリアム・ディターレ
主演：ポール・ムニ
　作家エミール・ゾラの生涯を描いた映画。小説の成功で得た地位と名誉に安住していたにもかかわらず，ドレフュス事件では一転して権力に立ち向かう。その姿には強く胸を打たれ，人間の生き方を深く考えさせられる。

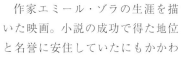

『ナポレオンの愛人』（2006年）
監督：パオロ・ヴィルツィ
主演：ダニエル・オートゥイユ
　イタリア人監督によるコミカルな要素が満載の娯楽作品である。エルバ島に流されたナポレオンを，正義感あふれる青年が暗殺しようとするが，逆に年老いたナポレオンの人間的魅力に惹かれていく。若者らしさが本作のテーマである。

『海底２万マイル』（1954年）
監督：リチャード・フライシャー
主演：カーク・ダグラス
　空想科学小説の始祖と称されるジュール・ヴェルヌの『海底二万里』を映画化。頻発する船舶の沈没事件を受けて，潜水艦ノーチラス号が調査に乗り出す。1950年代の特撮技術を駆使して，海底でのサスペンスを巧みに描く。

『獣人』（1938年）
監督：ジャン・ルノワール
主演：ジャン・ギャバン
　エミール・ゾラ原作。人を殺したい衝動に突如駆られることのある機関士が列車内で夫婦の殺人事件を目撃したことから始まるサスペンス。ジャン・ギャバンの演技もさることながら，映画のもう１つの主役は第２帝政期を代表する鉄道であろう。

『バトル・オブ・プエブラ　勇者たちの要塞』（2013年）
監督：ラファエル・ララ
主演：クリスチャン・バスケス
　ナポレオン３世のメキシコ遠征をメキシコ側から描いた映画である。ヨーロッパ全体で共有されていたフランスの非ヨーロッパ世界に対する偏見や，日本ではほとんど知られていない歴史的事件が紹介されている点で貴重な映画である。

『居酒屋』（1956年）
監督：ルネ・クレマン
主演：マリア・シェル

　エミール・ゾラの『居酒屋』を映画化。貧困の中で自堕落な男性たちに翻弄される女性ジェルヴェーズの人生を描いている。決してハッピー・エンドを迎えない筋書きに，フランス自然主義文学の一端を垣間見ることができる。

『地下鉄のザジ』（1960年）
監督：ルイ・マル
主演：カトリーヌ・ドモンジョ

　メトロへのフランス人の愛着を感じさせる映画。少女ザジはメトロを楽しみにして地方からパリの親戚の家に遊びにきたが，パリに到着すると，メトロはストライキ中。ドタバタ喜劇の後，メトロに乗る夢は叶えられるのか。

『インドシナ』（1992年）
監督：レジス・ヴァルニエ
主演：カトリーヌ・ドヌーヴ

　フランスに植民地化されたヴェトナムの独立運動をめぐる人間関係を描いた映画。フィクションではあるが，歴史に翻弄された人々の心の機微を巧みに描いており，出演者の名演技が私たちを壮大な歴史劇に引き込んでいく。

『大いなる幻影』（1937年）
監督：ジャン・ルノワール
主演：ジャン・ギャバン

　第一次世界大戦下ドイツ軍の捕虜となったフランス軍兵士たちと収容所長が，階級や敵味方の違いを越えて交流する姿を描いている。公開当時，日本では反戦映画として検閲されて上映禁止になっている。

『ロングエンゲージメント』（2004年）
監督：ジャン＝ピエール・ジュネ
主演：オドレイ・トトゥ

　第一次世界大戦の戦場で自傷行為によって軍法会議で死刑判決を受け，塹壕と塹壕の間の中間地帯に放り出され行方不明となった兵士を，その婚約者の女性が自らの直感を頼りに探し求める姿が描かれる。

『イングロリアスバスターズ』（2009年）
監督：クエンティン・タランティーノ　主演：ブラッド・ピット

　ドイツ占領下のフランスで，家族を虐殺されたユダヤ人が連合国軍の極秘部隊と共にナチスに復讐する奇想天外なストーリー。深刻なテーマを娯楽映画に仕上げた鬼才タランティーノに脱帽。

『レセ・パセ　自由への通行許可証』（2002年）
監督：ベルトラン・タヴェルニエ
主演：ジャック・カンブラン

　ドイツ占領下のパリを舞台に，ドイツ資本の映画会社に入社しつつも通行許可書（レセ・パセ）を得てレジスタンス活動にも関わった映画人たちの実話。抵抗と協力の善悪二元論を超えた，「適応」の姿が描かれている。

『さよなら子供たち』（1987年）
監督：ルイ・マル
主演：ガスパール・マネス

　ユダヤ人の子供たちを匿っていたカトリックの寄宿舎に，ある日ナチス親衛隊が踏み込んでしまう。ヴェネチア国際映画祭で金獅子賞を獲得し，公開は（親衛隊長のイメージが重なる）クラウス・バルビーの裁判開廷時期とも重なり，興行的に大きな成功を収めている。

フランス近現代史関連のおすすめ映画

『シャトーブリアンからの手紙』
（2011年）
監督：フォルカー・シュレンドルフ　主演：レオ＝ポール・サルマン

占領下のフランスでドイツ軍将校暗殺の報復として殺害された17歳の少年，ギー・モケの実話。長らくレジスタンスの英雄として語り継がれ，2008年にはその遺書がサルコジ大統領に政治利用されてしまったモケを，あえて等身大の普通の少年として描いている。

『奇跡の教室』（2014年）
監督：マリー＝カスティーユ・マンション＝シャール　主演：アリアンヌ・アスカリッド

パリ郊外移民地区の高校の落ちこぼれ学級で，歴史教師が全国歴史コンクールに生徒を参加させて見事優勝させるという実話。コンクールの課題のためにクラスに招いた強制収容所生還者は，本人が出演している。

『アルジェの戦い』（1966年）
監督：ジッロ・ポンテコルヴォ
主演：ブラヒム・ハギアグ

アルジェリアではフランスからの独立を求めて民族解放戦線が蜂起していたが，フランスはこの組織を粉砕するためにアルジェにマシュー将軍率いる空挺部隊を派遣し，激烈な市街戦が展開される。1966年ヴェネチア国際映画祭で金獅子賞を受賞。

『いのちの戦場——アルジェリア1959』（2007年）
監督：フローラン＝エミリオ・シリ　主演：ブノワ・マジメル

1959年，アルジェリアの山岳地帯ではフランス軍は民族解放戦線の掃討作戦を続けていたが，そこにテリアン中尉が配属されてきた。彼はフランスの戦う戦争に正義がないことを認識しつつも，戦場の過酷な現実は彼を狂気に駆り立てていく。

『ジャッカルの日』（1973年）
監督：フレッド・ジンネマン
主演：エドワード・フォックス

アルジェリア死守派の秘密軍事組織OASが，アルジェリアを放棄したドゴール大統領を暗殺するために，一流の殺し屋「ジャッカル」を雇った。フランス政府はやがてこの暗殺計画に気づき，担当者のルベル警視が「ジャッカル」を追い詰めていく。

『五月のミル』（1990年）
監督：ルイ・マル
主演：ミュウミュウ

1968年5月革命のさなかの南フランスの田舎町を舞台に，母の葬儀のために集まったブルジョワの家族たちをシニカルに描いたコメディ。

『望郷』（1937年）
監督：ジュリアン・デュヴィヴィエ　主演：ジャン・ギャバン

フランスからアルジェリアに逃げてきたお尋ね者のペペ・ル・モコは，無法者たちの巣食うアルジェの旧市街カスバのボスである。フランスから来た女性ギャビーと知り合って恋仲になるが，警察はペペを逮捕しようと策略を図る。

『勝手にしやがれ』（1960年）
監督：ジャン＝リュック・ゴダール
主演：ジャン＝ポール・ベルモンド

ミシェルとパトリシアの逃避行を描いた物語である。虚無感の漂う2人の会話が特に若者の反響を呼んだ。ジャンプカットという編集技法やカメラワークなどで様々な新しい技法を駆使し，「ヌーヴェル・ヴァーグ」の嚆矢となった作品である。

『シェルブールの雨傘』（1964年）
監督：ジャック・ドゥミ
主演：カトリーヌ・ドヌーヴ

　シェルブールを舞台に，ギイとその恋人ジュヌヴィエーヴが，ギイが軍に召集された後にすれ違い，そしてその後を描いた物語である。全編歌によるミュージカル映画であり，音楽を担当したのはミシェル・ルグランである。

『男と女』（1966年）
監督：クロード・ルルーシュ
主演：アヌーク・エイメ

　パリやドーヴィルを舞台に，互いに伴侶をなくした男女が出逢い，葛藤を抱えつつ愛し合うに至る恋愛物語である。クロード・ルルーシュの出世作となった作品である。フランシス・レイによる主題歌は非常に有名である。

『グラン・ブルー』（1988年）
監督：リュック・ベッソン
主演：ジャン・マルク・バール

　実在のダイバー，ジャック・マイヨールをモデルとした，フリーダイビングの記録に挑む2人のダイバーと1人の女性の物語である。3人の人間模様とともに，舞台となったイタリアの海の青く美しい映像が大きな反響を呼んだ。

『アメリ』（2001年）
監督：ジャン・ピエール・ジュネ
主演：オドレイ・トトゥ

　パリを舞台に，内気で空想好きで他人と接するのが苦手な女性アメリが，ある男性に想いを寄せ，少しずつ幸せを手に入れる話である。モンマルトルを中心に，パリの日常の情景が味わい深く描き出されており，フランスでも日本でも人気を博した。

『パリ20区，僕たちのクラス』（2008年）
監督：ローラン・カンテ
主演：フランソワ・ベゴドー

　パリ20区の中学の移民子弟が多数を占める教室を舞台にした，ドキュメンタリー風ドラマ。原作者が教師役を演じ，24人の生徒役も演技経験のない子供たちで，カンヌ国際映画祭ではパルム・ドール（最高賞）を獲得している。

『スカーフ論争──隠れたレイシズム』（2004年）
監督：ジェローム・オスト

　スカーフをめぐる論争はかしましい。だが，スカーフを被る少女たちの声はなかなか聞こえてこない。スカーフは何を隠し，何を見せるのか。ライシテや男女平等の名目の陰に潜む人種差別を照らし出すドキュメンタリー。

人名索引

あ行

アッバース, フェルハット　51,
　156, 159
アデナウアー, コンラート　167,
　190
アルトワ伯　28
アンリ2世　3
アンリ3世　5
ヴァルデック＝ルソー, ピエール
　91
ヴィルヘルム2世　96, 97
ウィレム5世　25, 38
ヴェルヌ, ジュール　87
ヴォルテール　18
エベール, ジャック＝ルネ　35
オスマン, ジョルジュ　73
オランド, フランソワ　161, 182,
　186
オルレアン　127

か行

カーズ, ラス　48
カーデル, アブデル　59
ガイヤール, フェリックス　154
カラス, ジャン　18
カルヴァン, ジャン　4
カレル　49
ガンベッタ, レオン　92
ギゾー, フランソワ　63
グレヴィ, ジュール　86
クレマンソー, ジョルジュ　93
ゲーテ　51, 53
コール, ヘルムート　134
コシチューシコ, タデウシュ　51
コッホ, ロベルト　106
ゴルバチョフ, ミハイル　177
コンデ公　28
コンブ, エミール　93

さ行

サラン, ラウル　155, 159
サルコジ, ニコラ　171, 182, 186
サントニー, ジャン　146
シトロエン, アンドレ＝ギュスタ
　ーヴ　52
シャトブリアン, フランソワ＝ル
　ネ・ド　48

シャバン＝デルマス, ジャック
　154, 174
シャル, モーリス　158, 159
シャルル8世　2
シャルル10世　56
ジャン＝バティスト, コルベール
　10
ジュヴェ, ルイ　52
シューマン, ロベール　150
ジュヌヴォア, モーリス　117
シュリ　7
ジョレス, ジャン　94, 112
シラク, ジャック　136, 163, 178
ジロー, アンリ　131
スァン, グェン・ヴァン　147
スターリン, ヨシフ　125
スタンダール　49
ゾラ, エミール　91
ソントナクス　37

た行

ダイ, バオ　147
ダヴィッド　35
ダラディエ, エドアール　122
ダリュジャンリュー, ジョルジュ
　＝ティエール　147
ダントン, ジョルジュ　35, 37
ティエール, アドルフ　60, 84
デスタン, ヴァレリー・G.　175
デスタン, ジスカール　174
デュアメル, ジョルジュ　117
デュリュイ, ヴィクトル　78
デルベック, レオン　154, 155
トゥービエ, ポール　141
トゥサン＝ルヴェルチュル, フラ
　ンソワ＝ドミニク　37
ドゴール, シャルル　21, 52, 125,
　138, 139, 144, 146, 153-155,
　158, 159, 164, 166, 190
ドストエフスキー, フョードル
　49
ドラトル, ジャン＝ド＝タシニー
　147
ドリアン中佐　115
ドルヴリエ, ポール　158

トレーズ, モーリス　138
ドレフュス, アルフレッド　90
ドロール, ジャック　180
ドン, ファン・ヴァン　149

な・は行

ナヴァル王アンリ　5, 148, 192
ネッケル, ジャック　26
バーク, エドマンド　29
ハージュ, メサーリー　156
バクストン, ロバート　129
パストゥール, ルイ　106
パポン, モーリス　141
バルナーヴ, アントワーヌ　30,
　36
バルビー, クラウス　141
バルベス, アルマン　66
バレス, モーリス　115
ピウス6世　42
ピウス7世　43
ピウス10世　95
ビスマルク, オットー・フォン
　78
ピット, ウィリアム　31
ビドー, ジョルジュ　145
ヒトラー, アドルフ　124
ビュイッソン, フェルディナン
　93
フィリップ＝エガリテ　61
ブーランジェ, ジョルジュ　89
フェリー, ジュール　86, 92
フォール, エドガール　157
ブオナロティ, フィリッポ　38
ブジャード, ピエール　152, 153
ブラウンシュヴァイク　30
ブラジャック, ロベール　140
ブラン, ルイ　66
ブランキ, ルイ・A.　66
フランソワ1世　2, 192
ブリアン, アリスティッド　93
ブリソ, ジャック・ピエール　30,
　36
フリムラン, ピエール　154
ブルギバ, ハビーブ　154
ブルジェス＝モヌーリ, モーリス

199

157

ブルジョワ，レオン　100

ブルボン　127

プレヴァン，ルネ　145,151

プレサンセ，フランシス・ド　94

ベール，ピエール　19

ペタン，フィリップ　114,125

ベリー公　55

ペリエ，カジミール　60

ベルグラン，ウジェーヌ　73

ボナパルト，ナポレオン　23,35,
　37,40,

ボナパルト，ルイ＝ナポレオン
　68,70

ボナル，ルイ．G.d.　29

ポリニャック，ジュール・ド　57

ポンパドゥール夫人　15

ポンピドゥー，ジョルジュ　141,
　172-174

ま行

マイエル，ルネ　154,157

マクシミリアン　77

マクロン，エマニュエル　186

マザラン，ジュール　10

マシス，アンリ　126

マシュー，ジャック　155

マリー・アントワネット　23,28,
　52

マルロー，アンドレ　170,189

マンデス＝フランス，ピエール
　145,149,157,172

ミシュレ，ジュール　50,65

ミッテラン，フランソワ　134,
　157,172,174,176,189

ミュルヴィル，クーブ・ド　173

ミランダ，フランシスコ・デ　51

ミン，ホー・チ　146

ムーラン，ジャン　131

メストル，ジョゼフ・ド　29

メディシス，カトリーヌ・ド　4

メディシス，マリ・ド　8

メルケル，アンゲラ　181,182

モーラス，シャルル　126

モケ，ギー　171

モネ，ジャン　150

モレ，ギー　145,157

ら行

ラヴァル，ピエール　129

ラスパイユ，フランソワ・V.　66

ラニエル，ジョゼフ　149,154

ラマディエ，ポール　139

ラマルティーヌ，アルフォンス・
　ド　66

ラング，ジャック　189

リシュリュー　8

ルイ13世　8

ルイ14世　10,192

ルイ15世　14

ルイ16世　15,26,30

ルイ18世　47,54

ルイ＝フィリップ　23,61

ルクレール，フィリップ　131,
　146

ルドリュ＝ロラン　65

ルバテ，リュシアン　140

レノー，ポール　125

ロー，ジョン　14

ロック，ジョン　19

ロベスピエール，マクシミリアン
　30,34-36

事 項 索 引

あ行

アウクスブルク同盟戦争　*12*
アウシュヴィッツ　*136*
アウステルリッツ　*46*
アクシオン・フランセーズ　*113*
欺かれた者たちの事件　*8*
アメリカ　*128*
　――独立戦争　*192*
アルザス・ロレーヌ　*113*
アルジェリア　*51, 96, 170*
　――共産党（PCA）　*157*
　――宣言民主同盟（UDMA）
　　　156
　――問題　*165*
　――臨時共和国政府（GPRA）
　　　159
アロー号事件　*76*
イタリア　*124*
　――戦争　*2, 192*
移民　*179*
ヴァルミー　*31, 51, 192*
ヴァレンヌ　*28, 32, 192*
ヴァンデ　*32, 34*
ウィーン会議　*47, 54*
ヴィシー　*126*
ヴィジーユ　*50*
ヴェトミン（ヴェトナム独立同
　　　盟）　*146-149*
ヴェヘメンテル・ノス　*95*
ヴェルサイユ宮殿　*12, 22*
ヴェルサイユ講和会議　*118*
ヴェルサイユ条約　*118*
ヴェルダン　*114*
ヴェルディヴ　*137*
運動派　*62*
栄光の30年　*109*
栄光の3日間　*60*
英仏協商　*97*
エヴィアン協定　*159*
エッフェル塔　*111*
エムス電報事件　*79*
エリゼ条約（仏独協力条約）
　　　168
欧州統合　*150, 180*
欧州防衛共同体（EDC）　*145,*

151
王党派　*88*
オーストリア＝ハンガリー　*115*
オーストリア継承戦争　*15, 192*
オート・バンク　*63*
オスマニザシオン　*76*
オポルチュニスト（日和見主義
　　　者）　*86*
オラドゥール　*133, 140, 161*
オランダ戦争　*11, 192*
穏健共和派　*86*

か行

改革宴会　*65*
改良主義的路線　*99*
カヴェニャック　*67*
核拡散防止条約（NPT）　*167*
革命裁判所　*35*
革命的サンディカリスム　*99*
カトー・カンブレジ条約　*3*
カトリック同盟（リーグ）　*5*
悲しみと憐れみ　*171*
カビール人　*59*
ガリカニスム　*2, 12*
カルナヴァレ博物館　*52*
ガルニエ・オペラ座　*74*
カルボナリ党　*55, 68*
官職保有者　*7*
官選候補制　*70*
『寛容論』　*19*
ギゾー法　*63*
キッパ　*184*
急進共和派　*86, 91, 100*
急進社会党　*144, 145*
宮廷社会　*12*
教会組織法（聖職者民事基本法）
　　　42
共産党（PCF）　*119, 138, 144,*
　　　153
恐怖政治　*35*
共和右派（モデレ）　*144, 145*
共和暦　*35*
近代化・合理化　*142*
近代化委員会　*143*
緊張緩和（デタント）　*168, 175*

金本位制停止　*120*
グラーブロット　*83*
グラウィッシモ・オフィキイ　*95*
クリミア戦争　*76*
クレディ・フォンシエ　*71*
クレディ・モビリエ　*71*
クレディ・リヨネ　*71*
軍事博物館　*20*
ケ・ブランリー美術館　*108*
計画化　*143*
啓蒙思想　*17*
檄文事件　*4*
ゲシュタポ　*83*
下水道　*107*
結核　*107*
ゲルニカ　*124*
権威帝政　*78*
憲章（シャルト）　*54*
憲法制定議会　*26, 192*
元老院　*40*
コアビタシオン（保革共存政権）
　　　164, 176, 178
公安委員会　*35*
公共交通　*104, 105*
公衆衛生　*106*
高等師範学校　*119*
ゴーリスム（gaullisme：ドゴー
　　　ル主義）　*166, 179*
国際植民地博覧会　*160*
黒人友の会　*36*
国防政府　*84*
国民革命　*126*
国民公会　*31, 34, 192*
国民国家　*24, 117*
国民戦線（FN）　*178, 186*
国民評議会　*127*
国有化　*142*
国立移民歴史博物館　*160*
国立海事博物館　*53*
国立古文書館　*53*
国立作業場　*66*
国家主導経済（デイリジスム）
　　　145
国家理性（レゾン・デタ）　*9*

201

護民院　40
コミンテルン　123
コミンフォルム　139
コレラ　62, 106
コロン　59
コンコルダート　43, 192

さ行

最高価格令　34
最高存在の祭典　35
サヴォワ　76
サクレ・クール寺院　110
サナトリウム　107
サン＝シモン主義　68
サン＝ドマング島　36
サン・ドニ大聖堂　56
サン・バルテルミーの虐殺　4
山岳派　34, 38
産業福利事業　101
三国協商　97
参事院　40
3色旗　66
3党政治　139
3部会　26, 192
ジェマップ　31
7年戦争　15, 24, 192
シテ島　73
姉妹共和国　38
自民族中心主義（エスノセントリ
　ズム）　108
社会共和派（CNRS）　154
社会党（SFIO）　94, 112, 138,
　144, 145, 174, 176
社団　16
シャルボヌリ　49
シャン・ド・マルス　50
宗教戦争　4, 192
自由帝政　78
重農主義　17
自由フランス　130, 146
主権国家　3
出生率低下　103
シュネーデル　71
シュマン・デ・ダム　115
シュリーフェンプラン　114
傷痍軍人　118
商人・手工業者防衛連合
　（UDCA）　152, 153
消費社会　103
職業組合法（1884年，ヴァルデッ

ク＝ルソー法）　99
シルヴァン事件　18
白旗問題　88
ジロンド派　30, 34
新共和国連合（UNR）　153
新憲法（1795年）　37
神聖同盟　95
人道に対する罪　129, 141
清仏戦争　96
人民共和運動（MRP）　138
侵略戦争の放棄　27
人類博物館グループ　130
スカーフ事件　184
スタヴィスキー事件　122
スタジ委員会　184
スペイン　124
　——継承戦争　13, 192
勢力均衡　166
世界革命　24
世界恐慌　120
セネガル　76
全国抵抗評議会（CNR）　131,
　138
戦争文化　116
セント・ヘレナ　47
総裁政府　37, 38, 192
ソシエテ・ジェネラル　71
ソ連　125
ソンム　115

た行

第1共和国　31
　——新憲法　34
第2インターナショナル　112
第2次工業化　98
第2帝政　70
第3勢力　144
退役軍人　119
大恐慌　120
大西洋からウラルまでのヨーロッ
　パ　169, 177
対独協力　128
大不況　100
対仏大同盟　32, 34
大陸封鎖令　46, 192
多極世界　166, 169, 179, 181
団結とフランスの友愛（UFF）
　153
男子普通選挙制　66
チェコスロバキア　124

秩序党　69
血の1週間　85
地方長官（アンタンダン）　9
チュイルリ宮殿　30
長子相続法　57
徴兵制　44
直接税（タイユ）　6
ディエン・ビエン・フー　51,
　148, 149
抵抗派　62
デジストマン　123
電撃戦　125
ド・ヴァンデル　71
ドイツ　112
　——再軍備問題　151
統合政策（レユニオン）　12
トーマス製鋼法　98
独立宣言　25, 27
都市の論理　105
トラファルガー　46
ドランシー　136
トルーマン・ドクトリン　139
奴隷制の廃止　66
ドレフュス事件　90, 92

な行

『ナシオナル』　60
ナント王令　6, 192
ニース　76
ニカブ　185
二重選挙人団制　157
人間および市民の権利宣言（人権
　宣言）　26, 27, 192
農業恐慌　121
能動的市民　32
ノルマンディ　140

は行

賠償金　118
廃兵院　20
パヴィアの戦い　2
白色テロ　54
バスティーユ　26
パストゥール革命　106, 107
バタヴィア共和国　38
パリ国際植民地博覧会（1931年）
　109
パリ・コミューン　84, 85, 92,
　110
パリの人口増加　104
パリ万国博覧会（1855年）　71

パリ万国博覧会（1867年） *71*
パリ万国博覧会（1889年） *111*
半大統領制 *164*
反ファシズム知識人監視委員会 *123*
非順応主義世代 *119*
非常大権 *60*
火の十字団 *122*
秘密軍事組織（OAS） *159, 165*
ピルニッツ *29*
ピレネー条約 *11*
ファシズム *122*
ファショダ事件 *97*
ファルー法 *69*
フーシェ・プラン *168*
ブーランジェ事件 *88*
フェリー法 *87*
普墺戦争 *77, 78*
仏印 *170*
部分的核実験禁止条約（PTBT） *167*
不本意召集兵 *82*
プラハの春 *169*
プラン17 *114*
フランス人民連合（RPF） *144, 154*
フランス領インドシナ連邦 *96*
フランス連合 *146*
フランドル戦争 *11*
フリーメイソン *38*
ブリュメール18日 *40*
ブリュメールのクーデタ *192*
フルーリュス *35*
ブルカ *185*
ブルキニ *185*
フロンドの乱 *10, 192*
文明化の使命 *87*
ペール・ラシェーズ墓地 *110*
ベルエポック *103*

ベルギー *125*
ベルリン会議 *96*
ペロンヌ *134*
封建的諸特権の廃止 *26*
法服貴族 *9*
亡命貴族10億フラン法 *56*
ポーランド *125*
　——継承戦争 *14, 192*
　——分割 *25, 29*
ポーレット法 *7, 192*
ボルドー *161*
ボローニャの政教協約 *2*

ま行

マーシャル・プラン *139, 143*
マジノ線 *83, 125*
マティニョン協定 *123*
マリニャーノの戦い *2*
丸刈り *133, 140*
マルヌ *114*
ミリス *133, 141*
民主・社会主義者（デモ・ソック） *69*
民主的自由の勝利のための運動（MTLD） *156*
民族解放戦線（FLN） *157, 165*
民法典（ナポレオン法典） *41, 192*
メキシコ出兵 *76*
モネ・プラン *143, 144*
モロッコ事件
　——第1次 *97*
　——第2次 *97*

や・ら・わ行

ユナイテッド・アイリッシュメン *39*
ユニヴェルシテ *56*
ユニオン・サクレ *113*
ユルトラ *55*
翌日の共和派 *66*

ラ・マルセイエーズ *30*
ライシテ（政教分離） *94, 145, 187*
ライン川 *82*
ライン連邦 *46*
ラリマン *92*
立法院 *40*
立法議会 *30, 192*
リュクサンブール委員会 *66*
ル・シャプリエ法 *41*
ルーヴル *22*
レジスタンス神話 *132, 170*
レジオン・ドヌール勲章 *41*
レジオン・ドヌール博物館 *52*
労働総同盟（CGT） *99, 139, 143, 144*
68年革命 *172-174*
ロシア *112*
ロシェット事件 *18*
ワーテルロー *47, 192*

欧文

CSCE（全欧安全保障協力会議） *177*
CSDP *181*
EC（欧州共同体） *174, 175*
ECSC（欧州石炭鉄鋼共同体） *150, 168*
EEC（欧州経済共同体） *168*
ESDP *181*
EU *178, 181, 183, 187*
MRP（人民共和運動） *139, 144, 145*
NATO（北大西洋条約機構） *151, 167, 169, 175, 178, 182*
PSF *123*
STO（強制労働徴用） *131*

執筆者紹介（氏名／よみがな／生年／現職／執筆担当／業績）　　　　　　　　　　　　　　＊は編著者

川﨑亜紀子（かわさき・あきこ／1971年生まれ）
東海大学文学部歴史学科准教授
Ⅲ章　コラム（記憶の場③）
『国家の周縁――特権・ネットワーク・共生の比較社会史』（共著，刀水書房，2015年）
『帝国・国民・言語――辺境という視点から』（共著，三元社，2017年）
『フランスという坩堝―― 一九世紀から二〇世紀の移民史』（共訳，原著者ジェラール・ノワリエル，法政大学出版局，2015年）

＊**剣持久木**（けんもち・ひさき／1961年生まれ）
静岡県立大学国際関係学部教授
はしがき　コラム（歴史博物館③⑤⑥）
コラム（記憶の場⑤）　Ⅴ-1　Ⅴ-4　Ⅴ-6 ～ Ⅴ-10
Ⅵ-2　Ⅶ-3
『記憶の中のファシズム――「火の十字団」とフランス現代史』（単著，講談社，2008年）
『歴史認識共有の地平――独仏共通教科書と日中韓の試み』（共編著，明石書店，2009年）
『越境する歴史認識――ヨーロッパにおける「公共史」の試み』（編著，岩波書店，2018年）

小窪千早（こくぼ・ちはや／1974年生まれ）
静岡県立大学国際関係学部講師
Ⅵ-6　Ⅶ-1　Ⅶ-2　Ⅶ-4 ～ Ⅶ-9　Ⅶ-11
コラム（歴史博物館⑦）　コラム（記憶の場⑦）
『冷戦後のNATO――"ハイブリッド同盟"への挑戦』（共著，ミネルヴァ書房，2012年）
『歴史のなかの国際秩序観――「アメリカの社会科学」を超えて』（共著，晃洋書房，2017年）
「NATO・EUの安全保障政策とアフリカ地域」『国際安全保障』第41巻第4号，2014年

齊藤佳史（さいとう・よしふみ／1968年生まれ）
専修大学経済学部教授
Ⅳ-1 ～ Ⅳ-4　Ⅳ-6 ～ Ⅳ-11　Ⅴ-5　Ⅵ-3
コラム（歴史博物館④）　コラム（記憶の場④）
『フランスにおける産業と福祉――1815-1914』（単著，日本経済評論社，2012年）
「第三共和政期フランスにおける労災問題」『歴史と経済』第203号，2009年
「フランス企業パテルナリズムの歴史的位置――1820-1930年代の経済と社会」『大原社会問題研究所雑誌』第705号，2017年

佐々木　真（ささき・まこと／1961年生まれ）
駒澤大学文学部歴史学科教授
Ⅰ-1 ～ Ⅰ-6
コラム（歴史博物館①）　コラム（記憶の場①）
『ルイ14世期の戦争と芸術――生みだされる王権のイメージ』（単著，作品社，2016年）
『図説　フランスの歴史』（単著，河出書房新社，2016年）
『図説　ルイ14世』（単著，河出書房新社，2018年）

西願広望（せいがん・こうぼう／1968年生まれ）
元青山学院女子短期大学准教授
Ⅱ章　コラム（歴史博物館②）　コラム（記憶の場②）
"La Conscription dans le département de la Seine-Inférieure du Directoire à la fin de l'Empire (an VI-1815)", Thèse, Paris I, 1998.
"L'influence de la mémoire de la Révolution et de l'Empire dans l'opinion publique française face à la guerre d'Espagne de 1823", *Annales Historiques de la Révolution française*, n°335, 2004.
「功利主義の戦争文化とバレールの革命戦争論――世界史再考のために」『日仏歴史学会会報』第31号，2016年

伊達聖伸（だて・きよのぶ／1975年生まれ）
上智大学外国語学部フランス語学科准教授
Ⅰ-7　Ⅳ-5　Ⅶ-10
『ライシテ，道徳，宗教学――もうひとつの19世紀フランス宗教史』（単著，勁草書房，2010年）
『ライシテから読む現代フランス――政治と宗教のいま』（単著，岩波書店，2018年）
『共和国か宗教か，それとも――十九世紀フランスの光と闇』（共編著，白水社，2015年）

藤井　篤（ふじい・あつし／1960年生まれ）
香川大学法学部教授
Ⅵ-1　Ⅵ-4　Ⅵ-5　Ⅵ-7 ～ Ⅵ-9
コラム（歴史博物館⑥）　コラム（記憶の場⑥）
「アルジェリア戦争とフランスのカトリック――キリスト教労働者青年同盟の場合」『西洋史学』第225号，2007年
「アルジェリア戦争と英仏関係――脱植民地化をめぐる協調の限界」『国際政治』第173号，2013年
「アルジェリア戦争とアメリカ国務省――脱植民地化をめぐる仏米関係」『香川法学』第32巻第3・4号，2013年

やわらかアカデミズム・〈わかる〉シリーズ

よくわかるフランス近現代史

2018年5月30日　初版第1刷発行　　　　　　　　　　〈検印省略〉

定価はカバーに
表示しています

編 著 者　　劍　持　久　木
発 行 者　　杉　田　啓　三
印 刷 者　　江　戸　孝　典

発行所　株式会社　ミネルヴァ書房

607-8494 京都市山科区日ノ岡堤谷町1
電話代表 (075) 581 - 5191
振替口座 01020 - 0 - 8076

ⓒ劍持久木ほか，2018　　　　　共同印刷工業・新生製本

ISBN978-4-623-08260-5

Printed in Japan

やわらかアカデミズム・〈わかる〉シリーズ

よくわかるイギリス近現代史	君塚直隆編著	本　体	2400円
よくわかる考古学	松藤和人・門田誠一編著	本　体	3000円
よくわかる社会学	宇都宮京子編	本　体	2400円
よくわかるメディア・スタディーズ	伊藤　守編	本　体	2500円
よくわかる環境社会学	鳥越皓之・帯谷博明編	本　体	2400円
よくわかる宗教社会学	櫻井義秀・三木　英編	本　体	2400円
よくわかる国際社会学	樽本英樹著	本　体	2800円
よくわかる現代家族	神原文子・杉井潤子・竹田美知編著	本　体	2500円
よくわかる社会心理学	山田一成・北村英哉・結城雅樹編著	本　体	2500円
よくわかる文化人類学	綾部恒雄・桑山敬己編	本　体	2400円
よくわかるNPO・ボランティア	川口清史・田尾雅夫・新川達郎編	本　体	2500円
よくわかる統計学　Ⅰ　基礎編	金子治平・上藤一郎編	本　体	2400円
よくわかる統計学　Ⅱ　経済統計編	御園謙吉・良永康平編	本　体	2800円
よくわかる憲法	工藤達朗編	本　体	2500円
よくわかる刑法	井田良ほか著	本　体	2500円
よくわかる会社法	永井和之編	本　体	2500円
よくわかる法哲学・法思想	深田三徳・濱真一郎編	本　体	2600円
よくわかる国際法	大森正仁編	本　体	2800円
よくわかる労働法	小畑史子著	本　体	2500円
よくわかる社会保障	坂口正之・岡田忠克編	本　体	2500円
よくわかる公的扶助	杉村　宏・岡部　卓・布川日佐史編	本　体	2200円
よくわかる現代経営	「よくわかる現代経営」編集委員会編	本　体	2400円
よくわかる企業論	佐久間信夫編	本　体	2600円
よくわかる学びの技法	田中共子編	本　体	2200円
よくわかる卒論の書き方	白井利明・高橋一郎著編	本　体	2500円

────── ミネルヴァ書房 ──────

http://www.minervashobo.co.jp/